高等院校移动商务管理系列教材

移动商务应用
Application of Mobile Commerce

（第二版）

刘 丹 陈 慧 ◎ 主编

经济管理出版社
ECONOMY & MANAGEMENT PUBLISHING HOUSE

图书在版编目（CIP）数据

移动商务应用/刘丹，陈慧主编.—北京：经济管理出版社，2017.1
ISBN 978-7-5096-4776-9

Ⅰ.①移… Ⅱ.①刘… ②陈… Ⅲ.①电子商务 Ⅳ.①F713.36

中国版本图书馆 CIP 数据核字（2016）第 316065 号

组稿编辑：勇　生
责任编辑：勇　生　刘　宏
责任印制：杨国强
责任校对：超　凡

出版发行：经济管理出版社
　　　　　（北京市海淀区北蜂窝 8 号中雅大厦 A 座 11 层　100038）
网　　址：www.E-mp.com.cn
电　　话：（010）51915602
印　　刷：玉田县昊达印刷有限公司
经　　销：新华书店
开　　本：720mm×1000mm/16
印　　张：16.75
字　　数：310 千字
版　　次：2017 年 4 月第 2 版　2017 年 4 月第 1 次印刷
书　　号：ISBN 978-7-5096-4776-9
定　　价：35.00 元

·版权所有　翻印必究·

凡购本社图书，如有印装错误，由本社读者服务部负责调换。
联系地址：北京阜外月坛北小街 2 号
电话：（010）68022974　　邮编：100836

编委会

主　任：张世贤

副主任：杨世伟　勇　生

编委会委员（按照姓氏拼音字母排序）：

　　　　陈　飔　高　闯　洪　涛　吕廷杰　柳永坡　刘　丹
　　　　秦成德　沈志渔　王　琦　叶蜀君　勇　生　杨国平
　　　　杨学成　杨世伟　张世贤　张润彤　张　铎

专家指导委员会

主　任：杨培芳　中国信息经济学会理事长、教授级高级工程师，工业和信息化部电信经济专家委员会秘书长，工业和信息化部电信研究院副总工程师
副主任：杨学成　北京邮电大学经济管理学院副院长、教授
委　员（按照姓氏拼音字母排序）：
安　新　中国联通学院广东分院院长、培训交流中心主任
蔡亮华　北京邮电大学教授、高级工程师
陈　禹　中国信息经济学会名誉理事长，中国人民大学经济信息管理系主任、教授
陈　飓　致远协同研究院副院长，北京大学信息化与信息管理研究中心研究员
陈国青　清华大学经济管理学院常务副院长、教授、博士生导师
陈力华　上海工程技术大学副校长、教授、博士生导师
陈鹏飞　北京嘉迪正信（北京）管理咨询有限公司总经理
陈玉龙　国家行政学院电子政务研究中心专家委员会专家委员，国家信息化专家咨询委员会委员，国家信息中心研究员
董小英　北京大学光华管理学院管理科学与信息系统系副教授
方美琪　中国人民大学信息学院教授、博士生导师，经济科学实验室副主任
付虹蛟　中国人民大学信息学院副教授
龚炳铮　工业和信息化部电子六所（华北计算机系统工程研究所）研究员，教授级高级工程师
郭东强　华侨大学教授
高步文　中国移动通信集团公司辽宁有限公司总经理
郭英翱　中国移动通信集团公司辽宁有限公司董事、副总经理
何　霞　中国信息经济学会副秘书长，工业和信息化部电信研究院政策与经济研究所副总工程师，教授级高级工程师
洪　涛　北京工商大学经济学院贸易系主任、教授，商务部电子商务咨询专家

移动商务应用

专家指导委员会

姜奇平	中国信息经济学会常务理事，中国社会科学院信息化研究中心秘书长，《互联网周刊》主编
赖茂生	北京大学教授、博士生导师
李 琪	西安交通大学电子商务研究所所长、教授、博士生导师
李正茂	中国移动通信集团公司副总裁
刘 丹	北京邮电大学经济管理学院副教授
刘腾红	中南财经政法大学信息与安全工程学院院长、教授
柳永坡	北京航空航天大学副教授
吕廷杰	北京邮电大学经济管理学院院长、教授、博士生导师
马费成	武汉大学信息管理学院教授、博士生导师
秦成德	西安邮电大学教授
乔建葆	中国联通集团公司广东省分公司总经理
沈志渔	中国社会科学院工业经济研究所研究员、教授、博士生导师
汪 涛	武汉大学经济与管理学院教授、博士生导师
王 琦	北京邮电大学副教授
王立新	北京邮电大学经济管理学院 MBA 课程教授，中国移动通信集团公司、中国电信集团公司高级营销顾问
王晓军	北京邮电大学继续教育学院副院长
谢 华	中国联通集团公司人力资源部人才与培训处经理
谢 康	中山大学管理学院电子商务与管理工程研究中心主任、教授
谢进城	中南财经政法大学继续教育学院院长、教授
徐二明	中国人民大学研究生院副院长、教授、博士生导师
徐升华	江西财经大学研究生部主任、教授、博士生导师
杨国平	上海工程技术大学继续教育学院副院长、教授
杨培芳	中国信息经济学会理事长、教授级高级工程师，工业和信息化部电信经济专家委员会秘书长，工业和信息化部电信研究院副总工程师
杨世伟	中国社会科学院工业经济研究所教授、中国企业管理研究会副理事长
杨学成	北京邮电大学经济管理学院副院长、教授
杨学山	工业和信息化部副部长、党组成员
叶蜀君	北京交通大学经济管理学院金融系主任、教授、博士生导师
张华容	中南财经政法大学工商管理学院副院长、教授、博士生导师
张继平	中国电信集团公司副总经理、教授级高级工程师
张润彤	北京交通大学经济管理学院信息管理系主任、教授、博士生导师
张世贤	中国社会科学院工业经济研究所研究员、教授、博士生导师

前　言

随着移动互联网的深入渗透，我们的生活、工作和娱乐的移动化趋势越来越明显，移动商务成为不可阻挡的商业潮流。尤其是"互联网+"战略正在推动数字经济与实体经济的深度融合，"大众创业，万众创新"方兴未艾，我们有理由相信，移动商务终将成为商业活动的"新常态"。

在这样的背景下，有必要组织力量普及移动商务知识，理清移动商务管理的特点，形成移动商务管理的一整套理论体系。从2014年开始，经济管理出版社广泛组织业内专家学者，就移动商务管理领域的重点问题、关键问题进行了多次研讨，并实地调研了用人单位的人才需求，结合移动商务管理的特点，形成了一整套移动商务管理的能力素质模型，进而从人才需求出发，围绕能力素质模型构建了完整的知识树和课程体系，最终以这套丛书的形式展现给广大读者。

本套丛书有三个特点：一是课程知识覆盖全面，本套丛书涵盖了从移动商务技术到管理再到产业的各个方面，覆盖移动商务领域各个岗位能力需求；二是突出实践能力塑造，紧紧围绕相关岗位能力需求构建知识体系，有针对性地进行实践能力培养；三是案例丰富，通过精心挑选的特色案例帮助学员理解相关理论知识并启发学员思考。

希望通过本套丛书的出版，能够为所有对移动商务管理感兴趣的人士提供一份入门级的读物，帮助大家理解移动商务的大趋势，形成全新的思维方式，为迎接移动商务浪潮做好知识储备。

本套丛书还可以作为全国各个大、专院校的教材，尤其是电子商务、工商管理、计算机等专业的本科生和专科生，相信本套丛书将对上述专业的大学生掌握本专业的知识提供非常有利地帮助，并为未来的就业和择业打下坚实的基础。除此之外，我们也期待对移动商务感兴趣的广大实践人士能够阅读本套丛书，相信你们丰富的实践经验必能与本套丛书的知识体系产生共鸣，帮助实践人士更好地总结实践经验并提升自身的实践能力。这是一个全新的时代，希望本套丛书的出版能够为中国的移动商务发展贡献绵薄之力，期待移动商务更加蓬勃的发展！

目 录

第一章　移动商务概述 …………………………………………………… 1
　　第一节　移动商务的概念 ………………………………………………… 2
　　第二节　移动商务的发展及相关技术 …………………………………… 6
　　第三节　移动商务的应用分类 …………………………………………… 8
　　第四节　移动商务的特性与发展 ………………………………………… 11

第二章　移动教育 ………………………………………………………… 19
　　第一节　移动教育概述 …………………………………………………… 21
　　第二节　国内外的应用与发展 …………………………………………… 24
　　第三节　移动教育实施与相关技术 ……………………………………… 29
　　第四节　移动教育发展的关键因素 ……………………………………… 32

第三章　移动医疗 ………………………………………………………… 41
　　第一节　移动医疗概述 …………………………………………………… 43
　　第二节　移动医疗的实施技术要求与发展条件 ………………………… 47
　　第三节　移动医疗的发展前景 …………………………………………… 50

第四章　移动金融 ………………………………………………………… 59
　　第一节　移动金融概述 …………………………………………………… 62
　　第二节　移动银行 ………………………………………………………… 64
　　第三节　移动证券 ………………………………………………………… 67
　　第四节　移动支付 ………………………………………………………… 68
　　第五节　移动金融的创新业务 …………………………………………… 75

第五章　移动物流 ………………………………………………………… 83
　　第一节　移动物流的概念与内涵 ………………………………………… 86

移动商务应用

第二节　移动物流虚拟专网的技术与构架 …………………… 90
第三节　移动物流的商务模式 …………………………………… 95
第四节　移动物流识别服务 ……………………………………… 97

第六章　移动政务 ………………………………………………… 103
第一节　移动政务的内涵 ………………………………………… 105
第二节　移动政务的系统构架 …………………………………… 111
第三节　移动政务的作用 ………………………………………… 118

第七章　移动传媒 ………………………………………………… 125
第一节　移动传媒 ………………………………………………… 127
第二节　移动视频 ………………………………………………… 131
第三节　移动搜索 ………………………………………………… 134
第四节　移动博客 ………………………………………………… 139
第五节　移动报纸 ………………………………………………… 143
第六节　移动广告 ………………………………………………… 147
第七节　移动会议 ………………………………………………… 152

第八章　移动娱乐 ………………………………………………… 159
第一节　移动娱乐综述 …………………………………………… 161
第二节　移动游戏 ………………………………………………… 165
第三节　移动音乐 ………………………………………………… 170
第四节　其他移动娱乐服务 ……………………………………… 178

第九章　移动办公与企业管理 …………………………………… 185
第一节　移动 B2E ………………………………………………… 187
第二节　移动 ERP ………………………………………………… 189
第三节　移动 CRM ………………………………………………… 194
第四节　移动 SCM ………………………………………………… 198

第十章　移动能源 ………………………………………………… 209
第一节　移动电源 ………………………………………………… 210
第二节　移动能源管理 …………………………………………… 214
第三节　移动智能电力 …………………………………………… 215

第四节　移动智能石化 …………………………………… 221

第十一章　移动商务应用前景 …………………………… 227

　　第一节　移动商务与现代服务业 ………………………… 229
　　第二节　移动商务发展现状 ……………………………… 229
　　第二节　移动商务发展趋势 ……………………………… 233
　　第三节　我国移动商务发展策略 ………………………… 238

参考文献 …………………………………………………… 243

第一章 移动商务概述

学习目的

知识要求 通过本章的学习,掌握:

- 移动商务的概念
- 移动商务的产生与发展
- 移动商务的特点
- 移动商务的技术框架
- 移动商务的应用

技能要求 通过本章的学习,能够:

- 领会移动商务的基本特点
- 移动商务应用发展的阶段特征
- 识别移动商务的分类
- 理解移动商务发展中的问题

学习指导

1. 本章内容包括:移动商务的概念与内涵、移动商务的产生与发展、综合应用移动商务的特点及问题、移动商务的基本结构及技术框架、移动商业的应用模式、移动商务的发展。

2. 学习方法:独立思考,抓住重点;结合案例,深刻领会。

3. 建议学时:5~6学时。

移动商务应用

引导案例

电信巨头打响移动电子商务之战

移动电子商务以猛进的势头快速发展,一些大型的跨国企业相继推出了在移动电子商务领域的发展规划,希望在这一新兴的领域内把握先机、抢占制高点。

诺基亚公司已经不再满足移动设备制造商的市场定位,正在以移动电子商务为跳板,积极地成为移动经济的主要参与者。诺基亚与IBM合作开展了领航项目,在芬兰试点,使无线用户可以通过手机进行网上购物。合作中,IBM提供项目的基础建设资金,诺基亚提供手机技术支持,手机用户可以用无线网络将手机内的信用卡信息传送到服务供应商那里。此外,诺基亚还与信用卡国际组织Visa国际(Visa International)联合开展了另一个移动电子商务项目,共同推出Visa名下的支付服务。这种服务的推出,使得手机上网用户只需按下手机键盘就能够便捷购物。合作中,诺基亚运用网络平台解决方案,面向全亚太地区所有Visa持卡人。该项目结合了诺基亚在移动电子商务方面的优势,以及Visa的全球安全和认证电子商务计划的优势,使得诺基亚的移动网络平台可以与支付方案结合在一起,提供端到端的新型消费服务。

美国电信运营商AT&T公司首先提供无线高速接入服务,宣布联手亚马逊公司,共同开展手机购物服务项目;日本东芝公司主打支持无线连接技术的"移动办公室"系列笔记本电脑。以实现用户随时接入企业主干网的需求,轻松获得网络资源,大幅度提高企业办公效率。

资料来源:[法]杰拉西.[德]恩德斯.电子商务战略:通过电子商务和移动电子商务创造价值(概念与案例)[M].李洪心译.长春:东北财经大学出版社,2012.

▶ 问题:

1. 为什么国际巨头公司纷纷进入移动商务市场?
2. 移动商务市场发展需要具备哪些条件?
3. 移动商务对企业提升竞争力有什么意义?
4. 移动商务为社会创造了哪些价值?

第一节 移动商务的概念

随着互联网的迅速发展,电子商务作为一种重要商业运作方式已经给人们的生活带来了巨大影响。随着网络技术、通信技术的迅猛发展和相互融合，人们已经不再满足于个人电脑的连线上网，越来越多的个人希望随时随地收发电子邮件、查阅新闻和股票信息、进行手机支付，真正实现移动互联。在移动通信和电子商务技术发展的触动下，一种新型的电子商务模式已显示出巨大的市场潜力，这便是移动电子商务（以下简称移动商务）。

一、移动商务的定义

移动商务是由电子商务与信息服务概念衍生而来的，是在技术与市场推动力下产生的全新的商务模式。现在的电子商务主要以 PC 机为终端支持，是"有线的电子商务"；而移动电子商务，则是通过手机、PDA（个人数字助理）这些便携终端进行操作的 B2B、B2C 或 C2C 的电子商务。它将互联网技术、移动通信技术、短距离通信技术及其他信息处理技术完美结合，使人们可以在任何时间、任何地点进行各种商贸活动，实现线上线下的购物与交易、在线电子支付以及各种金融活动和相关的综合服务活动。

在众多的电子商务模式中，移动商务的主体与商务活动是最为贴近的。商务活动中的重要特性是使用移动通信终端与用户建立对应关系，通过移动终端服务商可以在第一时间迅速准确地与用户进行沟通，帮助用户摆脱以往固定网络设备环境的束缚，最大限度地享受移动商务带来的全新体验。

移动商务是在网络信息技术和移动通信技术的支撑下，在手机等移动通信终端之间，或移动终端与 PC 机等网络信息终端之间，通过移动商务解决方案，在移动状态下进行便捷的、具有快速管理能力和整合增值能力的商务实现活动。移动商务是在创新技术推动下产生和形成的一种创新的、便捷的、大众化的、能够在移动商务主体移动中进行、适应市场发展与变化而出现的新商务模式。移动商务是与商务活动参与主体最贴近的一类商务模式，其商务活动中以应用移动通信技术使用移动终端为特性。

二、移动商务与电子商务的关系

移动商务是一种使用多种创新技术和组织结构来运行的商务新方式，与传统的电子商务一脉相承，是其的拓展延伸。电子商务的发展历程为移动电子商务的研究、应用、预测提供了丰富的经验。

移动商务是电子商务的一种，所以移动商务又称移动电子商务。在电子商务的基础上，移动商务应用的无线通信技术，将电子商务的使用范围扩大。移动商务的终端机一般是手机等移动终端，而传统的电子商务的终端机是电脑。

移动商务更侧重于信息的获取。用户可以通过移动终端获取业务平台的信息，包括金融信息（移动金融）、医疗信息（移动医疗）、娱乐信息（移动娱乐）等。

电子商务作为新的商贸模式和沟通方式正在深刻地改变着人们的消费模式。随着电子商务的迅猛发展以及信息技术的不断突破，电子商务的内涵和外延在不断地充实扩展。移动电子商务是电子商务从有线通信延伸到无线通信，从固定地点的商贸延伸为随时随地的商务活动的产物。在电子商务的类别划分下，有些商务模式恰好适用于移动电子商务，这为移动电子商务创建新的商务模式节省了很多时间成本和资源。

在互联网商务发展的过程中，从最初的基于Internet的简单应用到电子商务系统的建立，再到电子交易体系的完全成型，电子商务的发展正日趋完善。随着企业部署电子商务的基础框架的基本完成，移动电子商务将逐渐进入人们的视野，并焕发出蓬勃生机。

三、移动商务的典型解决方案

移动商务的发展有赖于无线通信网络的支持，无线通信网络从距离上可以分为长、中、短距离三种无线通信技术。

（一）长距离无线网络

卫星应用是高度综合的现代科学技术，它以基础科学和技术科学为基础，集中应用了当今许多工程技术新成就，包括航天技术、电子技术、遥感技术、通信技术、计算机技术、测绘技术、气象技术等都对卫星通信应用有重要的贡献。早在20世纪60年代中期，卫星就被应用于电信领域。基于卫星的无线网络主要包括卫星通信系统和卫星定位系统两类。

卫星通信系统是利用通信卫星作为中继站来转发无线电波，实现两个或多个地球站之间的通信，是现代通信技术与航天技术相结合并由计算机实现其控制的先进通信方式。

卫星定位系统是地面物体通过无线电和卫星沟通，计算出自己在地球上的位置，并根据位置坐标及其他变化的信息判断自己航向的卫星服务。卫星定位系统的出现，解决了大范围、全球性、高精度和快速定位的问题。

（二）中距离无线网络

中距离无线网络即指移动通信网络，也就是通常所说的手机网络。与其他现代技术的发展一样，移动通信技术的发展也呈现加快趋势，各种标准纷纷出台，未来的移动通信系统将提供全球性优质服务，真正实现在任何时间、任何地点、向任何人提供通信服务的移动通信目标。

目前，最热门的是个人移动通信网。在这个网络中，无线网络（包括

WLAN、2G、3G 移动通信网络和其他网络）将会成为互联网的自然延伸，移动终端是可激活的 IP 客户端。建立全 IP 网络的结构可以使运营商有效地利用 IP 技术传送第三代移动通信业务。这种结构基于分组技术和 IP 电话技术，可同时提供实时和非实时业务，使终端可以实现全球漫游。

（三）短距离无线网络

短距离无线网络主要是指无线局域网络。无线局域网络（Wireless Local Area Networks，WLAN）是利用射频（Radio Frequency，RF）技术，通过电磁波在空气中的传播来发送和接收数据，而无须线缆介质。WLAN 的数据传输速率现在已经能够达到 11Mbps（IEEE802.11b），最高速率可达 54Mbps（IEEE 802.11a），传输距离可远至 20 千米以上。它是对有线联网方式的一种补充和扩展，使网上的计算机具有可移动性，能快速方便地解决使用有线方式不易实现的网络互联问题。无线局域网络能利用相应的设备，轻松方便地实现"信息随身化、便利走天下"的境界。

四、移动商务服务模式四个基本要素

移动商务服务模式由以下四个基本要素构成：

（1）移动商务服务的提供者。移动商务服务的提供者是移动商务产业集团内部的所有企业或个人，根据不同的移动商务服务活动，产业集团内部的组成也不同，产业内部的组成问题属于商业模式范畴，这里不再细分。

（2）接受移动商务服务的用户。包含组织用户和个人用户两种。组织用户涵盖所有应用移动商务服务的各行业中的企业、政府部门以及作为商业交易主体的个人；个人用户包含除组织用户中应用移动商务平台的个人和商业交易主体的个人以外，所有通过移动商务应用平台获得信息、服务等的移动终端持有者。

（3）移动商务服务的服务内容。在广义的移动商务概念中，产业集团提供的移动商务服务是移动商务应用平台，平台的功能是帮助移动商务用户实现狭义的移动商务活动，针对不同类型的用户（个人用户和组织用户），平台所提供的具体的移动商务应用不同。

（4）移动商务服务的服务策略。服务策略是服务模式的核心内容，服务策略就是描述移动商务产业集团采取什么样的方式为移动用户的服务接受者提供、推广移动商务服务，以满足不同移动商务用户的需求，它是连接服务提供者和用户之间的桥梁。服务模式所要描述的是用户、服务者、服务内容和服务策略等要素及其相互关系，需要构造服务的基本框架，要求抽象又兼具指导性。

第二节 移动商务的发展及相关技术

一、移动商务的技术发展

随着计算机技术、移动通信技术和终端技术的发展，移动电子商务技术已经经历了三个发展阶段。

（一）基于短信访问技术

第一代电子商务系统基于短信访问技术，存在着许多不可克服的缺陷。实时性较差是其最严重的问题，用户发出的查询短信不会立即得到回答。此外，短信的有限长度也严重限制了查询答案的完整性。这些令用户无法忍受的技术问题，推动了早期使用基于短信访问技术的电子商务部门进行系统的改造和升级。

（二）基于WAP技术访问技术

第二代移动电子商务以基于WAP的访问技术为主流技术。手机用户通过浏览器访问WAP网页，进行信息查询，一定程度上解决了第一代移动访问技术的问题。但是，WAP网页访问技术的重要缺陷是交互能力极差，这大大降低了移动电子商务的灵活性、便捷性。此外，WAP技术使用WTLS协议，由此建立的安全通道必须在WAP网关上终止，这构成了极大的安全隐患，无法满足政务系统对安全性的严格要求。这些限制使得第二代移动电子商务系统仍然无法满足用户要求。

（三）基于SOA构架的Web Service、智能移动终端和移动VPN技术

新一代的电子商务系统采用了基于SOA架构的Web Service、智能移动终端和移动VPN技术，并结合了3G移动技术、数据库同步、身份认证等多种移动通信、信息处理和计算机网络的最前沿的新技术，以专网和无线通信技术为依托，使得系统的安全性和交互能力有了大幅度的提升，构建了安全、快速的现代化移动执法机制、移动商务办公机制。

二、移动商务的技术构架

事实上，相对于传统商务，电子商务几乎重新构建了商业世界的运行基础——点到点的物流、基于网络快速传播的现金流、海量会聚且需要精确分析的数据流，都是从无到有进行搭建的。与此相比，移动电子商务站在了更高的

起点上。它是对电子商务的继承，不管是云端的服务器、数据，还是线下的仓储、物流，电子商务已经将基础打好；剩下的事情，只是在移动这一新的应用场景下，用新的方式与用户发生关系。

(一) 移动商务的基本结构

移动电子商务在用户和开发商两个层面上，定义了基本结构中的几个功能层，从而简化了设计和开发过程，以便于商家和用户制定经营策略并建立移动电子商务应用。

(1) 开发商层面。基本结构中包括三个功能层：服务供应商、应用开发商、内容供应商。

(2) 用户层面。基本结构中包括四个功能层：

移动电子商务应用（超前服务管理）：许多新的应用如超前服务管理和移动储存等将有可能成为现实，部分现有的电子商务应用经过改进也可用于移动环境。

无线用户设施（浏览器、手机等）：移动电子商务应用的设计需考虑用户设施，如浏览器、移动装置的能力。

无线中间件（包括内置的WAP）：由于中间件能够包含许多网络应用功能，同时提供统一、便于使用的界面，因此，它对于开发移动电子商务应用将起到极其重要的作用。

无线网络设施（LAN、蜂窝系统、卫星等）：在移动电子商务中，服务质量是至关重要的，这主要取决于LAN、蜂窝系统、卫星等网络资源和能力。移动电子商务的应用领域是非常广泛的，如产品定位、超前服务管理、交易管理、内容提供服务和遥测服务等。

(二) 移动电子商务的技术系统框架

在无线应用协议尚未完全统一时，各种版本协议向已有的互联网协议（WAP）靠拢，这是移动电子商务协议的核心。在WAP得到广泛认可并进入使用阶段后，移动电子商务不断成熟，成型的技术系统框架有：

(1) 数据加密层。根据传输数据信息流的安全优先级别，对数据采取不同程度的加密处理，在较短的系统响应时间内为用户提供可靠的加密服务。

(2) 可移动网络。采用智能代理技术，为整个系统提供高适应能力、可移动、可嵌入的网络环境。系统中需要移动运行的模块封装在多个代理职能中，以现有网络的运算能力和信息资源为可移动网络提供网络支撑。

(3) 系统软件模块。在系统的软件模块支撑平台上，通过统一的框架接口和标准的通信协议，将不同的软件模块封装成统一接口的软件插件，然后通过插件的组合实现系统功能的动态调配。

（4）可嵌入式应用层。可嵌入式应用层是电子商务应用的核心，由 WAP 无线应用网关、信息定制模块、安全认证模块、网上支付模块、电子商务集成管理模块、智能导航信息分布模块等组成。

第三节 移动商务的应用分类

虽然移动商务目前还处于起步阶段，但已经显示出强大的服务功能。移动商务对社会的影响是多方面的，并且正在积极地改变着人们的生活、工作、学习和娱乐方式以及人们还没有想过的许多其他方面，而移动商务的影响力是通过各种应用来渗透的。

一、基于通信主体分类

移动电子商务的应用模式根据与商业活动相关的通信主体进行分类包括 B2M（Business to Mobile user）、M2M（Machine to Machine）两大类。前者强调企业等商业组织与手机用户者之间的沟通及其在商业活动中的应用，是人与组织或人与人之间的通信。后者强调在商业活动中通过移动通信技术和设备的应用，变革已有的商务模式或创造出新的商务模式，是机器设备间的自动通信。

（一）B2M

B2M 强调企业等商业组织与手机用户之间的沟通及其在商业活动中的应用，是人与组织或人与人之间的通信。

B2M 商务模式是在移动商务中以移动终端用户（手机用户、具有通信功能的 PDA 用户等）为商务参与者，通过移动通信解决方案实现企业与最终用户以及企业内部人员之间的实时信息沟通，进而提高效率、降低成本的新商务模式。

B2M 以最终消费者为中心，将消费者中的手机用户细分为营销和服务等主要目标，以适时、随地的沟通创造没有疆界、不停顿的商务机会。B2M 目前已有广泛的应用，如移动营销（M-marketing）、移动客户服务（M-customer Service）、移动办公自动化（M-OA）、移动客户关系管理（M-CRM）等。

（二）M2M

M2M 强调在商业活动中通过移动通信技术和设备的应用变革已有的商务模式或创造出新的商务模式，是机器设备间的自动通信。

M2M 商务模式是通过移动通信对设备进行有效控制，从而将商务的边界大幅度扩展或创造出较传统方式更高效率的经营方式，抑或创造出完全不同于传统方式的全新服务。M2M 以设备通信控制为核心，将原来低效率或甚至不可能的信息传输应用于商业中以获得更强的竞争力。M2M 的商务模式目前方兴未艾，主要有移动物流管理、移动支付、移动监控等。

二、基于用户应用分类

（一）移动商务的个人应用

1. 移动即时通信

即时通信（IM）是指能够即时发送和接收互联网消息等的业务。自 20 世纪 90 年代后期以来，从最初主要提供文本信息交互的 ICQ，到现在功能日趋丰富的各种即时通信服务，除了基本的文字聊天、多方聊天、语音聊天和视频聊天功能外，即时通信已经逐渐集成了电子邮件、博客、音乐、视频、游戏和搜索等多种功能综合体，多功能和综合化已成为即时通信业务的发展趋势。可以说，即时通信服务不仅缩短了人与人之间的距离，而且已经发展成为集交流、资讯、娱乐、搜索、电子商务、办公协作和企业客户服务等于一体的综合化信息平台。

2. 移动电邮

移动电邮（Push Mail）业务是指用户通过手持终端在任何时间、任何地点即可收发电子邮件。移动电邮业务是一项利用 Push 技术将 Mail 直接如同短信一样发送到终端（手机）上的服务。

3. 移动搜索

移动搜索是利用移动终端搜索 WAP 站点或者短信搜索引擎系统，通过移动通信网络与互联网的对接，将包含用户所需信息的互联网中的网页内容转换为移动终端所能接收的信息，并针对移动用户的需求特点提供个性化的搜索方式。

4. 移动支付

移动支付是通过手机终端实现电子货币与移动通信业务的结合，是一项跨行业的服务。手机支付丰富了银行服务内涵，使人们不仅可以在固定场所享受银行服务，更可以在旅游、出差中高效便利地处理各种金融理财业务。

5. 移动股市

移动股市服务通过手机服务就可以随时随地查询价格和股市行情，还可以进行股票交易。移动股市提供菜单界面，只需滚动选择就能完成多项操作，具体服务有行情查询、到价提示、股票交易、交易信息等。

移动商务应用

（二）移动商务的企业应用

1. 移动银行

移动银行是指以 GPRS 移动支付系统为技术支撑，采用当前先进的无线分组交换技术，实现了电子支付方式的无线移动和永久在线，推进了银行业务自助式、无纸化的发展趋势。它代表着银行业务的技术方向，使银行柜台延伸到社会的各个角落，使手机不仅是通信工具，还充当移动的 POS 机。使用这种服务，银行客户通过移动电话界面直接完成各种金融理财业务。另外，移动银行的发展使得银行进一步拓展了中间业务，高效率地实现支付水、电、通信、物流配送、机票送达等各种代收代付业务的无线支付，避免了各物流单位收款的风险，加快资金周转，突出了使用方便、保密、快捷的优越性，安全可靠地实现了移动支付、移动查询和移动商务等功能。

2. 移动 CRM

移动 CRM 是指通过移动设备创造和交付高度个性化并具有成本效益的销售、营销和服务产品。利用移动定位技术，企业可以根据用户所处的地理位置因地制宜地提供服务。

3. 移动办公

移动办公是指把移动通信技术和办公系统相结合，可以不受时间、地域的限制，随时随地进行工作。用户利用移动终端，如手提计算机或 PDA，通过移动网络连接到公司的内部网络，从而获取各种业务信息、处理各类商业文件。通过移动办公的方式，企业可以将办公室扩展到其他任何有无线连接的地方，如机场、咖啡店、旅馆等，并且随时为出差在外的员工提供业务支持。

4. 移动营销

移动营销是指利用手机为主要传播平台，直接向分众目标受众定向和精确地传递个性化即时信息，通过与消费者的信息互动达到市场沟通的目标。移动营销也称为手机互动营销或无线营销。移动营销是在强大的数据库支持下，利用手机，通过无线广告把个性化即时信息精确有效地传递给消费者个人，达到"一对一"的互动营销目的。

5. 手机广告

随着移动通信技术的发展，3G 服务模式的不断明朗化，移动衍生出的服务模式进入推陈出新的阶段。借助被称为"第 5 媒体"的手机，"手机广告"一词开始频繁曝光。目前，国内移动广告市场尚处在起步阶段，中国的手机广告市场还没有具体的规模预测，但想象空间足够巨大。

第四节 移动商务的特性与发展

一、移动商务的特征

美国电子商务战略研究公司 CEO 瑞威·克拉克特在其撰写的《移动商务——移动经济时代的竞争法则》一书中表明，深刻理解移动电子商务中"移动"的含义对于把握移动商务的概念十分重要。"移动"主要描述两种不同的移动电子商务情景：离线移动与在线移动。

(一) 离线移动

用户将不与互联网连接，利用移动设备中的独立运行程序与 PC 机同步，将软件、资料、电子邮件信息及其他相关内容下载到 PDA 上，便于离线使用。

(二) 在线移动

移动终端设备通过无线技术支持，实现永远在线——无线连接到互联网中，实行收发邮件浏览网页等操作。

移动的概念在于为"移动的客户"提供电子商务服务，而不简单的是"移动的"商务，或"移动的"电子商务。移动商务是为客户提供即时服务，并不意味着移动设备随时在线，即便移动设备不与互联网相连，通过离线移动，电子商务仍然可以实现。从这个层面来讲，基于网络的电子商务是移动电子商务的基础。

把握和理解移动商务应用，必须紧紧抓住其在"动态"中进行的应用行为，在"动态"中整合资源和"动态"中完成的应用行为这一特征。正是由于能在"动态"中进行和"动态"中完成，才从根本上满足了商务活动及时、有效的要求。

（1）移动商务应用是移动商务的主体，通过手机等移动终端，在"动态"中进行应用。

移动商务应用是以移动通信技术及相关技术为支撑，利用移动数字终端（包括便携、手持数字设备），建立起相应的商务应用模型，直接进行的商务活动，或利用移动信息转移功能，依托网络化的商务平台进行或完成的多维的、跨行业或跨国的商务实现活动。商务应用中的主体通过手机等移动终端，在动态中进行应用。

（2）移动商务应用是一种在"动态"中调动他人共同应用，或者整合相关商务资源参与应用的或共同应用的行为。

移动商务应用可能是移动终端持有者的行为，也可能是通过个人行为调动多人参与的群体行为，更可能是整合了价值链相关方互为运作的一种整合互为行为。

（3）移动商务应用在"动态"中完成。

二、移动商务发展的优势

与电子商务的其他形式相比，移动商务具有鲜明的优势，受局限小，实时性强，运用更加灵活、普遍，是未来电子商务的主流发展方向和新的商务主流。移动电子商务受到了各方学者的广泛关注，移动电子商务将开启商务时代的新纪元，决定21世纪新企业的风貌，改变生活与旧商业的地形地貌，主宰所有电子商务工具及其衍生产品。科学地分析移动商务，深刻地理解当今世界移动商务发展的现状具有深远的意义。

移动商务秉承了无线网络技术、服务技术和移动终端技术等多方优势，成为电子商务发展的新方向。其独特的服务是推动市场发展的核心动力。其优点包括：

（一）开放性与兼容性

传统的基于Web的电子商务已经给人们带来了便利和享受，但是有线接入大大限制了其可操作性，移动商务的特性可以解决这个问题。移动商务采用无线接入方式，以手机、PDA及掌上电脑等无线终端结合移动应用软件构成的移动信息终端为基础，使得人们进入网络世界更加轻松简单，可以随时随地地进行购物、订票等商贸活动，感受移动商务带来的全新消费体验。移动商务系统具有很高的兼容性和开放性，可以更方便、快捷地为用户提供服务和应用，用户在移动终端的选择上也具有更高的灵活性。

（二）定位性

需要移动服务的用户一般都处于移动中，仅仅把移动商务理解为移动的电子商务是片面的，"移动"的更深层含义是人和服务的移动。在传统的基于Web的电子商务中，用户的位置并不重要，也很难确认用户的真实身份，用户的消费信用问题一直是发展中的不可回避的问题。移动通信技术的发展，使得这一问题得以解决。在移动电子商务环境中，可以非常方便地对使用者进行定位。而且，移动通信的终端设备通常被个人持有，用户的个人信息可以被内置在移动设备中（如手机SIM卡），每个终端都有唯一确定的标志。而且手机号码实名制的进一步推广，将大大提升用户身份分辨、信息收集的可行性，也为移动商务提供了信用认证基础。一方面易于定位用户，另一方面可以进行用户标志，二者的有机结合使得位置相关性成为移动电子商务的一大特征。

（三）支付便捷性

移动支付是在现有技术的基础上提出的用手持设备作为终端进行交易的支付方法，同其他支付方式相比，移动支付有着任何时间、任何地点、任何方式的独特优势。它克服了电子支付在固定网络上支付的缺陷。并且，随着第三代通信技术的发展以及通信设备的改进，移动支付将逐渐被人们所接受。

（四）服务个性化

与传统的 PC 机相比，移动商务的终端设备具有更高的可携带性、可连通性和私人性，这为移动商务的供应商提供了优势，更易于发挥主动性，针对不同用户群体的个性化需求和偏好提供个性化定制服务。例如，以建立大量活跃用户和潜在用户信息的数据库为基础拓展个性化短信信息服务，从而更加灵活地满足客户需求。对于商务企业而言，移动商务可以建立更强的沟通能力，帮助用户随时随地使用各种服务，这将拓展新的商业市场，便于企业建立新的商业渠道，与用户建立更紧密的联系。因此，发展与私人认证紧密结合的新型服务将是一个有前途的发展方向。

手机并非只是传统 PC 机的延续。它永远在线，使得在用户允许的前提下，商家能用更主动的方式将信息直接推送给特定人群，用户也能立即产生反馈。因为移动端的用户基本都是采用实名制，商家所获取的用户信息将更加准确，可以直接由人而非流量来进行用户分析与个性化识别。

（五）服务实时性

移动商务具有不受时空限制的优势。无论是在办公室、家里还是在途中都可以随时随地方便、快捷地查询并获取所需要的电子商务服务。

用户选择移动商务，一个共同要求是及时获取所需信息，如实时的移动信息服务、紧急救援服务等时间敏感的服务，这要求服务商必须大大提高反应速度。移动终端设备的便携性，使得移动商务在处理这方面事件中具有独特的优势。实时性越强，移动商务的时间优势将体现得越明显。

（六）用户规模性

移动通行的高灵活性与设备的便携性使得移动商务更好地契合大众化的消费领域。我国的移动用户总量是全球之最，其普及程度远远超过了电脑，这为移动商务建立用户团体提供了基本的设备支持。从消费能力层面来看，移动用户中包含高消费水平的中高端用户，购买力更加强劲。所以，从用户规模和购买力两个维度上来看，移动商务的用户群体优于传统电子商务用户。

（七）营销精准性

随着手机用户群体的不断发展壮大以及手机信息量日益完善扩充，手机的传播媒介优势逐渐明朗。相对于传统的广播、电视、报纸等传播渠道，以手机为代表的移动设备具有更高的便携性、互动性、精确性，传播速度更快、更容易满足个性化需求。而信息产业技术的发展以及宽带速度的提升，必将推动手机的媒体转型，移动网络媒体将引发新一轮的营销方式与媒体传播变革。

从营销模式来讲，移动互联网的用户消费习惯更加稳定，收费体系更加成熟，因而具有更清晰的盈利模式。移动终端用户可以按自身的兴趣爱好选择广告信息进行点播定制；服务商可以根据基于客户群体的数据库了解广告信息的抵达率，对广告效应有更准确的把握，从而及时调整营销策略和投资方式，通过移动网络双方可以互相影响达到平衡。

移动电子商务融合了移动通信、计算机、互联网技术、软件等技术，运营模式正在发生深刻变化并趋于复杂化、多元化，其自身的特点使得该领域更容易产生新的技术。伴随着我国 3G 技术的兴起与发展，新兴技术将逐步转化为新型产品与服务，移动商务产业的技术发展必将更加具有活力。

三、移动商务发展的制约因素

当前，我国的移动商务正处于高速成长的阶段。据相关机构统计，2012 年中国手机用户数量或已超 10 亿。庞大的手机用户和数目众多的 PDA 为中国移动商务产业提供了得天独厚的发展空间和巨大的潜在市场。同时，政府主管部门以及通信产业的发展也为移动商务应用提供了良好的基础设施、技术手段和政策支持。但是，目前移动商务发展还受到以下条件的制约。

（一）无线信道资源有限

由于无线通信功率与频谱的限制，其带宽与有线通信相比较小，而使带宽成本升高。分组交换的技术采用信道共享方式，这种方式的时延相对较大，连接的可靠性较低，当用户超出覆盖范围时，则拒绝接入服务。与固定网络连接相比，无线交易是在跨服务区状态下传输网络信号，在处理事务时经常掉线，或是进行交易时移动终端突然关闭，具有较高的不稳定性。因此，服务商应该优化网络带宽，并且增加网络容量，使移动电子商务系统能更加可靠地处理类似情况，以便提供更优质的服务。

（二）安全隐私问题

交易的安全保障和隐私信息保密应该是优先考虑并且始终保证的问题，移动电子商务对交易安全运行、隐私保护构成了新的挑战。

移动设备的便捷性同时也构成了其特有的威胁，设备极易丢失和被盗。移动设备没有建筑和看管保护等物理边界，而且体积较小，一旦丢失就失去了信息保护，得到设备的人可以浏览电话、数字证书等重要数据，可以进行移动商务活动、访问机密网络、浏览系统文件等。无线通信的开放性摆脱了有线网络的地理环境要求和通信电缆的限制，成为开放性信道，在提供更加自由灵活通信的同时，也带来了诸多不安全因素。理论上，任何人通过无线网络传送信息都可能被攻击，无线网路中的攻击者不需要确切的攻击目标，攻击目标会随网络漫游到攻击者所在的地区，使用户在不知情的情况下被他人截获资料，如通信双方身份被假冒、通信内容被窃听和篡改等。尽管移动通信运营商已经对信息进行传送加密，但是移动商务和银行的电子系统的安全保障仍然有待提高。

与传统的商务模式相比，移动商务不进行面对面的实物、现金交易，安全性更加薄弱，因此身份识别对双方的交易安全尤为重要。如何兼顾通过技术识别身份并保护各自的隐私安全，成为限制移动商务能否健康稳定发展的重要因素。另外，目前几乎没有与移动商务相匹配的法律法规，已有的针对传统商务和电子商务的法律法规不能完全适用于移动商务，形成了很多的法律盲区，如设备的实体认证、签名认证、发票、账单等问题。应该加快完善相关的法律法规，保障电子商务的合法有序发展。此外，我国还亟须解决商品配送、电子支付系统等安全问题，在这些问题上可以借鉴传统电子商务的安全防范措施，结合移动商务的自身特点，拟订吻合的安全协议，如简化的 IPSEC 协议和面向应用层加密。

（三）无线终端机技术有待突破

常见的问题是移动设备丢失或被盗，采用挂失的方法简单易行，但获得信息的成本高、效率低。高分辨率的显示屏幕和条形码阅读功能会使移动终端更加友善。但相对于 PC 机而言手机的屏幕狭小，输入数据的方法烦琐复杂，使得用户在单位时间获得单位信息的时间成本令人难以接受，这成为限制移动商务交易功能性和简易性的主要障碍。

（四）消费者使用习惯有待培育

与基于 Web 的传统电子商务相比，配送、支付和信用问题仍然是移动商务难以跨越的"瓶颈"，甚至在配送、身份确认上增加了难度。在相关法律法规没有完善、安全保障仍存在隐患的情况下，让用户先付钱再消费的预付方法，显然不会得到用户的支持，不利于推动移动电子商务的发展；而用透支结算，就必须以手机实名制、信用评估为担保。但是透支额度太小，仍然不利于移动商务的拓展。

移动商务应用

本章案例

圣诞假期网购需求旺盛　移动商务成主战场

据国外媒体报道，在圣诞购物季期间，越来越多的消费者通过手机从网上购物，迫使零售商部署移动商务技术，否则销售将受到影响。

劳氏公司（Lowe's Companies）、百思买和 Toys R Us 等零售商纷纷部署移动技术，方便圣诞购物季期间消费者使用智能手机研究产品、比较价格和购买产品。劳氏公司网站业务副总裁吉哈德·贾哈（Gihad Jawhar）说："消费体验取决于消费者，商家不能反其道而行之。商家应当顺应潮流，否则会被抛弃，我们选择了前者。"

劳氏公司为逾 1700 家连锁店的员工配备了超过 4.2 万部 iPhone 手机。当消费者在劳氏公司商店中利用手机扫描条形码、阅读产品评论和比较价格时，员工能利用 iPhone 为他们提供更好的服务。员工还可以迅速检查商品库存，或商品是否已经在通过公司网站或附近的商店销售，根据其他商家的价格调整产品价格。

百思买有 63 家连锁店，员工配备有移动设备，提倡员工利用自己的智能手机帮助购物者研究产品，检查库存。百思买发言人说："员工有权现场决定根据对手的价格调整商品价格。"

2011 年，逾 40%的商家都制定了一项政策：如果消费者通过手机发现更低的价格，就以这一价格将商品出售给消费者。市场研究公司 RSR 称，2010 年圣诞购物季前，大多数商家还不认可这种做法。

对于深受经济增长乏力和消费者信心不足困扰的零售业而言，手机购物狂潮提供了规模达数十亿美元的商机。市场研究公司 eMarketer 预测，2011 年美国零售电子商务业销售额将增长 17%至 467 亿美元，而零售业销售额的增幅将只有约 3%。

移动商务的增长速度更快。市场研究公司 Internet Retailer 最近进行的调查显示，2011 年，以亚马逊为代表的 300 家支持移动商务技术的商家将通过移动商务业务获得 53.7 亿美元销售额，比 2010 年增长逾 1 倍。

全美零售联合会（National Retail Federation）最近对购物者进行的一项调查显示，40%的受访者拥有智能手机，在拥有智能手机的受访者中，逾半数计划 2011 年圣诞购物季期间使用他们的智能手机研究产品或购物。

与互联网商务蚕食传统零售业销售不同的是，通过向消费者提供包括价格在内的商品信息，移动商务能给实体店带来生意。基于位置的移动购物应用开发商 Shopkick 首席执行官西历亚克·罗丁（Cyriac Roeding）说："多年来，互联网商务一直在蚕食传统零售业务，移动商务的兴起对零售业很重要。"

Shopkick 应用用户数量达到 250 万。用户利用他们的智能手机扫描条形码时，Shopkick 应用可以通过发送优惠信息，鼓励用户到商店中去购物。

资料来源：晁晖. 美圣诞假期网购需求旺盛　移动商务成主战场 [OJ/OL]. 腾讯科技，2011-11-21.

问题讨论：

1. 移动电子商务对传统商业带来哪些挑战？
2. 传统零售业是否应该利用移动电子商务应用技术来提升竞争力？
3. 随着智能手机的普及，条形码比价软件逐渐走进人们生活，试分析其对零售企业带来哪些影响？

本章小结

移动互联网是对传统互联网的补充，移动电子商务是对传统电子商务的补充。移动电子商务的"便携性"更适合本地化电子商务服务的发展。

移动商务的发展有赖于无线通信网络的支持，无线通信网络从距离上可以分为长、中、短距离三种无线通信技术。

移动商务服务模式由四个基本要素构成：①移动商务服务的提供者。②接受移动商务服务的用户。③移动商务服务的服务内容。④移动商务服务的服务策略。

移动商务秉承了无线网络技术、服务技术和移动终端技术等多方优势，成为电子商务发展的新方向，其优点包括：①开放性与兼容性。②定位性。③支付便捷性。④服务个性化。⑤服务实时性。⑥用户规模性。⑦营销精准性。

移动电子商务的发展刚刚开始，未来还有很多问题需要完善，但移动电商发展前景广阔。

本章复习题

1. 简述移动商务概念。
2. 论述移动商务与传统基于 PC 机电子商务的关系。
3. 简述移动商务的典型解决方案。

4. 列举移动商务服务模式四个基本要素。
5. 简述移动商务发展的三个历史阶段。
6. 简述移动商务的技术构架。
7. 简述移动商务的应用分类方式。
8. 简述移动商务的主要特征。
9. 简述移动商务系统的网络结构。
10. 分析影响移动商务的关键因素。

第二章 移动教育

学习目标

知识要求 通过本章的学习掌握：

- 移动教育的概念与内涵
- 移动教育实施条件技术准备
- 移动教育的意义
- 移动教育的发展过程
- 移动教育的发展前景

技能要求 通过本章的学习，能够：

- 理解移动教育与远程教育、电子教育的关系
- 领会移动技术对教育的影响与作用
- 掌握移动教育的本质
- 理解移动教育实现的基本环境
- 分析预测移动教育的发展前景

学习指导

1. 本章内容包括：移动教育的概念与内涵、移动教育的实施条件与技术准备、移动教育的意义、移动教育的发展前景。
2. 学习方法：独立思考，抓住重点；结合案例，深刻领会。
3. 建议学时：6~7 学时。

移动商务应用

引导案例

上海交通大学 3G 移动学习开发

上海交通大学继续教育学院与上海交通大学现代远程教育研究发展中心强强联手，将该中心近 10 多年来在 E-learning（电子学习）领域所取得令人瞩目的科研成果与世人分享。上海交通大学现代远程教育研究发展中心是一支潜心研究电子学习的高水平创新团队，提出了新一代电子学习模型，将科研成果应用于现代网络教育的教学实践应用，先后承担国家、教育部等 17 项重大科研项目，发表论文 50 余篇，在全国属于首创，在国际同行受到广泛尊重。在 3G 移动应用开发黄金时代到来之际，现代远程教育研究中心的资深 3G 移动开发专家联手为大家全面展示 3G 移动开发领域内各大主流开发平台 iPhone、Andriod、Symbian 及 Windows Mobile 等开发环境的搭建，对核心技术运用及标准开发流程等实用内容进行剖析，以帮助大家在尽可能短的时间内，快速熟悉相关 3G 移动系统的开发环境以及入门，并掌握 3G 移动应用开发的技巧。

上海交通大学继续教育学院 E-learning Lab 自主开发的基于 SJTU-OMR（开放/移动/真实教学环境）的 PPClass 在线课程直播系统，以先进的技术平台作为支撑，"网罗"名师，将传统课堂和教学氛围，通过 ADSL、移动网、手机、卫星等现代通信手段，实时传输给遍布全国的在线学生，同时向上海 250 余万 ADSL 宽带用户免费开放，并支持实时网上交互，探索与构建了 SJTU-OMR（Open Mobile Real）新一代知识传播平台体系，实现了"学生随时随地学、教师随时随地教"，使现代远程教育向着"随时、随地、随人"（Anytime、Anywhere、Anybody）的理想目标又迈出了一大步。

上海交通大学移动学习协会的活动主要围绕"移动学习"主题，开展了包括移动学习的宣传普及、移动学习资源的制作与共享、移动学习技术研究、移动学习教学研究与实践等活动。这一计划将移动学习带到人们的学习生活中，让这种全新的学习方式成为传统学习方式的一种很好的补充，同时以服务广大学习者为基础，汇集更多的移动学习者，集思广益，互通有无，让移动学习在传统校园、网络学校、全社会中得到更多的应用和更深远的发展，在繁荣校园科技文化生活的同时，走出校园、辐射全社会、响应国家建设学习型社会的号召。

目前，清华大学、中国台湾新竹交通大学等高校优秀教师纷纷从自己的办公室和家中，为上海交大的移动学习平台带来他们高水平的课程；上海交通大学移动学习网站每学期向社会免费开放 250 余门数字化移动课程、近 3000 个课件，本学期点击量已过 15 万人次；同时，配合学校对口支援宁夏大学、西藏大学，适应西部边远地区地广人稀、流动性大的特殊性，依托移动学习技术探索和实践多类型、多渠道的少数民族教育新模式，为西部地区的教育发展、经济建设、社会稳定作出了贡献。

资料来源：上海交通大学新闻网，2011-04-18.

➡ 问题：
1. 上海交通大学建立移动教育平台需要哪些技术条件？
2. 上海交通大学建立移动教育平台对现有的教育模式有哪些改进作用？
3. 上海交通大学建立移动教育平台能够产生哪些社会效益？

第一节 移动教育概述

一、移动教育的产生

高速发展的科技与教育相结合，不断地创造出更多的新的教育方法与教育体系，改变着传统的教育模式。从移动教育的发展来看，经历了三个阶段：第一个阶段是远程教育（D-learning）；第二个阶段是电子学习（E-learning）时代；随着教学内容电子化及移动通信技术的发展，产生了移动教育（Mobile learning），此时为第三阶段。

（一）远程学习

远程学习是指学习者（学生）利用各类学习资源在没有助学者（教师）连续面授指导情景下的学习行为活动。远程学习是远程教育的核心。远程学习对全日制在职的纳税者来说，是理想的学习方式，也可作为大学校园中面授学习的一种适当的扩展。

远程学习具有以下几个特征：师生时空分离、有组织的系统工程、技术媒体的开发运用、师生双向通信交流、自学为主、学习群体的丧失。远程学习充分发挥技术进步的功能，使得教师在时空上与学生分离、学生与学习集体分离成为可能，远程学习打破了传统教学活动的完整性，打破了教师和教学对象之间的主体交互关系，并能确保教育过程成功地进行下去。学习者的学习完全受本人支配，自己选择合适的课程、课程的数量等。这既提高了学习的灵活性和广泛性，又保证了学习者独立与选择的自由。

（二）电子学习

电子学习即在线学习或网络化学习，即在教育领域建立互联网平台，通过利用固定的有线虚拟学习环境（如电脑）进入互联网或其他数字化内容开展教与学的活动。它充分利用现代信息技术所提供的全新沟通机制与丰富资源的学习环境，实现一种全新的学习方式。

电子学习充分利用多种技术建立具有双向交互功能的电子教学平台，集面授、电视、网络教育各自的优势于一身，融文本、图片、音频、视频信息传播媒介为一体的数字化资源，具有时间的终身化、空间的网络化、主体的个性化、内容的整合化和交往的平等化、强大的交互功能、真实的学习情景等特征，便于开展协作学习和合作学习。电子学习大大拓宽了教育空间，开辟了一个崭新的学习世界，为更多的学习者创造了自由的、平等的学习机会，个人和社会也从中获利。电子学习是终身学习、获得平等学习机会的重要途径。

（三）移动教育

目前，关于移动教育还没有一个统一、确切的定义，欧洲和美国一般以移动或移动教育来指称，而我国一般表述为移动学习或移动教育。

移动学习和移动教育是一种在移动计算设备帮助下的能够在任何时间、任何地点发生的学习，移动学习所使用的移动计算设备必须能够有效地呈现学习内容并且提供教师与学习者之间的双向交流。

移动教育在数字化学习的基础上通过有效结合移动计算技术带给学习者随时随地学习的全新感受。移动教育被认为是一种未来的学习模式，或者说是未来学习不可缺少的一种学习模式。

（四）三者的关系

1. 兼容并蓄，共同发展

移动学习是在电子学习的基础上发展起来的，它具备了远程学习、电子学习的基本特点和优势，极大地改变了学习模式和功能，是一种更新、更方便、更开放的学习手段。但移动学习也有其局限性，它并不适用于所有的学习内容和学习活动，不能解决教育的所有问题，不能完全替代传统的学习方式或取代现有的媒体教学和课堂教学模式。它是现代教育模式的很好补充，只有与其他学习模式结合起来才能完成现代教育的使命。

2. 电子学习是移动学习发展的基础

移动学习是电子学习的一种形式，是电子学习的扩展和补充。因此，移动学习的发展必须依靠电子学习的健康发展。

移动学习促进了各种学习方式的交织、融合、创新与发展，移动学习、远程学习、电子学习、传统学习将共同构建未来的教育体系。

二、移动教育的特点

移动学习是远程教育领域基于数字化学习的新的学习模式，因此它继承和具备了远程教育的数字化学习的优势和特征，但也有它独特的特性，其独特性表现在：

（一）基于数字化学习，融合了多种先进技术

移动学习是基于现代信息技术的现代远程教育，是将移动无线通信、计算技术、互联网技术和移动通信设备技术等多种先进技术结合应用于远程教育。它是在数字化学习的基础上发展起来的，是数字化学习的扩展，是移动电话和计算机通信技术的发展和应用迅猛扩张的产物，代表了继互联网后教育技术的发展方向。

（二）具有受众的广泛性，拓宽了教育范围

移动教育除了具备了数字化学习的所有特征之外，还有它独一无二的特性，即学习者不再被限制在电脑桌前，可以自由自在、随时随地进行不同目的、不同方式的学习。学习环境是移动的，教师、研究人员、技术人员和学生都是移动的。

同有线的在线学习相比，移动学习提供了更灵活和更方便的学习方式，具有受众的广泛性，扩大了学习机会，大大拓宽了教育范围。例如，为很多潜在的学习者提供了学习机会，使有限的教育资源辐射到了更多的人员和地区。

利用移动互联技术，学习者不仅可以依靠电脑上网，还可以用手机、PDA和智能电话等小巧、便于携带的移动终端上网，而且随着语音识别软件的开发和应用，将来不懂电脑的人也能使用移动设备开展学习。移动学习将解决学习者难以应用技术这一障碍，操作和使用会越来越方便、简单。

（三）具有学习的开放性，拥有更多的自由

移动学习比以往远程教育的任何模式在时间和地点上拥有更多的自由性、选择性和开放性，开辟了远程教育的新纪元。移动互联网络和通信终端相结合，学生们将不再整日枯坐在计算机屏幕前，而是通过无线移动设置进行学习，摆脱了传统学校教室的限制，突破了网络学习对"线"的依赖、地域的限制，带来"随时、随地、随身"的信息交流和服务手段，支持学习者实现随时随地学习（Anytime、Anywhere Learning），为人们提供了更方便、更有效、更灵活的学习方式。

此外，学习者在选择学习的时间和地点方面拥有更大的灵活性、方便性、便利性和学习环境的移动性，这是一种更灵活、更柔软而有弹性的学习方式，学习环境可随人的移动而移动。

(四) 具有高度的双向交流和互动性

在移动学习过程中，教学不再是一个同步的过程，而是一个异步的、发散式的学习过程，不同的学生沿着不同的学习路径，完全可以建构出相同的学习结果。

学习者通过使用无线移动设置可获得教师和学习者或学习者之间的即时、无线的双向交流机会和实时双向互动。移动学习提供丰富、平等的交互活动，适宜学习者开展自主学习和协作学习。学习者可以根据自己的兴趣爱好，通过移动计算机和互联网，得到很多有用的信息。移动学习还具有即时性和情景化的特征，学习者可随时直接与他人交流新的想法，使学生的许多想法有更多实践的可能，促进了学生间和师生间的交流互动和合作。学习者能够在更真实的生活环境中开展学习，信息传递快、反馈及时，能够动态地评价学生学习进展。

(五) 具有学习资料的获取便利性与使用高效性

移动学习实现的技术主要是利用移动设备和移动互联网，从而方便地访问互联网上的教育资源。信息获取便捷，信息处理实时、高效。因此，移动学习具有获取学习资源的便利性和学习的高效性。

大多数学习者都有支持移动学习的终端设备，如笔记本电脑、手机、PDA、UMPC、MP3、学习机、具有学习功能的游戏机等，这些移动学习设备功能日趋强大，而且设备之间能够实现资源的转换、交换、交互等操作，为学习者提供了更丰富的学习资源和更多样的学习机会。

移动设备支持良好的教学实践，如共享、协作和知识建构。借助于移动通信设备，学习者可以随时地把学习过程记录到移动BLOG，与其他学习者共享；学习过程中遇到问题能够在线查询相关资源。

(六) 以学习者为中心，满足个性化学习的需要

学习者可以根据自身需求选定学习内容；选择合适的学习方式，安排合理的学习进度，可以重复检视学习材料，达到复习、巩固的效果。学习模式灵活多样，可以组合使用各种设备和各种技术取得较好的教学效果。

第二节 国内外的应用与发展

据有关机构预测，移动教育市场到2020年将使全球移动运营商有机会增

加700亿美元的收入。移动教育产品和服务将催生出一个380亿美元的市场，其中有近90%是通过教育类电子书等内容和包括教育类应用和平台（如学习管理系统和移动学习环境）在内的软件产生的。移动教育设备（如智能手机和平板电脑）到2020年将创造价值320亿美元的商机。

一、国外 M-learning 的应用与发展

目前，移动教育在国外的研究主要集中在欧洲和北美的部分经济发达国家，开始较早的已经进行了2~3年的时间。从研究目的来分主要有两类：一类是由目前的电子学习提供商发起，他们力求借鉴电子学习的经验，把移动学习推向市场，更多地用于企业培训；另一类则由教育机构发起，他们立足于学校教育，试图通过新技术来改善教学、学习和管理。国外研究课题主要集中在移动设备应用于教育的可行性研究、移动学习资源的开发、短信息服务、WAP教育站点的建设、与终身学习PBL和协作学习等的结合。

（一）移动设备应用于教育的可行性

移动教育这一新名词刚一出现，很多针对移动设备应用于教育领域的研究工作就随之展开了，这些研究从认知和教学角度出发，考查移动设备应用于实际教学和学习的可行性。一些研究者以学习理论为基础，通过实验来检验移动设备在辅助学习者进行阅读时的有效性，另一些研究者通过对学习者的学习特征进行分析，论证在何种学习情境下使用移动设备最为有效。通过实验发现，在新技术的辅助下学习者的学习效果得到了明显的提高，这为移动学习进一步的研究和应用提供了良好的前提条件。不过有一些研究者对移动设备的使用持怀疑态度，他们认为学习者表现出的兴奋和激动只是暂时性的。同时实验发现，一些学习者在学习中并不能合理有效地使用移动设备，有些甚至把这些设备用做考试作弊和影响正常教学秩序的工具，这一现象同样让研究者感到担忧。大多数研究者表示，PDA和WAP手机等移动设备只是目前在学习手段上的一种扩展，它们不能够替代现有的学习工具。更重要的是，并非所有的学习内容和学习活动都适合使用移动设备。

（二）移动教育资源开发

移动教育作为数字化学习和移动计算技术相结合的产物，它最直接的应用形式就是让学习者能够通过移动设备来实现数字化学习，一系列针对移动教育资源开发的工作由此展开。在芬兰赫尔辛基大学进行的移动学习项目中，研究者试图将WAP技术应用于高等教育中，他们希望为学习者和教师创建一个可操作的移动学习环境，从而使学习者和教师能够通过WAP手机或智能手机（Smart Phone）随时随地地访问教学和学习资源。这一研究项目的其中一个阶

段就是要进行课程模块的开发、测试和评价。该项目的目标是通过使用各种移动通信手段，为学习群体创建一个移动教育环境，同时开发出适合他们的移动教育资源，包括各种课程、服务和产品。

（三）短信息服务应用

作为一种通信交流的手段，短信息服务目前已经得到了广泛的使用，并且深受广大使用者的青睐。由于它在使用上的广泛性，一些研究者开始尝试将其应用于教学和学习中。英国 Kingston 大学进行了评价短信息服务应用于教育教学有效性的实验。根据实验需求他们开发了一套短信息服务系统，可用于向学习者发送课程安排、考试安排和考试成绩等信息。在芬兰赫尔辛基大学，短信息服务被应用于教师培训，初步的试验结果令人满意。同时他们计划在接下来的研究中把彩信（MMS）技术应用于教育教学，通过移动设备实现数字图像的生成和传送。短信息服务作为一种辅助手段应用于教学是完全可行的。它不仅可以用于学习者日常的通信交流，而且可以被用于课业信息、日程安排和重要通知等信息的发布。短信息服务所具有的随时随地性，使得它在某些学习情境下具有比电子邮件和 Web 更为优秀的表现。

（四）WAP 教育站点建设

WAP 教育站点的建设是目前移动教育研究领域中的又一重要方面。WAP 教育站点与普通 WAP 站点相比在技术上并没有太大的区别，不同之处在于应用的目的和面向的对象。英国 Tralab 根据移动学习计划的研究目标，通过分析 16~24 岁的欧洲青年人的学习特征，开发和建立了支持移动教育的 WAP 教育站点。为了能够迎合这些青年人的口味，使他们能够对移动教育保持持久的兴趣，研究人员在学习资源的建设上下工夫，着重选取能够贴近学习者生活和工作同时又较为时尚和流行的主题作为学习内容。

（五）与终身学习、PBL 和协作学习结合的应用

英国伯明翰大学立足于未来教育的发展方向，针对未来学习者对终身学习的需求，尝试把移动技术和设备应用于终身学习。他们认为仅仅通过学校教育获取知识和技能是远远不够的，要想适应未来快速变化和发展的社会，人们必须在日常的生活和工作中不断地学习新的知识和技能；同时未来的学习应该摆脱时间和空间的束缚，人们可以根据实际需求随时随地进行学习。在此基础之上，他们进行了被称为 Handsr 的移动学习研究项目，计划开发出适用于不同年龄层次、不同实际需求的移动教育资源。

二、国内移动学习的应用与发展

我国对移动教育的实践始于四五年前，主要是在教育部的策划下开展，与

欧美等国家相比，研究水平还比较低，规模还比较小。虽然如此，我们还是取得了一些成绩。

（一）教育部高教司试点项目：移动教育理论与实践

这个项目由国内第一个移动教育实验室北京大学现代教育中心教育实验室承担研究，项目持续四年，从 2002 年 1 月到 2005 年 12 月。其研究分为四个阶段，开发了三个版本的移动教育平台。

（1）基于 GSM 网络和移动设备的移动教育平台。该阶段主要利用短信进行，重点是解决信息交换，实现了基于 SMS 的移动网和互联网共享。

（2）基于 GPRS 的移动教育平台。该平台主要是针对 GPRS 数据服务，开发适合多种设备的教育资源，使得 GPRS 手机、PDA 和 PC 机可以浏览同一种资源。

（3）基于本体的教育资源制作、发布与浏览平台。该平台主要是提高教育资源和教育服务的开发规范、动态扩充、可定制性，并为教育语义 Web 打下了基础。

（4）教育语义网络平台。该平台主要利用语义 Web 技术提高教育服务平台的智能性，利用语义 Web 以及本体技术建立多功能的教育服务平台。

（二）教育部"移动教育"项目

参与该项目的高校有三所，分别是北京大学、清华大学和北京师范大学。其核心内容有两个：一是建立"移动教育"信息网，利用中国移动的短信息平台和 GPRS 平台向广大师生提供信息服务，同时让师生能够享用更加优质优惠的移动电话服务；二是建立"移动教育"服务站体系，在各主要大学建立"移动教育"服务站，为参与"移动教育"项目的用户提供各种服务。

（三）多媒体移动教学网络系统 CALUMET

多媒体移动教学网络系统 CALUMET〔(Computer Aided Learning (CAL)、Unite Multimedia Education Technology (MET)〕是由南京大学和日本松下通信工业公司以及 SCC 公司进行的一个多媒体移动教学的实验研究。该实验从 1999 年 4 月开始，到 2000 年 4 月结束第一阶段工作，即试验使用和功能完善阶段；2000 年 5 月进入第二阶段，即正式使用阶段。

另外，我国的一些网络公司，如网易、新浪等公司也在积极参与和实现移动短信和移动教育服务，如天气预报、移动上网、移动电视等服务。相信随着移动学习技术的成熟和人们学习需求的多样性，我国的移动教育会在各个行业呈现上升的趋势。

开展移动教育对我国发展现代远程教育，构建终身学习体系，满足学习者随时随地学习的需求将起到积极的推动作用。虽然移动教育才刚刚起步，随着无线移动设备费用的降低、硬件的改进，其普及率和服务商会不断增加。结合移动互联通信与教育，充分运用现代通信、计算机科技发展的新成果，移动教育将发挥积极的作用。

三、发展移动教育的意义

（一）移动教育能够提高社会生产力水平

组成生产力有三个因素：人的因素、劳动工具的因素和劳动对象的因素。其中人的因素是最为关键的因素。提高生产力的关键就是提高人的素质，而学习无疑是提高素质的重要途径。

（二）移动教育拓展了教育接受的对象

现代社会是一个终身学习的社会，固定学习的方式也会阻碍获得教育的机会。移动教育将教育理念和技术无缝连接起来，无时无处不在学习，并且处于开放状态中。

在传统社会中，人接受教育的机会是不平等的。移动教育利用科技的力量创造平等地接受教育的机会，教育将不再是部分人的特权。移动学习为学习者选择学习时间、地点和满足个性化需求提供了许多灵活性。移动学习环境满足终身学习的需求。

（三）移动教育有助于降低数字鸿沟

由于我国经济发展本身特点，城乡之间存在一定的数字鸿沟，移动学习有助于统筹城乡、区域信息化进程。随着3G技术对无线传输速度的提高及资费的进一步下调，开发的优秀资源完全可以利用手机终端方式传输给欠发达且零散分布的乡镇普通大众，加大这些区域的数字化进程，减小城乡、区域在如学习方式、资讯获取上的信息化差距。

（四）移动教育能够催生新的产业发展

移动教育将催生一个数量庞大的产业，这个产业不仅适合规模化的应用，也很适合于个人和刚起步的公司。该领域可能获利的产品和服务类型，包括内容开发、学习游戏、建立课程库等。有些企业在家校沟通、内容开发、整体解决方案等方面也做出了许多有益的探索。虽然移动教育才刚刚起步，但随着无线移动设备费用的降低、硬件的改进，其普及率和服务商会不断增加。

第三节 移动教育实施与相关技术

移动教育是指依托目前比较成熟的无线移动网络、国际互联网以及多媒体技术，学生和教师通过使用移动设备（如手机等）来更为方便灵活地实现交互式教学活动。移动教育主要是利用移动设备和移动通信网，从而方便地访问互联网上的教育资源。

一、基本框架

（一）移动教育网

该网络是整个移动网络的一部分，由多个基站组成，用来发射或接收来自移动台以及互联网的信息，并通过空中接口将移动台与互联网实现无缝连接。

（二）国际互联网

该网络即我们通常所说的互联网，该网络是教育资源的有效载体。目前互联网技术已经非常成熟，与互联网连接的客户可方便地进行信息交换，并可访问互联网上的丰富资源。

（三）教学服务器

该服务器与互联网相连，存放丰富的教学资源以及相应的服务程序。

（四）移动平台

移动设备，目前一般指二代手机，即由通信硬件与 SIM 卡组成。通信硬件完成信号的接收以及协议识别，SIM 卡保存用户的标志。对于该类设备来说，其内置的操作系统是封闭的，不具有扩充软件的功能。另外，许多公司正在研究或推出具有 PDA 功能的高档手机，该设备集成了通常手机和 PDA 的功能，其 PDA 部分具有一定的开放性，可在一定程度上扩充软件。由于二代手机的通信速度较低，不具有面向连接的通信协议，一般只能通过短信息的形式通过移动网与 Internet 通信。

二、实施模式

移动教育根据使用通信协议的不同，分为基于短信息的移动教育和基于浏览、连接的移动教育两种形式。

（一）基于短消息的移动教育

基于短消息的移动教育除了提供话音服务外，还提供面向字符的短消息服务。通过短消息，不仅学习者之间，而且学习者与互联网服务器之间都可实现有限字符的传送。学习者通过手机等学习终端，将短信息发送到互联网教学服务器，教学服务器分析用户的短信息后转化成数据请求，并进行数据分析、处理，再发送给学习者手机。利用这一特点，可实现学生通过无线移动网络与互联网之间的通信来完成一定的教学活动。

具体功能如下：
(1) 学校对教师的教学活动通知。
(2) 教师对学生的教学活动通知。
(3) 学生对教师提出问题。
(4) 教师对学生的问题浏览以及答疑。
(5) 学生对考试分数的查询。

总之，通过短消息可实现学生和学生之间、学生和教师之间、学生和教学服务器之间以及教师和服务器之间的字符通信，这样的教学活动不再受时间、地点的限制，真正实现随时随地的学习。

(二) 基于浏览、链接的移动远程教育

移动用户使用无线终端，经过电信的网关后可接入互联网，访问教学服务器，并进行浏览、查询，实时交互，类似于普通的互联网用户。对于短消息通信来说，其数据的通信是间断的，不能实时连接，因而不能利用该种通信实现手机对网站的浏览，很难实现多媒体资源的传输和显示。但是，随着通信芯片和 DSP（Digital Signal Processor）性能的提高，移动通信协议将得到很大改进，通信的速度也会大大提高。目前很多手机厂商正在或已经开发能支持浏览器的高档手机，如 WAP 手机、iMODE 手机、GPRS 手机等都支持浏览器，但由于目前通信速度较低，其应用尚未成熟，目前的类似产品还没有取得成功。随着3G 通信协议的推出，面向浏览器的移动设备将会很快得到推广，此时的移动教育在方便性以及服务质量上都将会发生空前变化：教学活动将不受时间、空间和地域的限制，并将得到高质量的保证。

三、实施技术

目前移动通信协议主要有两种形式：一种是面向短消息的，属于非实时连接；另一种是面向连接的，实现实时通信。以下是与此相关的技术概念。

(一) 移动互联网

移动互联网是将有线互联网移动通信网（无线连接，包括 GSM 等无线网络）集成在一起的网络，它主要包括有线互联网、无线连接和灵便终端。有线互联网即 Internet；无线连接是由无线模块组成的网络（包括集中式和非集中

式控制的无线网络);灵便终端指具有终端处理能力的便于携带的终端设备,包括手机、PDA以及具有无线模块的便携式电脑等。与有线互联网相比,移动互联网的重要优点是弥补了有线互联不能移动的缺点(设备移动时必须断开)。因此,该种网络可实现移动中数据交互、实时连接,为移动教育提供了网络支持。

(二)基于互联网的短消息种类及网络结构

GSM网络除了提供话音服务外,还提供面向字符的短消息服务。SMS占用通道的时间短,费用低,支持两个GSM用户方便地进行点对点通信。目前众多的短消息服务厂商几乎都与国际互联网相结合而形成统一的短消息服务网络,为用户提供各种信息服务。短消息的发展分为三个阶段:SMS、EMS、MMS。

SMS(短消息业务):SMS的内容可以是文本、数字或二进制非文本数据(用于铃声或LOGO等)。

EMS(增强消息业务):EMS能够将简单音调、图片、声音、动画、文本集成到一起,然后在EMS手机上显示。EMS是SMS的增强版本,无须对基础网络进行升级,而且实施EMS对现有的短消息中心几乎没有任何影响。

MMS(多媒体消息业务):MMS可以说是消息技术极限。通过MMS,手机可以收发多媒体消息,包括文本、声音、图像、视频等,MMS支持手机贺卡、手机图片、手机屏保、手机地图、商业卡片、卡通、交互式视频等多媒体业务。

(三)数据通信协议的种类

对于短消息通信来说,其数据的通信是间断的,不能实时连接,因而不能利用该种通信实现手机对网站的浏览,很难实现多媒体资源的传输和显示。但是,随着通信芯片和DSP性能的提高,移动通信协议将得到很大改进,通信的速度也会大大提高。

WAP即无线应用协议,是移动通信设备实现接入Internet的一组通信协议。WAP实现了移动通信系统和数据通信系统的结合,符合通信领域、移动通信发展的需求,它使移动用户可以不受网络种类、网络结构、运营商的承载业务以及终端设备的限制,充分利用自己的手机,随时随地地接入互联网和企业内部网。

当前国际、国内流行的一些无线接入技术有:GSM接入技术、CDMA接入技术、GPRS接入技术、CDPD接入技术、固定无线宽带接入技术、DBS卫星接入技术、蓝牙技术、HomeRF技术、WCDMA技术、3G通信技术、无线局域网、无线光系统。

四、硬件构成

移动教学系统基本由五部分构成：

（一）教育资源平台

该平台主要由教学资源数据库、出口服务器等设备构成，负责存储相关的教育资源、提供教育教学信息，是移动教育系统中所有信息的源头。

（二）Internet 网络

该网络是教育资源的有效载体，是连接教育资源平台和移动接口网关的纽带。

（三）移动接口平台

该平台由移动短信网关、WAP 业务网关等设备构成，主要功能是接收、记录来自学习者的需求信息，以及完成教育资源信息与移动通信信息的格式转换。

（四）移动通信网络

该网络由光纤、基站、发射塔等移动通信骨干网设备构成，主要功能是完成移动教育信息的传递工作。

（五）移动学习设备

这是指学习者持有的移动设备，如手机、PDA、移动计算机等。主要功能是接收来自移动通信网的有关教育资源。

五、软件构成

对应用于移动教学系统各部分的功能，软件构成基本上可以分为两大类：资源管理软件和传输管理软件。前者主要由数据库管理软件、服务器支持软件等构成，完成教学信息的采集、归纳、管理等工作。后者除必须遵守 Internet 的 http 协议外，还需要满足 SMPP（中国移动）、SGIP（中国联通）以及 WML 无线标记语言等无线移动网络自身的传输规则。

第四节 移动教育发展的关键因素

移动学习已经成为全球移动通信运营商和移动设备供应商开拓市场的重要应用研究课题，一些教育机构也积极与著名移动通信运营商和移动设备供应商合作开展移动学习的研究。前者的研究注重移动学习技术实现的可行性问题，为将来基于成熟移动通信网络和移动通信设备的移动应用服务市场推广做准备。后者的研究注重教育性与科学性，重视从学习者的角度研究移动学习的优势与不足。

一、移动教育中的关键技术

（一）移动教育系统相关技术

移动教育是移动计算技术在教育中的应用。移动计算是一个涉及无线通信、计算机网络、分布式计算、计算机软件等相关领域的交叉学科。移动计算技术主要包括无线网络技术、无线信息设备技术、移动设备系统软件与移动应用软件开发等。无线网络技术包括无线个人网络、无线局域网络、无线广域网络和卫星网络；无线信息设备包括笔记本电脑、PDA、移动电话等。无线信息设备多样，操作系统也是由各生产厂家设计与开发，这样阻碍了基于无线信息设备进行应用开发工作，这些问题都是亟待解决的。

（二）移动教育终端的软件开发

当前，无线信息设备多样，如笔记本电脑、PDA、移动电话等。不同设备性能不同，需要设计不同的操作系统和中间件。所以，不同移动教育终端的软件由不同生产厂家设计与开发，涉及技术不同、开发平台迥异，这使得基于无线信息设备进行程序开发相对困难。

（三）移动教育课程开发

移动教育有学习便捷性、教学个性化、交互丰富性、情境相关性等特点。如何根据这些特点开发出适合移动学习的课程是一个亟待研究的课题。例如，小尺寸屏幕对课程内容呈现的界面设计的限制，语音输入与识别技术的实现对语言教学课程评价设计的影响等。

（四）移动教育教学模式

移动教育作为一种新型的学习方式，如何与传统学习方式相结合，提高学习绩效也是需要重点研究的问题。移动教育不能作为一种独立的学习方式用于系统的课程学习，它需要与其他学习方式（如课堂学习、网络学习、野外考察等）进行组合，以应用于传统学校教育和远程教育之中。

（五）移动教育系统的标准化

移动教育是数字化学习的一种延伸，因此，移动教育系统是数字化学习系统的一个重要组成部分。当前，我国教育信息化技术标准研制工作正在进行并已经陆续颁布了一些标准，但都没有将移动教育系统的标准化研究纳入教育信息化技术标准体系之内，这无疑将影响移动教育的发展。

上述五个方面的问题是当前影响移动教育发展的关键因素，所幸正如 20

世纪 70 年代桌面电脑在教育中的应用研究一样，微软已经开始将 PDA 操作系统设计作为一个新的产品进行推广，而它推出的.net 开发平台也已经把移动应用开发纳入其中。SUN 公司也推出了基于 J2ME 的移动应用开发解决方案。随着上述五个方面问题的解决，移动学习将成为人们在信息社会进行数字化学习的普遍形式。

二、教育平台转变过程中的关键问题

主要的问题有：通信收费、格式转换、开发基于手机的教育软件。

（一）通信收费问题

面向连接的协议将允许长时间连接，按时收费将非常昂贵，目前很多厂商建议按流量收费。

（二）格式转换问题

手机屏幕与电脑屏幕具有非常大的差距，其显示格式应该根据手机屏幕的大小而相应改变。目前所采取的手段是规定一种面向手机的标记语言（WML），同时开发一组 HTML 与 WML 之间的相互转换的中间件。当利用手机浏览 WEB 网页时，中间件将 HTML 文件转换成 WML 文件，然后传输给手机显示。

（三）开发基于手机的教育软件问题

不仅仅是在硬件要求上，现在适用于移动教育的软件非常有限，目前多是如背单词或者是一问一答的知识竞猜类型软件，这样的形式在实际教学效果上收效甚微。国内采用比较多的另一种方式就是将一些比较经典的课程或教科书制作成能够在手机或 PDA 上浏览的电子版，但同样收效甚微。移动教育应该使用的软件是那些不但具有系统的、有条理的知识供用户浏览学习，同时也要提供能让用户间交流互动与提问回答的平台。

由于很多教育软件是基于微机屏幕的，因此在移植到手机上时，要对于显示程序进行适当的修改。

阅读材料

欧盟 M-learning 项目

此项目由英国、瑞典和意大利三个国家的五个组织 LSDA、CTAD、Ultrallab、LecandoAB 和 CRMPA 合作开展。其目标是通过使用便宜、简便和便携的移动通信技术手段使处于社会边缘的青年人重新获得学习和受教育的机会。

一、英国 Ultrallab 实验室的 M-learning 项目

该项目始于 2001 年，为期三年。主要是为了解决三个存在于欧洲年轻人的社会和教育问题：文盲问题、缺少继续教育问题以及由于缺少信息技术而导致的教育不公平问题。该项目设计和开发了一系列学习材料，通过移动电话为社会学习者（包括了失业者和无家可归者）提供培训信息，从而增加其就业机会。在项目实施过程中，Ultrallab 实验室还开发了智能导师系统以及针对如何提高书写和计算能力的两个移动教育模式。

该项目围绕所设计的学习材料在已开发的移动教育系统上进行了试验和调查，调查覆盖了英国、意大利和瑞典将近 250 名 16~24 岁的社会青少年。调查结果显示，移动教育能够帮助被传统教学方式所遗弃的青少年燃起学习热情；提高他们读写运算的技能，并认可其存在的价值；消除学习体验中的拘束感，吸引一些孤立被动的学习者；有助于减少对技术的抵触心理，缩小计算机化学习素养和移动教育素养的差距；使青少年在更长的时期内保持学习；增强自信：对于这些孩子们来讲，和这些高科技联系在一起还是全新的体验，这帮助他们提升了自尊，建立了信誉，并激发了强烈的个体责任感。

二、达·芬奇计划

从电子学习到移动教育这一项目从制作适合于 PDA、智能手机（Smartphone）和移动学习的一系列课程开始，并将这些融入学校支持服务体系中，为学生营造一个较为舒适的学习环境。该项目的可贵之处在于，它解决了在 PDA 上开展移动教育课程面临的所有问题。通过调查，使用过的学生普遍对它感到满意。

除此之外，该项目还催生了一项重大理论成果——国际远程教育界的宿儒戴斯蒙德·基更出版了《The future of learning: From ELearning to M Learning》，该书详细论述了从远程学习到电子学习再到移动教育的发展。该书无论是在远程教育领域还是在移动教育领域都产生了深远的影响，引起了人们对于移动设备教育应用的高度重视。

除以上介绍的两个著名项目之外，欧盟还资助了很多类似的利用手持式设备开展移动教育探索的项目。总体来讲，研究覆盖的范围较广，涉及的内容也比较全面：不但注重了移动教育技术支持环境的搭建，移动教育资源的开发以及移动设备的功能和技术改进，而且还关注到借助手持式设备的技术优势进行社会弱势群体的培训以及试图在解决教育不公平问题上有所突破，这点对于构建学习型社会具有十分重要的意义。

除此之外，对于移动教育的成本投入进行了预测，从中能够看出手持式设备教育应用从造价昂贵的掌上电脑、智能手机向移动电话、手机等廉价设备的倾斜，以便于研究成果的大面积推广和应用。

资料来源：刘军国. 国外移动教育研究 [J]. 中国教育网络，2007（4）.

移动商务应用

本章案例

云计算对移动学习的影响

在云计算模型下，互联网服务商用"云"为用户提供安全、快捷的信息存储和网络服务。在教育领域，云计算为新的学习方式——移动学习提供新的发展思路：其大型存储器聚合的海量教育信息为教育资源的整合奠定了坚实的基础；其实现了C/S结构向B/S结构真正意义上的转变，使得移动学习过程中对学习者终端硬件的要求大幅降低，甚至只需一台支持浏览器技术的移动设备（如手机、PDA等）即可进行移动学习。云计算将是未来移动学习的主要支撑平台，也将推动移动学习的发展。

一、改变现有移动学习模式

根据不同的应用技术、不同的通信协议，移动学习的模式有两种：基于短信息服务（SMS）和通过建设WAP教育站点，分别是基于点播和基于浏览的移动学习。而两种模式都各有其不足：在SMS模式下，学习者通过定制短信息进行学习，服务端短信息一般都是编辑完成后通过短信平台传播给学习者的，学习者无法与教学者进行实时的交流，即使将问题以短信息方式回复给教育者，教育者也很难在第一时间进行回答。而且，短信息的发送、接收受信息堵塞、网络是否通畅等诸多因素的影响。在WAP教育站点模式下，一是目前建立的WAP教育站点不多，学习资源有限；二是该方式基于WAP浏览协议，数据传输速率不高，使得学习者学习效率不高，此外，其收费比较高昂，甚至超过个人计算机条件下的网络学习，因此很难得以普及。移动学习现有模式的诸多不足，使得移动学习很难形成大众化的趋势，也在根本上限制了移动学习的发展。云计算的出现，将通过技术弥补这些不足，带来移动学习模式的变革。云背景下，大量教育资源将存储与云服务器中，学习者无须再通过短信或WAP站点点播方式，只需使用移动设备通过浏览器即可接入"云"端存储器自行选择学习内容进行学习，而且云计算整合了多方计算机、互联网新技术，突破了单一WAP协议的限制，加之目前支持HTTP协议的智能手机、PDA的平民化发展，学习者将得以使用低价的移动设备、廉价的网络收费与云服务器进行快速的通信。

二、整合最丰富的教育信息资源

互联网最大的优势在于资源的聚合，云计算根本出发点就是信息的融合、存储并通过网络服务进行共享，这使得教育者可以最大限度地整合教育资源。在现行的移动学习模式下，教育者都是按照既定的教学大纲要求，编排学习内容、设计教学过程并通过网络手段向学习者传授知识，学习内容的广度和深度在很大程度上仍受教学大纲和教育者本身知识体系的限制，教育者传授多少学习内容，学习者只能得到多少知识，无法形成知识的迁移。而在云计算时代，由全世界范围内的教育者提供的大量教育资源将聚合到"云"端的存储服务器中，学习者只需输入关键词，即可获取来自世界各地的教育资源，然后根据需要自由地选择学习内容进行学习，就像使用搜索引擎那么简单，教育者要做的仅仅是对教育资源进行归类、管理和制定相应的访问规则。同时，在学习过程中，学习者和教育者还可以在既定的规则下对既有的学习内容进行补充和修改，从而不断地完善资源库。

三、创建自主、多元的虚拟学习社区

随着互联网技术的进步，互联网技术教育应用在信息处理和交流协作方面的优势日益凸显。为了更好地交流协作，以形成共有文化和学习共同体为目标的虚拟学习社区大量出现并发挥着重要作用。虚拟社区实质上是一种特殊的学习环境，学习者根据自己的需要有方向地选择适合自己的社区，发展自己的特长并和社区成员之间分享知识、互助合作。然而，由于技术和资源方面的原因，目前虚拟学习社区的构建仍依托于某特定的教学机构，其辐射范围、学习者构成、学习内容、学习策略等往往受该教学机构的控制，学习者个性并没得到充分展示，社区成员间的知识共享、交流协作还是受约于教学机构。在云计算下，所有资源和应用程序都将整合在"云"端，每个学习者都可以利用这些资源和应用程序自由地创建虚拟社区，构建自己的虚拟学习环境，跟具有共同学习目标的其他学习者一起进行协作学习。由于这些虚拟社区由学习者自主创建，没有特定的教学引导者或社区意见领袖，共同的学习目标是对学习者秩序的唯一约束准则，因此学习者可以充分发挥其特长，展示其个性，自由地交流。再者，由于是基于网络的，学习者构成突破了现行虚拟社区辐射范围的限制，来自世界各地、不同国家、不同文化背景的人，都可以进入社区共同学习和讨论，相互取长补短，借鉴学习经验和丰富学习内容，实现了多元化的文化知识交流。

四、对移动学习设备要求大幅降低

目前，移动学习设备存在的问题仍然是制约移动学习发展和普及的重要因素。主要存在问题如下：

（1）信息处理能力低，计算速率远不及普通计算机。

（2）链接不同类型装置时有困难，移动设备对器件性能要求很高。

（3）大部分移动设备还不支持 HTTP 协议，只能访问基于 WAP 协议的服务器，多媒体资源的传输受限制。

移动商务应用

云计算技术的出现，为这些问题提供了很好的解决之法。云计算下，所有的数据存储和处理都将在"云"端的计算机群进行，其强大的计算能力不但使处理速度要比个人计算机快很多，而且还能完成一些个人计算机无法应付的数据处理任务。由于所有的数据处理都在"云"端进行，学习者只需通过浏览器便可进行类似于在个人计算机上的一切操作，如一些应用程序的安装和使用等，所有这些操作都无须硬件系统的支持，因此对移动设备除运行浏览器本身所需计算能力以外无任何别的数据处理要求，而这样的要求，普通的手机就可以胜任。正如1989年比尔·盖茨在谈论"计算机科学的过去现在与未来"时所说的那样："用户只需要640K的内存就足够了。"从使用者角度来讲，云计算将带来硬件的死亡。而且，现在的PDA正向着电脑和手机融合的方向发展，其内置的操作系统和支持HTTP协议的浏览器，将为用户提供更完善的浏览器功能。通信方面，目前第三代无线移动通信（3G）技术正快速发展，其到来后将带来2Mbps的数据传输速率，将更好地为移动设备和"云"端的无线通信服务。

资料来源：邢杨.云计算对移动学习的影响[DB/OL].中国安防网，2011-09-27.

◆ 问题讨论：

1. 云计算的哪些技术优势对移动教育能够产生影响？
2. 云计算如果改变移动教育，具体体现在哪些方面？
3. 简述未来移动教育的发展前景。
4. 讨论我国移动教育的发展策略。

本章小结

从移动教育的发展来看，经历了三个阶段：第一个阶段是远程教育（D-learning）；第二个阶段是电子学习（E-learning）时代；第三阶段是随着教学内容电子化及移动通信技的发展才产生了移动教育（Mobile Learning）。

移动学习是电子学习的扩展和补充，电子学习是移动学习发展的基础。虽然移动学习具备了远程学习、电子学习的基本特点和优势，但移动学习也有其局限性，它并不能完全替代传统的学习方式或取代现有的媒体教学和课堂教学模式。

移动学习是远程教育领域基于数字化学习的新的学习模式，因此它继承和具备了远程教育的数字化学习的优势和特征，其独特性表现在：①基于数字化学习，融合了多种先进技术。②具有受众的广泛性，拓宽了教育范围。③具有学习的开放性，拥有更多的自由。④具有高度的双向交流和互动性。⑤具有学习资料的获取便利性与使用高效性。⑥以学习者为中心，满足个性化学习需要。

移动教育（Mobile Education）是指依托目前比较成熟的无线移动网络、国际互联网以及多媒体技术，学生和教师通过使用移动设备（如手机等）来更为方便灵活地实现交互式教学活动。移动教育根据使用通信协议的不同，分为基于短信息的移动教育和基于浏览、连接的移动教育两种形式。

移动学习已经成为全球移动通信运营商和移动设备供应商开拓市场的重要应用研究课题。前者的研究注重移动学习技术实现的可行性问题，为将来基于成熟移动通信网络和移动通信设备的移动应用服务市场推广做准备。后者的研究注重教育性与科学性，重视从学习者的角度研究移动学习的优势与不足。

本章中还介绍了移动教育国内发展现状、移动教育实施的技术架构与相关技术，学生需要了解并掌握。

本章复习题

1. 远程教育、电子教育、移动教育的关系如何？
2. 移动教育具有哪些典型特点？
3. 移动教育对现有的教育模式带来了哪些变化？
4. 移动教育怎样才能与现有的教育模式有效结合，发挥其最大的价值？
5. 评价国内外移动教育发展现状。
6. 移动教育实施需要具备哪些技术准备？
7. 从媒体对学习方式的影响历程看，学习形式随着媒体技术的发展大体经历了哪几个阶段？
8. 移动教育的技术构架是什么？
9. 对应用于移动教学系统各部分的功能，其软件构成基本上可以分为哪两大类？
10. 移动教育发展的关键因素有哪些？

移动商务应用

第三章 移动医疗

学习目的

知识要求 通过本章的学习，掌握：

- 移动医疗的概念
- 移动医疗的优势
- 移动医疗的内容
- 移动医疗的实施条件
- 移动医疗的技术准备
- 移动医疗的价值与意义
- 移动医疗的社会地位

技能要求 通过本章的学习，能够：

- 掌握移动医疗的本质
- 掌握移动医疗的实施条件
- 掌握移动医疗发展的关键要素
- 掌握移动医疗对社会的影响
- 分析与预测移动医疗的发展前景

学习指导

1. 本章内容包括：移动医疗的本质、移动医疗的实施、移动医疗发展的关键要素、移动医疗对社会的影响、移动医疗的发展前景分析。

2. 学习方法：通过多种渠道查找资料，了解移动医疗作为一个新兴技术如

移动商务应用

何实施应用,思考移动医疗的发展前景。

3. 建议学时:6学时。

引导案例

医疗保健　创新源头

比尔·盖茨在"2010年移动医疗峰会:通过移动技术研究与创新实现21世纪医疗目标"上的基调发言引起了很多参会者的兴致。来自公私医疗领域的2400多名移动医疗支持者参加了这场11月中旬在美国华盛顿举行的盛会,庆祝多个移动医疗计划和项目在世界各地紧锣密鼓地进行。不过,比尔·盖茨提醒他们不要高兴得太早,毕竟移动医疗的试点项目仅在某些地方有所收效。他特别强调,在得以大规模应用之前,不要简单地认为移动医疗已经获得成功。美洲开发银行(IDB)的拉斐尔·安塔则更为谨慎,他说:"我们对移动医疗的影响知之甚少,对它的商业模型更是一无所知。"但是,移动医疗有效的证据终于开始显露出来。《柳叶刀》发表的一项研究显示,向肯尼亚的艾滋病患者发送一条简单的问好短信也能够将他们的治疗依从率提高12%。美国公司WellDoc最近在一项试验中发现,基于行为心理学的移动医疗计划为糖尿病患者提供疾病管理的建议,这比为他们提供先进糖尿病药品的治疗效果会更好。

移动医疗前景看好的另外一个原因是商业兴趣高涨。驱动力之一便是云计算的兴起与发展,微软公司的彼得·纽波特认为,云计算将"变革"移动医疗。美国新兴公司UltraLinq使用云计算在软件,即服务的模型中提供医疗成像。电信巨头AT&T的移动医疗年收入已经高达40亿美元。尝到甜头之后,AT&T迅速建立了一个专门负责使用云计算来发展移动医疗业务的分部。另外一个驱动力来自于美国国家政策。在接下来的几年内,美国政府将投入300亿美元的补助来鼓励医生和医院采用电子医疗记录。美国卫生与人类服务部的陶德·帕克指出,即将到来的数字化毫无疑问将促进移动医疗的发展。

更深层次的驱动力来自于发展中国家的创新想法。发展咨询公司Dalberg的维多利亚·豪斯曼为世界银行调查了海地、印度和肯尼亚等国家的多个移动医疗商业模型。她预测,移动银行在肯尼亚发展态势良好,这将成为移动医疗的一大促动因素。商家们正在探索各种方式,促使患者使用自己的手机来支付医药费用、获得补偿等。另外一个新兴趋势是劳动力的替代技术(例如,在公立医院医生短缺时)。新兴公司Healthpoint Services正在印度旁遮普乡下建立营利中心,提供医疗服务及干净水。中心的医务工作者背着装有诊断设备的背包,走村串户提供医疗服务,利用手机获取并解读他们所获得的数据。村民只需付费，就可以享受这种远程咨询服务。美国消费者产品巨头宝洁公司也已宣布，他们将与 Healthpoint 建立商业合作伙伴关系。当然，有人对移动医疗提出质疑。然而，考虑到移动医疗有效的证据逐渐凸显、新兴市场的新商业模型不断涌现，移动医疗的前景一片光明。所以，比尔·盖茨在峰会上也指出："中等收入国家未来将成为医疗保健创新的源头。"

资料来源：张文燕. 美国电信巨头 AT&T 的移动医疗收入已经高达 40 亿美元 [J]. 经济学人，2010 (1).

问题：
1. 移动医疗是否具有商业价值？为什么？
2. 哪些因素影响了移动医疗行业的发展？
3. 移动医疗与现有医疗体系是什么关系？

第一节 移动医疗概述

一、移动医疗的概念

定义：移动医疗指不受固定位置因素的影响、能够随时随地地传递患者信息的远程医疗模式。特指借助现代通信技术实现的对于远距离对象的医疗服务。

根据国际医疗卫生会员组织（HIMSS）给出的定义，移动医疗（mHealth）就是通过使用移动通信技术，如移动电话、Wifi、卫星通信等技术来提供医疗信息和服务。移动医疗为医疗资源不发达国家和地区的医疗卫生服务提供了一种有效的解决方法，尤其是在医务人员不足的情况下，通过移动医疗可以有效解决医疗资源不发达国家和地区医疗资源不足、分配不平衡的问题。

电子医疗（eHealth）是由电子和通信支持的医疗保健，广义上是指在医疗卫生中，包括电子数据处理的卫生信息化；狭义上是指用于互联网的医疗服务。它的形式包括电子医疗记录、远程医疗、医疗保健信息化、卫生知识管理、虚拟的医疗保健团队、基于移动通信的医疗保健、基于网络的医学研究、卫生信息系统。移动医疗可以说是电子医疗的一个子集，可以视为远程医疗的一种补充形式。

移动医疗包括无线查房、移动护理、药品管理和分发、条形码病人标志带的应用、无线语音、网络呼叫、视频会议和视频监控。

可以说，病人在医院经历过的所有流程，从住院登记、发放药品、输液、配液/配药中心、标本采集及处理、急救室/手术室，到出院结账，都可以用移动技术予以实现。

二、移动医疗与传统医疗的差异

（一）模式差异

（1）诊断模式不相同。在传统医疗中，医生获取病人病症的渠道都是通过面对面的诊疗（"望、闻、问、切"）。而在移动医疗中，可以采取视频诊疗，病人和医生通过视频通话，医生可以获取病人的病症，并给病人下达医嘱。而对于一些慢性病的病人，如高血压和心脏病，患者可以佩戴无线生理信息采集设备，而患者的即时生理信息将被医生掌握，从而时刻监控患者的生理状态，如果出现异常，医生可以通过短信等形式通知病人服药或复查等。

（2）护理模式不相同。在传统医疗中，护士护理病人必须定时查看病人的生理状态，而对于输液的病人，需要病人或家属在输液即将结束时呼唤护士来拔针。而在移动医疗中，患者的生理状态时刻显示在操控主机上，护士可以在电脑前看到所有病人的状态，从而对患者实施护理。

（二）技术差异

传统医疗所需的技术，主要是医疗保健技术。而移动医疗则需要无线通信技术、电子信息技术、医疗保健技术的结合。其中，电子技术和无线通信技术作为基础，使医疗信息有了稳定的传输。病人的生理信息通过移动终端设备传递给医院，而医院的医疗保健信息也可以通过同样的方式传递给病人。

（三）效率差异

移动医疗比传统医疗有着更高的效率。主要体现为人力资源占用少，误诊、药物误用的情况少，节省诊疗时间。使用移动医疗之后，将不需要过多的人力和设备来测量和收集病人的生理信息。很大程度上消除了在对病人护理过程中，有可能出现的护理人员交接环节的失误，以及在发药、药品有效期管理、标本采集等执行环节的失误。诊疗远程化之后，患者可以省下去医院路途的时间。

三、移动医疗的优势

（一）应用范围广

移动医疗系统的终端设备的多样化，导致了诊查方式的多样化。例如，皮肤病患者只需要用手机将患病部位拍下来，将照片传给医疗机构，而医疗中心就可以将诊断结果及医生建议和药方发送给用户；而慢性病患者，如心脑血管病患者，可以使用便携式脉搏心率监测器，方便医生监测患者生理情况，同时通过手机将实时数据传递给医疗机构，医院就可以实时掌握病人的情况；而感冒等患者，可以发送文字信息描述自己的症状，然后医疗中心就可以直接将药方发送到用户的手机上。

（二）提高医疗资源的合理配置

当前，医疗资源分布配置具有一定的不合理性。北京等一线城市掌握着国内大多数的一流医疗设备和顶尖名医，而国内的二、三线城市仍然有很大一部分人难以享受到优质的医疗资源。网络具有受众面广、信息成本低廉、不受时空限制等优势，而在医生与患者之间搭建网络这个无形的沟通桥梁，可经由网络跨越时间和地域所造成的各种障碍，使得更多的患者能享受到稀缺医疗资源的权利，最终实现各地域医疗资源的合理优化配置。

（三）减少医疗失误，提高工作效率

移动应用能够高度共享医院原有的信息系统，并使系统更具移动性和灵活性，从而达到简化工作流程，提高整体工作效率。移动应用的另一个显著贡献是减少医疗失误。在对病人的护理过程中，有可能出现护理人员交接环节的失误，以及在发药、药品有效期管理、标本采集等执行环节的失误。据美国权威机构的调查显示，每年有超过 1500 万例的药品误用事故在美国医院内发生。移动医疗使医护人员及时得到和确认患者的医疗信息，确保在正确的时间，对正确的病人，进行正确的治疗，避免医疗失误的发生。

（四）有助于改善医患关系

网络医疗服务对于医院以及医生具有非常重要的宣传作用，以便实现互联网技术、医院和医生共赢互利的最终目的。在病情诊断的过程中，还可以进行医疗服务反馈板块的设置，患者通过此板块发表自己的看病心得以及对医生服务的评价。通过网络查询所需留言，包括查询医生的满意程度，即可大致地了解基本情况。而医生为提高患者的满意程度，为提高自身的名誉度，必须加强专业医术水平以及给予良好的服务态度。与此同时，医院也达到了良性宣传的目的。

（五）打破时间与空间的限制，有效降低就医成本

网络医疗网站的大范围应用，可以提前将患者基本情况及病情资料经由手机网络及时传输给医生。经过医生的专业分析之后，病患可再结合自身情况提前与医生预约具体的门诊时间。这种简单的网络医疗服务过程，使得医生立即对患者的基本情况有了一定程度的了解与掌握，而患者也节省相应的时间和精力，并且还可以提前了解门诊时所必须注意的问题。在此互联网技术基础上，既可以大大降低看病的成本，又可以增强患者与医生的沟通与互动。

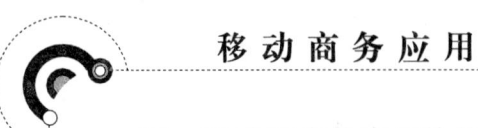

四、移动医疗的应用价值

（一）使医院的管理更加科学合理

数字化管理彻底改变了原有的传统纸质信息管理方式，而移动医疗系统的应用，使信息管理在数字化管理的基础上更加科学合理。每个患者有对应的条形码，而护士则只需要刷条形码就能立刻调出患者的病例等信息。降低了管理医疗信息过程中出错的概率。

（二）为患者提供更加安全、高效、便捷的服务

移动医疗系统的应用，使患者在医院就诊的各个环节都更加安全稳定，出错率低。由于这种诊疗是没有时间和空间局限的，用户可以在任何地方、任何时间得到医疗信息，而且通过移动医疗系统得到的医疗资源都是经过甄选的优秀的医院、医生所给的，避免了传统医疗中，有些病人由于被误诊而使病情恶化的情况。

（三）使医疗信息传递得更加快捷，医疗数据更加翔实直接

无线局域网在医院可以部署在病房、诊室、手术室等需要医护人员移动工作的区域，以帮助医护人员在病人身边开展各种即时性的医疗救治工作；也可以应用于其他医院管理领域，方便医院管理部门进行动态的、实时的监控与考核。

（四）改变传统医疗护理产业模式

对患者信息的无线移动管理和患者身份的条形码化管理功能，改变了在患者床边手工记录患者信息和纸质查询诊疗信息的传统工作模式，医护人员可以随时随地获取和处理电子化病历及其相关信息，节省了大量往返于办公室及病床之间的时间。医师可以在患者床边查阅患者的各种信息及进行医嘱处理，护士可以使用条形码扫描功能，进行患者腕带及药物条形码的扫描，准确地执行医嘱，缩短了病人与医生的时间和空间的距离。

（五）创造大量的就业机会

全球移动医疗市场持续升温，移动医疗发展的强劲势头，拉动各相关产业向前发展。移动运营商、医疗设备制造商、终端厂商、系统集成商、软件方案商等都是移动医疗产业中的重要环节，越来越多的企业投身移动医疗市场，行业的发展为社会提供了大量的就业岗位。

考试链接

考试大纲规定考生要掌握移动医疗的本质，因此对于以上知识建议考生加强识记，牢固掌握，建议通过了解移动医疗的结构，按各部分的功能来理解移动医疗的本质。

第二节　移动医疗的实施技术要求与发展条件

一、移动医疗的技术

移动医疗的实施技术包括以下环节：
（1）采集器将用户生理信息通过手机传输给业务管理平台。
（2）业务管理平台作为中枢，将用户与医疗专家联系起来。
（3）业务管理平台和保健中心可以通过 IP 承载网与移动网络运营商的其他相关增值服务系统相连（如图 3-1 所示）。

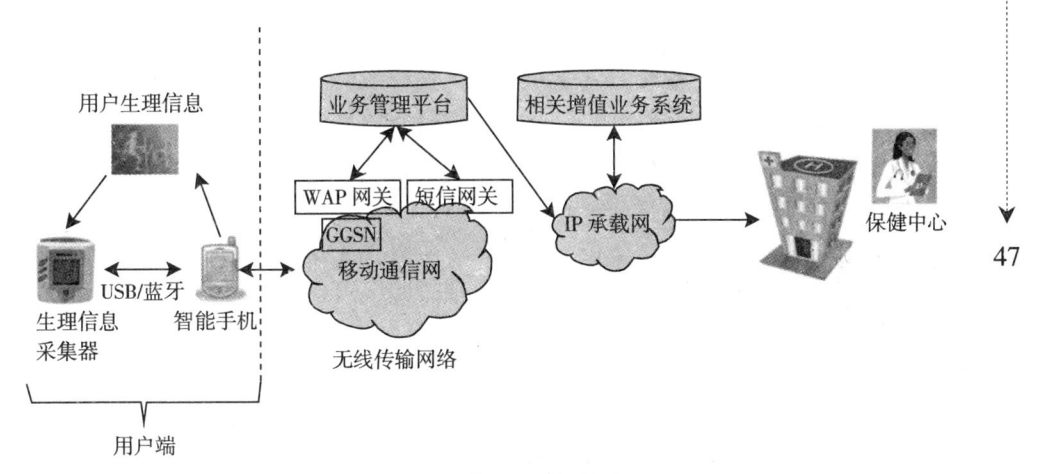

图 3-1　移动医疗的技术

从结构上看，可以分为三个部分：

（一）生理信息的采集

通过生理信息采集器，采集用户的生理信息，包括体温、血压、血氧、心跳、心电等。主要运用传感器技术，测量用户的生理数据。生理采集器，可以通过不同用户的需要，匹配不同的功能。而生理信息采集器与用户的手机之间可以进行数据交换，通过蓝牙或者 USB 数据线。

（二）信息的传递

手机在获得了用户的生理信息之后，将用户的生理信息通过移动通信网传递给业务管理平台。另外，业务管理平台和保健中心可以通过 IP 承载网与移动网络运营商的其他相关增值业务系统相连，将用户与医疗机构联系了起来。这里运用了无线通信技术和信息管理技术。

（三）用户信息的管理

业务管理平台收集并管理用户信息，对用户建立档案，将用户信息发送给医疗机构，也将医院的健康建议等信息作为增值服务发送给用户。

二、实施移动医疗的条件

（一）通信服务平台

移动医疗离不开高速可靠的通信服务平台。移动医疗应用场景丰富，适用范围也覆盖了室内室外甚至高移动的各种场景，而医疗应用对稳定可靠方面的性能要求非常高，这对网络 QoS 能力提出了相当大的挑战。以体征监控并反馈类的应用为例，无论用户走到哪里，用户体征的上行数据需要随时随地传送出去，才能达到随时体征监控的目的。这就要求无线网络覆盖达到相当好的程度，并满足相应的带宽需求。另外，如果是报警类的医疗应用，因为关系到用户的生命安全，在优先级和稳定性上的要求也会比其他的服务更高，需要用冗余、差错恢复等技术保证传输的质量。

（二）信息服务和产品平台

业务管理平台是整个系统的"中枢"，其功能主要包括：信息存储/转发、认证鉴权、用户管理、话单生成、设备管理、网络管理、网络安全，并可提供门户网络界面供医疗专家根据客户提供的生理信息做出保健建议，然后医疗专家可以通过业务平台把健康信息回馈给用户。用户也可以通过门户网络界面上网查询，随时了解自己的健康状况并得到医疗专家的保健信息。

医疗设备和技术服务提供商近年来投入大量力量进行的医疗保健信息产品和技术的开发和应用，如 HIS/CPP/CIS/PACS 和远程医疗方面形成的大批医疗服务信息产品，以及相关的技术服务的平台。

移动医疗是远程通信技术、信息学技术和医疗保健技术的结合。它们构成了移动医疗的三大支撑技术。

1. 通信技术

移动医疗系统采用的通信技术有无线局域网、电子设计自动化（EDA）、中间件、条形码和射频等技术，将在台式（固定的）医师、护士工作站上采集、录入、查询临床信息，延伸至患者的床旁（通过无线技术与医院的 HIS 相连）。

医师应掌上电脑（PDA）或移动医疗车，通过患者佩戴条形码的腕带，可随时随地地查询患者的医疗信息，下达和修改医嘱等，减少了很多环节，提高工作效率。护士可在患者床边或随时随地地查询患者基本信息、检查报告、生命体征、医嘱等信息，录入患者生命体征、护理评估和医嘱执行等信息。同时，该系统通过对患者标志腕带、检验标本、药品进行条形码化管理，能够有效避免人工核对所产生的差错和事故，确保医疗安全，为患者提供安全可靠、快捷方便的医疗服务。

2. 信息学技术

用户生理信息采集器采集用户的生理信息，通过手机将用户的生理信息通过移动通信网传递给业务管理平台，业务平台的设备管理模块可以根据终端管理系统提供的用户终端的能力、当前网络状况等信息，对保健中心发给用户的信息进行转换适配，确保用户终端的正确呈现。在紧急情况下，保健中心可通过定位业务系统的GLSC（General Location Service Centre，粗定位业务中心），发起对用户的定位过程，获取用户精确或粗略位置信息，并将位置信息和位置相关信息（例如，用户所在位置的周边地图、交通路况、导航等信息）传递给救护人员，使他们能及时实施救助。

3. 医疗保健技术

移动医疗由于实时采集传输数据的特点，使高血压、心脏病等慢性病患者的生理状态时刻得到医生监护。医生可以针对患者的生理状况给患者提供建议，制订出最佳的服药及复查时间表，并通过移动业务平台给患者发送通知，保障了患者时刻处在监护的状态下。

阅读材料

几种无线方案解决案例

无线查房	查房应用系统是利用嵌入式数据库技术开发的面向移动计算环境的典型应用系统。医生可在病人床边实时查询病人的检验报告等全部医疗信息，根据病人的需要可实时通过移动终端开具医嘱或修改医嘱，相关部门可即时得到医嘱信息，医嘱执行的速度大大加快。
移动医疗护理	在治疗点采集病人信息，包括床旁生命体征信息采集、床旁标本确认。跟踪医嘱的全生命周期，帮助管理人员更好地进行护理工作管理，科学地加权统计护士工作量，为绩效考评提供数据参考。避免护士多次转抄、录入，大幅度提高工作效率，并降低错误发生率。医嘱执行按照护理临床路径进行拆分，提示执行时间；体征信息实时录入，并按照护理常规进行提醒，既降低了纸张和其他办公消耗，又极大地提高了护理工作效率和质量。

续表

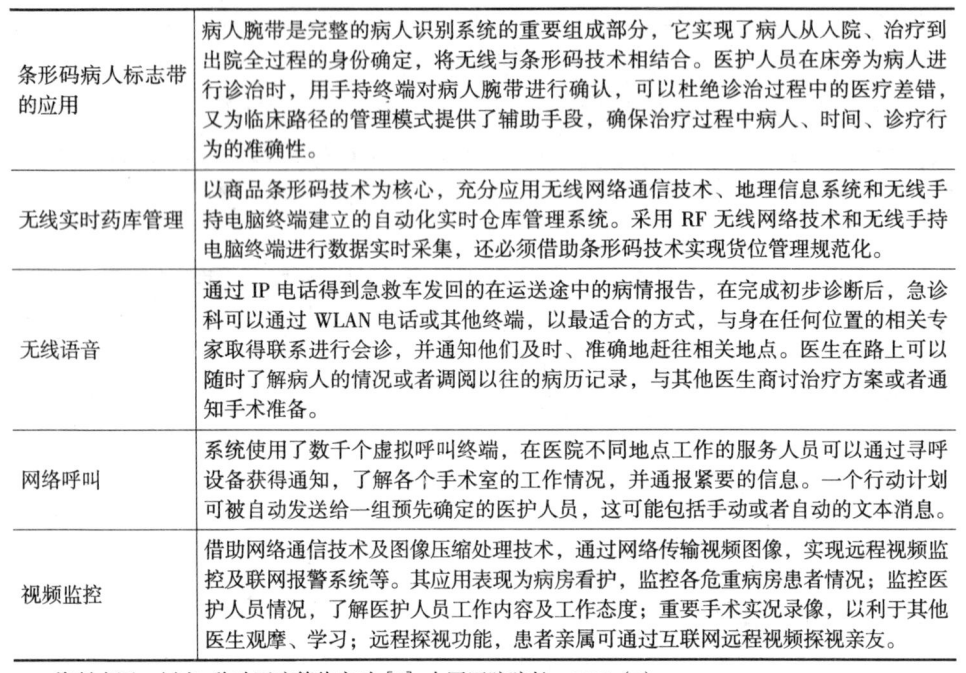

条形码病人标志带的应用	病人腕带是完整的病人识别系统的重要组成部分，它实现了病人从入院、治疗到出院全过程的身份确定，将无线与条形码技术相结合。医护人员在床旁为病人进行诊治时，用手持终端对病人腕带进行确认，可以杜绝诊治过程中的医疗差错，又为临床路径的管理模式提供了辅助手段，确保治疗过程中病人、时间、诊疗行为的准确性。
无线实时药库管理	以商品条形码技术为核心，充分应用无线网络通信技术、地理信息系统和无线手持电脑终端建立的自动化实时仓库管理系统。采用 RF 无线网络技术和无线手持电脑终端进行数据实时采集，还必须借助条形码技术实现货位管理规范化。
无线语音	通过 IP 电话得到急救车发回的在运送途中的病情报告，在完成初步诊断后，急诊科可以通过 WLAN 电话或其他终端，以最适合的方式，与身在任何位置的相关专家取得联系进行会诊，并通知他们及时、准确地赶往相关地点。医生在路上可以随时了解病人的情况或者调阅以往的病历记录，与其他医生商讨治疗方案或者通知手术准备。
网络呼叫	系统使用了数千个虚拟呼叫终端，在医院不同地点工作的服务人员可以通过寻呼设备获得通知，了解各个手术室的工作情况，并通报紧要的信息。一个行动计划可被自动发送给一组预先确定的医护人员，这可能包括手动或者自动的文本消息。
视频监控	借助网络通信技术及图像压缩处理技术，通过网络传输视频图像，实现远程视频监控及联网报警系统等。其应用表现为病房看护，监控各危重病房患者情况；监控医护人员情况，了解医护人员工作内容及工作态度；重要手术实况录像，以利于其他医生观摩、学习；远程探视功能，患者亲属可通过互联网远程视频探视亲友。

资料来源：刘杰. 移动医疗等待启动［J］. 中国医院院长，2009（9）.

考试链接

考试要求考生识记掌握移动医疗的实施条件和技术准备，建议考生结合移动医疗建设的实际案例，掌握移动医疗在实施过程中的技术及相关问题。

第三节　移动医疗的发展前景

随着国民经济的发展和人民生活水平的提高，特别是移动通信技术深入人民生活的各个角落，移动医疗作为医疗服务新的产业发展机遇正在形成。通信服务商与传统医疗技术厂商的合作和业务结合是这一新产业的技术基础，有关的法规和技术标准的出现则是该产业健康发展的保障。以信息化带动传统医疗产业的发展，以移动医疗为代表的新兴医疗产业正在形成，它将对医疗服务的外延和范围进行有效的扩充，带来医疗产业和相关产业链新的历史发展机遇："移动医疗——一切都将改变"。

移动商务应用

一、移动医疗发展前景

（一）医疗保健市场规模巨大

预计到 2015 年，全球将有 5 亿多的用户使用移动医疗应用。随着全球范围内的老龄化，在医疗领域的开支将逐步增大，目前在美国医疗保健已经成为政府最大的开支。

医疗保健市场占我国 GDP 收入的 10%，这是一个移动通信技术领域巨大的未开发市场。我国的医疗卫生机构总共达 33 万个，县及县以上医院达 1.6 万个。我国人口的老龄化发展迅速，老年人口迅速增加，他们是很多疾病的高发人群；我国每年新生婴儿数和母婴人群达数千万，他们均有移动医疗的潜在需求；我国高血压等慢性病患者人数众多，更多的人处在亚健康状态；国内高收入阶层（技术人员、职业经理人、企业高级管理人员等）是很多疾病（心脑血管系统疾病、糖尿病、肾病等）的高发人群，他们对健康也越来越重视。对通信业务来说，一般他们也是高收入的移动用户，如何合理和有效地为这些人群提供住院、门诊、社区和移动医疗保健的一体化服务，对移动通信技术和医疗保健服务产品提出了巨大和现实的挑战。

（二）信息化产品深入生活

移动医疗改变了传统的医疗模式。过去人们只能前往医院"看病"。而移动医疗使得用户无论是在家里还是在路上，人们都能随时听取医生的建议，或者是获得各种与健康相关的资讯。医疗服务，因为移动通信技术的加入，不仅将节省之前大量用于挂号、排队等候乃至搭乘交通工具前往的时间和成本，而且会更高效地引导人们养成良好的生活习惯，变治病为防病。

而移动医疗的应用也加快了社会的信息化、数字化的进程。电子病历不是单纯地把手写的病历电子化，其内涵和实质上是把医疗行为用信息化手段，建立标准化的管理机制，以帮助医院建立医疗质量管理新的模式，促进医疗精细化管理。医疗行为作为医生一种相当个性化的行为，没有信息化手段之前很难进行管理。以前只能管结果，即从结果进行分析评价，而电子病历让医疗行为更有章可循，把对结果的管理逐步转变为对过程的管理，从而保证医疗质量。随着移动医疗的普及，人们将更加信赖和依赖信息化和数字化的产品和服务，使数字化和信息化的产品更加深入了人们的生活。

（三）移动医疗商业潜力逐渐显现

新技术与政府政策的扶持，使移动医疗具有巨大的商业潜力，从而吸引了多家国际企业对移动医疗进行投资。

移动商务应用

1. 云计算的兴起有助于移动医疗商业价值的实现

云计算的到来，为移动医疗信息共享问题提供了解决思路，运营商可以低成本地构建信息化的平台，让每个医院的信息都可以实现共享，而不需要每家医院都独立组建自己的 IT 系统，未来区域医疗信息平台的整合是大势所趋。

美国新兴企业 UltraLinq 公司基于"软件即服务"模型，使用"云"提供医学影像。美国电信巨头 AT&T 每年从医疗保健事业中取得 40 亿美元的收入，致力于使用云计算提供无线医疗服务。

2. 政府的扶持政策

2012 年美国的 FDA 发布了移动医疗应用导则草稿，通知制造商、分销商和其他医疗机构关于 FDA 如何打算用它的授权来选择移动平台上的软件应用，明确 FDA 打算采用的移动应用类型。移动医疗应用被作为已经正常使用的医疗设备的补充。美国政府将提供补贴逾 300 亿美元，用以鼓励医生和医院采用电子病历。

我国工信部将加大对移动医疗服务创新的试点探索力度，进一步探索感知技术、位置服务等信息技术在移动医疗中的应用。2012 年国务院印发的《"十二五"期间深化医药卫生体制改革规划暨实施方案》明确提出，要让信息技术成为提升医疗机构管理效率和服务水平的重要手段。具体措施包括推进公立医院信息化建设，推进区域统一预约挂号平台建设，发展面向农村基层及边远地区的远程诊疗系统等。

3. 移动医疗产业链高速成长

作为信息服务的一种，移动医疗将成为相关行业的新亮点，带动包括网络供应商、系统集成商、设备制造商、电信运营商、终端商、软件商等在内的产业链。

我国产业链上相关方已经开始布局。例如，中国移动已与剑桥大学联合开展移动医疗信息化应用研究，其通信研究院成立了专注移动医疗的项目小组，目前在超过 20 个省份通过 12580、手机 WAP、无限城市门户等开展预约挂号。中国联通建立了"云存储"服务平台，用于医疗健康数据采集、传输和检索，以及移动医疗救护定位、生命体征信号实时传递。中国电信则在国内 200 多个医院展开移动医疗试点，并得到大中型医院高度肯定。

根据中国通信学会提供的数据，5 年内全球移动医疗服务应用将为移动运营商带来 115 亿美元收入，而移动医疗产业链中的医疗设备厂商、内容与应用提供商及医疗保健服务提供商将分别获得 66 亿美元、26 亿美元和 24 亿美元的收入。

二、移动医疗的发展趋势

未来医疗信息化终端将呈现以下趋势：

（一）数字信息化

医疗终端将实现采集信息、传输信息的数字化，以便于后期数据利用，包括电子病历、电子药方、电子医嘱等。医疗信息将通过业务管理平台发送到用户的手机上，使医疗信息更加容易保存和传输。

（二）接口标准化

未来为降低多类型、多参数医疗终端的数据整合和综合利用，相关部门需要将各种医疗终端的接口实现标准化。由于移动医疗的潜在市场是巨大的，将来势必会有越来越多的电子设备、通信技术、信息管理技术公司进入移动医疗市场。因此，接口标准化就变得越来越重要，只有行业有了一个合理的标准，才能更好地给用户提供优质的服务。

（三）网络化

医疗终端与通信模块的结合已成为部分医疗终端产品的实现方式，一方面实现了医疗数据的实时远程传输，另一方面实现了医疗终端后台远程控制和干预。而医疗终端与手机之间的通信，也随着技术进步而做得越来越好。生理检测模块，可以通过蓝牙等短距离无线通信技术与手机直接进行实时信息传输，使用户的生理信息能时刻在监护的状态下，而医疗中心也可以通过手机网络将保健医疗信息传递给用户。

（四）低成本化

在保证医疗监测数据准确率的基础上，降低医疗终端成本、小型化成为未来发展趋势。目前移动医疗之所以没有得到广泛的应用，其中一个重要原因就是医疗终端的价格过高，一般的心率血压测量器，价格在2000元左右，从而大多数病人不会选择使用这种终端。然而随着技术的演进和市场的逐渐成熟，这种设备的成本将会大大降低。

阅读材料

移动医疗终端呈现四大发展趋势

近年来，医疗业务应用与网络平台的融合正在逐步成为医疗信息化发展的新方向。未来医疗信息系统的发展，将趋向于各种医疗健康子系统的数据融合及健康档案数据中心的统一管理，以保证医疗健康资源利用的最大化。医疗终端作为医疗信息化的重要展现手段，成为相关部门重点投入研发的方向，而随

移动商务应用

着医疗信息化程度的不断提高，医疗终端设备种类日趋丰富、数量飞速增长，并向着移动化、小型化、网络化、接口开放化的方向快速发展。

一、拉近"医患距离"是关键

就医疗终端的发展而言，早期的医疗终端在疾病的检查、治疗、诊断上发挥着重要的作用，其应用范围主要包括医院病房、ICU（急症监护中心）、体检中心，以及部分社区医疗服务中心等专业医疗机构。

随着网络技术和电子技术的发展，一些具有新型特点的医疗终端被普遍使用，如数字化辅助医疗终端，可实现辅助诊断、生物传感诊断、机器人器械辅助诊断等功能；网络医疗终端实现了医疗数据的远程传输；家庭、社区医疗终端使家庭自我监护和诊断成为现实；无创伤、微创伤的医疗终端则成了今后医疗终端发展的重要方向。

就目前医疗终端在我国应用的情况而言，有三类终端的适用范围较广、效果较好。例如，江苏省无锡市部分医院使用的带有医用PDA功能的手机，可通过共享医学检验图片，实现远程移动会诊，极大地拉近了医生与患者之间的距离。不仅如此，该终端的"婴儿标志识别"功能，可以通过给婴儿佩戴RFID标志环，帮助妇幼医院解决初生婴儿身份识别、婴儿错领和冒领偷盗等问题。具体而言，医用PDA采用了EDA技术设计制造，内置无线局域网和RFID识别设备，并装有专用软件。医护人员可以用此终端与医院的HIS系统或住院管理系统交互信息，实现在病床前查看病历信息、书写病历、下达医嘱、记录病患要求等，并实时传送到HIS数据库。

又如，便携式体征信息监测终端在医疗信息化中应用较广。例如，中国联通的"智慧医疗急救监护"系统，其核心便是通过便携式心电监测仪、视频等感知设备，实时接收医疗感知终端采集数据，进行分析、处理和传送，再通过GSM或WCDMA网络将视频、体征、地理位置信息传输到后台服务系统，以便于医疗机构实现远程医疗急救监测、诊断与咨询的综合服务。如今，新型便携式心电监测仪不仅可以随时随地记录短暂的心脏异常信息，而且可以将采集到的生理信号快速传递到后端服务平台，实现单机测量、即插即用等功能，这给家庭、社区医生和专家医生提供了快捷沟通的渠道。

最后，通过有线或无线方式将一个或多个医疗监测仪连接到健康管理终端，可以实现多路生物医学信号的同时采集和存储，医疗机构利用内置医疗监护模块进行分析处理后，可在终端屏幕显示测量结果。举例来说，如今一些健康服务提供商提供的"个人健康管理"业务，实现了集前端健康管理终端和后台管理服务于一体，用户可以通过终端内置或分体的"体征检测感知终端"监测出体征信息，并通过3G网络将信息发送至相应的健康监测中心，从而获取随时随地的个性化监测服务、长期健康档案管理服务和定期健康监测报告，有效预防疾病。

二、技术层面需加强"纵深防御"

在一系列的医疗信息化终端被广泛使用的同时，我们也必须认识到其存在的一些安全问题和技术挑战。在笔者看来，首要的便是数据安全问题。一方面，医疗终端易受攻击，终端安全是数字医疗系统整体安全的"软肋"；另一方面，由于健康数据涉及用户隐私，相关人员要谨防数据外泄等问题。因此，必须实现纵深防御，设计可靠的加解密算法和密钥管理机制。此外，由于医疗终端采集的数据量大，医疗数据对临床诊断又十分重要，为避免被无故篡改或消除等问题，需要建立大存储容量和可靠的数据传输及存储机制，以保证数据的完整性和准确性；由于终端设备可能存在于其他无线网络覆盖之中，故应保证不对其他网络构成干扰，也应避免受到其他网络的干扰；而在医疗终端大量集中的情况下，为保证数据实时传输，医疗机构必须解决如何避免拥塞和如何执行拥塞控制的难题；最后，为使医疗数据在不同终端之间实现准确的互认和共享，避免信息封闭和重复投资，相关机构必须制定数据互通共享标准。

当前，医疗信息化进程正在改变着医疗行业的管理和服务模式，而随着各类新技术的逐步成熟，医疗终端的发展还将具有新的变化。笔者认为，未来医疗信息化终端将呈现以下趋势：第一，数字化，医疗终端将实现采集信息、传输信息的数字化，以便于后期数据利用；第二，接口标准化，未来为降低多类型、多参数医疗终端的数据整合和综合利用，相关部门需要将各种医疗终端的接口实现标准化；第三，网络化，医疗终端与通信模块的结合已成为部分医疗终端产品的实现方式，一方面实现了医疗数据的实时远程传输，另一方面实现了医疗终端后台远程控制和干预；第四，低成本化，在保证医疗监测数据准确率的基础上，降低医疗终端成本，小型化成为未来发展趋势。

资料来源：李建功，赵文乐，王宁，康桂霞.移动医疗终端呈现四大发展趋势[J].通信世界，2011(30).

三、移动医疗发展的关键因素

（一）通信服务产业和医疗设备产业的合作是移动医疗产业成功的关键因素

大规模推广移动医疗，使用户的移动终端成为医疗服务站的唯一界面，需要满足连接简单、界面清晰、即插即用的要求，使用户无须经常调整设置即可方便地安装使用。这对终端以及相连的医疗器械等都是一个挑战，需要将终端与各种器械的接口协议标准化，以适配各种不同的终端；而网络侧也需要为各种不同的医疗应用，做好协议及标准的适配工作。

(二) 移动设备对医疗设备的干扰是技术挑战

研究成果表明，GSM 移动设备对医疗器械存在干扰，例如，手机如果没有与心脏起搏器距离 25 厘米的话，会影响起搏器的正常工作，相关的排除干扰方案也有研究。在未来移动医疗向 3G 甚至 LTE 等新技术发展的过程中，移动设备与医疗设备互相干扰问题，仍然需要更深入的研究。

为解决网络的封闭性问题。移动医疗保健营运系统在与医疗机构监护中心相连时，尽可能地利用包括 BP 网、固线、数据中心及其 IP 数据业务等综合业务，既解决网络封闭性问题，又解决互联互通问题，更推动甲方综合业务的发展，并提供信息交换与通信服务。

移动医疗业务对通信服务同样重要，它可以提高客户群手机用户的 ERPU 值，为通信服务商带来良好的商业利益。通信服务商和医疗服务的紧密结合是产业发展的必要条件，也是医疗服务商（医院）利用医疗设备、人力资源，有效延伸现有医疗服务的关键。

(三) 相关法规

我国远程医疗起步较晚，在发展过程中面临着一些困难，如远程医疗标准化的问题、医患双方认知程度的差异问题、医疗法规和责任认定等问题，对此卫生部制定了一些管理条例，如 1999 年卫生部制定了《关于加强远程医疗会诊管理的通知》，通知明确指出远程医疗要遵循"统筹规划、加强调控、统一标准、互联互通、分级管理、逐步发展"的原则；对远程医疗会诊系统要实行分级管理；提供远程医疗会诊、咨询服务的人员需具有医疗卫生专业技术副高职称以上；远程医疗会诊前需向病人或其亲属解释远程医疗会诊的目的，并征得病人及其亲属的同意后方可进行；会诊医师与申请会诊医师之间的关系属于医学知识的咨询关系，而申请会诊医师与患者之间则属于通常法律范围内的医患关系，对病人的诊断与治疗的决定权属于收治病人的医疗机构，若出现医疗纠纷需由申请会诊的医疗机构负责。

随着我国远程医疗技术进步和业务的不断发展，相关的法律制度会进一步完善，我国远程医疗发展环境将更好。

本章案例

移动医疗前景向好

据了解，移动医疗的范围很宽，各种应用都在持续不断地发展。目前，发展中国家在该领域的关键应用主要有：教育与通知、远程数据采集、远程监控、针对医疗工作者的交流与培训、疾病与流行病传播跟踪及诊断与治疗支持。

移动商务应用

高通（QUALCOMM）全球执行副总裁汪静在接受新浪采访时表示，随着3G技术和终端手机发展，无线通信技术对于移动医疗的支撑已经不是问题，预计2010年全球移动医疗所产生的收入可达500亿~600亿美元，而到2014年，全球移动医疗终端可能会超过4亿台。从而在手机产业之外，拓展新的发展空间。

就经济效应来说，移动医疗经济发展前景光明，可以创造大量的就业机会。它不仅能推动医药产业以及医疗器械产业的发展，更是我国未来的服务业重点。在新医改未来三年的8500亿台的总投入中，医疗信息化占的比重应是很可观的。跨国企业如IBM、微软、戴尔、惠普，本土方案商如用友、东软、神州数码等厂商都纷纷涉足医疗市场，与专业医疗信息化方案商抢滩商机。另外，调查显示社会大众对于移动通信医疗服务也颇为期待，有些人已在享用这样的服务。

《经济学人》近日发表的文章也对移动医疗的发展表示乐观：文章透露，微软公司前总裁、现为全球健康慈善家的比尔·盖茨，近日受邀参加华盛顿的一次大型"移动医疗"会议，并发表讲话。约2400名来自私营与公共部门的无线通信医疗服务提供商，济济一堂，共同庆祝数十项相关实验项目已在世界各地开展。然而，盖茨先生却提醒参与者不要过早庆祝。他强调，不要以为一个小规模的移动医疗项目在某个地区看上去取得了成功，就"自欺欺人"地以为它就会成功，除非能够广泛复制。泛美开发银行的Rafael Anta用词则更为谨慎："我们对此影响几乎不了解，对其商业模式就更不知道了。"

不过，令人欣喜的是，关于移动医疗的有效性正被日益证实。医学期刊《柳叶刀》近日刊登的一项研究表明，简单如用短信提醒肯尼亚HIV患者正确服药这样的事，使得患者对该疗法的依从性提高了12%。美国WellDoc公司在最近的几次试验中发现，移动医疗方案依靠行为心理学给糖尿病患者提供控制疾病方面的建议，比使其服用主流的糖尿病药物更为有效。

资料来源：竹子俊. 移动医疗 扬帆起航[J]. 中国对外贸易, 2011 (2).

> **问题讨论：**
> 1. 请结合本案例分析移动医疗的发展前景。
> 2. 移动医疗迎合了哪些用户的需求？
> 3. 移动医疗在未来的发展上将会遇到什么样的问题？

本章小结

移动医疗是指不受固定位置因素的影响、能够随时随地地传递患者信息的远程医疗模式。与传统医疗相比，移动医疗具有独特的优势。采用移动医疗系统可以：使医院的管理更加科学合理；为患者提供更加安全、高效、便捷的服务；使医疗信息的传递更加快捷，医疗数据更加翔实直接；改变传统医疗护理产业模式；创造大量的就业机会。

移动医疗是远程通信技术、信息学技术和医疗保健技术的结合。构成了移动远程医疗的三大支撑技术：通信技术、信息学技术、医疗保健技术。

移动医疗发展前景广阔，但通信服务产业和医疗设备产业的合作、移动设备对医疗设备的干扰、相关法规等关键要素对该产业的发展起到重要作用。

本章复习题

1. 移动医疗与传统医疗有哪些差异？
2. 移动医疗的实施环节有哪些？各环节主要解决了什么问题？
3. 移动医疗主要采用了哪些技术？
4. 什么因素可能会制约未来移动医疗的发展？
5. 请分析移动医疗的前景。
6. 移动医疗行业的发展趋势是什么？
7. 我国应该如何发展移动医疗行业？

第四章 移动金融

学习目的

知识要求 通过本章的学习，掌握：

- 移动金融的概念
- 移动银行的概念
- 移动证券的概念
- 移动支付的概念

技能要求 通过本章的学习，能够：

- 分析移动银行的优势与劣势
- 分析移动证券的优势与劣势
- 分析移动支付的优势与劣势
- 掌握移动金融对社会的影响
- 评价各类移动金融业务

学习指导

1. 本章内容包括：移动金融概述、移动银行、移动证券、移动支付、移动金融创新业务。

2. 学习方法：通过多种渠道查找资料，了解移动金融的各项业务是如何实施的，各有什么优势与劣势，学会评价各项移动金融业务。

3. 建议学时：6学时。

移动商务应用

引导案例

移动金融：全球性的盛宴

钥匙、钱包和手机，这是从前我们出门必备的"三小件"，现在它们正在走向"三合一"。而最具整合者品相的，无疑是承载功能最强大的手机。

把银行搬到手机上，然后装进口袋四处走？

移动互联网时代，这不是猜想。拿出你的手机，无论你人在何处，只要手机有信号并能够连接网络，银行就在你掌心。朱彼特研究公司（Jupiter Research）的分析师指出，银行界相信手机将成为继网络之后的下一个服务平台，手机正在逐渐成为人们未来的"电子钱包"。

移动技术与金融业务的结合，带来全新的移动金融服务概念。

移动金融的诞生是个体经济地位提升、商业消费文化盛行以及信息技术发达的产物。目前金融业务的网络化、虚拟化使消费者手中的货币变成了由账号和密码组成的一串数字，移动金融业务的出现让消费者仿佛随身携带着银行，随时可以进行款项的收付、查询，并可进行证券和外汇的交易，不丢失任何一个投资机会。

"到 2013 年近 50 亿人将会使用移动金融服务。中东、中国、西欧以及北美等全球移动支付最发达地区移动交易总额将占全球的 70%以上。移动金融服务有可能拥有史上最多的用户数量，将超越移动电视或其他移动内容服务的用户量"，Mark Beccue 研究所的高级分析师表示："几乎所有超过 18 岁的人群都会成为潜在的用户。"该研究机构将移动金融服务定义为三种形式：移动银行、移动国内个人支付和移动国际个人支付。"银行将成为金融市场的主要推动者"，Mark Beccue 指出："全球每家银行都在考虑如何更好地走进移动金融服务这一领域，这是一个具有巨大潜力的高增长领域。它可以更好地增加客户对银行的'黏度'，降低成本，提升银行自动化水平，最重要的是能够方便没有开通银行账户的顾客进行金融交易。"并且移动银行服务将在很大程度上抵抗经济衰退，因为它们是帮助消费者"管钱"，而不是帮助它们"花钱"。移动银行服务将成为在线零售服务的竞争对手。而随着无线通信技术的发展，移动银行服务还将超越在线零售服务。

如今，美国排名前 10 位的银行都拥有了自己的移动银行服务体系。不过，不同的银行采用的方式有所不同。在网络银行服务方面走在最前列的美洲银行，其移动银行服务是使用网络浏览器将原本以网络为基础的系统转化成手机可以浏览的网站；有的银行则要求客户下载特殊的软件到手机上，即应用程序下载；而像美联银行和花旗银行则是由文字信息提供移动银行服务。

移动银行的这三种模式各有优缺点：文字信息是大家经常使用的一种手机功能，人们只需要进行简单操作就可以完成，如查询、缴手机费之类的业务，也是银行发展客户的一种便捷有效的方法，但是安全级别一般比较低。网络浏览器的优势在于银行的开发量很小，仅需在网上银行的基础上开发 WML（用于编制 WAP 浏览器识别的网络语言）的版本即可，可以实现实时交易，浏览速度也很高；其局限性则是客户只能处理文字，可交互性差，界面简单。应用程序下载是指用户可以通过下载应用软件到手机上运行，从而实现各种功能，运营商也可以通过无线方式为用户下载、升级或回收软件，其优势在于实时在线、交互式对话、图形化界面、操作方便、安全性高，但是不足之处是需要对不同型号的手机做部分针对性的开发。

许多银行为吸引顾客会结合多种模式，或者提供其他的一些附属功能。例如，美洲银行开通的移动银行业务除了主要基于浏览器系统，顾客仍然可以通过定制的方式接收预警文字信息。Huntington 国家银行产品经理 Brandon McGee 表示，将这三种方式有机结合才是最好的解决方法。

虽然在发达的工业化国家，移动银行服务有可能占据大部分的市场，但在不发达地区，国内和国际移动个人支付则显得尤其重要，它使商业服务延伸到农村地区。《纽约时报》网站报道说：许多发展中国家的农村地区很少拥有或根本不存在银行分支机构和 ATM 服务，而移动个人支付具有将金融市场推向农村的潜力。在肯尼亚发生的事情就很有示范意义。

在肯尼亚，正规银行部门仅可以为该国 3600 万人中的 19%提供金融服务，8%的肯尼亚人则只能通过储蓄合作社和小额信贷机构获得金融服务。面对这一现实，英国沃达丰公司于 2007 年 4 月起开始在肯尼亚推广手机金融服务，目前发展势头良好。该公司移动国际支付部的负责人 Nick Hughes 称，公司已开展了 17.5 万项此类业务，目前每天的业务量增长约在 2500 项。此外，拥有 15 万多用户的肯尼亚最大的小额信贷机构"贾米波拉信托"（Jamii Bora）也开始尝试通过移动 POS 机、磁条卡以及指纹鉴定技术来处理偏远地区的业务。"贾米波拉信托"的信贷系统允许乡村用户在本地的加油站或商店里通过信贷员或经销人借贷、还贷或从事其他电子商务。"贾米波拉信托"已安装了约 200 台 POS 机，并在全国大力推广此项业务。"贾米波拉信托"的创建人和管理者 Ngrid Munro 女士说："这项技术已经创造了很多令人兴奋的业绩，凭借它，我们才能企及那些贫困地区并保持金融活力。许多机构现在的做法是提高利率，而我们拒绝抛下贫困地区……"

一直以来，非洲的移动金融服务都得到了部分银行业的支持，这些机构致力于为具备一定收入的城市居民这一客户群提供更多服务和便利，这为占据非洲大陆总人口75%~95%的"非银行"客户市场留下了提供金融服务的巨大商机，而移动运营商正拥有这种基础架构和分布网络来有效地涵盖这部分客户。

这些业务在非洲的推行，有助于帮助穷人使用银行，将对发展中国家的经济发展带来广泛和深远的影响。相应地，发展中国家的移动用户不断增加，将会推动移动支付市场的发展。

移动通信是一项"颠覆性的技术"，它改变了金融界的面貌。先进的信息技术能够极大地降低金融行业的运营成本并能有效地防范金融风险。新型金融业务的产生是跨行业合作的产物，对于产业链上各方来说，不论是电信运营商还是银行等都应该清楚地看到单个团体不可能形成消费者支付手段的革命。因此，银行业与电信业的合作与发展正在进一步拓展和深化，已逐渐由单一的电信向银行提供技术、网络支持发展为联手开发新产品、实现客户共享等全方位的合作。

资料来源：余健仪. 移动金融——全球性的盛宴[J]. 电脑与电信，2009（4）.

问题：

1. 移动金融服务有哪些特点？
2. 移动金融服务有什么优势和劣势？
3. 为什么说移动金融服务具有广阔的前景？

第一节　移动金融概述

一、移动金融的概念

定义：移动金融是指包括移动银行、移动证券、移动支付以及其他一些远程金融增值服务，通过手机作为移动终端，使用户可以随时随地地查看金融信息。

移动金融包括了移动银行、移动证券、移动支付，并参与到其他的移动增值服务中，使缴纳资金、转账等业务效率得到大幅度提高。比如，移动医疗、移动教育、移动娱乐中的缴费部分。

二、移动金融的应用价值

（一）改变了传统的金融服务方式

移动金融服务的可移动性使客户无须依赖物理金融机构或 ATM 自动柜员机，也无须如同基于 PC 机的在线金融服务那样，需要首先通过 PC 机接入 Internet 而是能够随时随地获取信息及时完成相关业务处理。

（二）降低了经营成本

相比传统金融业务，用户如果使用移动金融业务，则只需要通过手机远程办理金融业务，不需要去银行的窗口，这样一来，降低了银行的建设和管理费用，从而降低经营成本。而银行也可以减少服务窗口的员工，取而代之的是用少量员工来进行网络管理，维护及调试用户的移动金融业务网。

（三）移动技术使金融产品多样化

传统的金融服务由于其局限性，新产品推出的速度很慢，而且新产品的推广也很艰难。而把移动技术与金融行业相结合之后，可以帮助用户随时随地进行理财，由此推出了一系列的新产品，而且还有很广阔的开发空间。

（四）有效地防范金融风险

移动技术的实时性，可以使得用户对其财产和资金的状况进行更加灵活的操控。用户可以随时随地关注自己购买的金融产品，也可以方便快捷地对自己的产品进行操作。而银行也可以通过发送短信等方式，将金融信息及时告知用户，从而有效地防范了金融风险。

三、移动金融面临的挑战

（一）通信成本

从银行和银行客户的角度来看，移动金融服务发展的最大障碍主要表现在服务成本开销方面。由于目前全球大部分地区的移动通信费用仍居高不下，并且多采取基于使用时间的收费模式。这会使移动金融服务的成本难以控制，从而使移动金融服务对用户的吸引力大打折扣，失去了移动金融所具有的廉价高效的优势。

（二）电信与金融业的结合

从电信运营商的角度来看，由于金融行业具有其特殊性，在银行与电信合作中还需更深层的了解，银行的营销和产品特点达到客户服务细分化。作为电信运营商，要建立起稳定的通信网络，以及提供多样化、高品质服务的业务平台。而作为金融公司，要结合手机网络，推出吸引用户的金融产品、金融服务，要把握住移动金融的实时性，结合电信技术推出优质的服务。

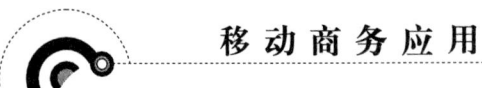

（三）安全性

银行端和客户端在交易和使用的安全性十分重要。保证客户的信息安全是对运营商最基本的要求，为此运营商要提供多重的安全保障手段，如在数据传输上、在应用层面上等各个环节都要有加密措施。

考试链接

本节内容属于概述性知识，要求学生能做到识记，并对移动金融的整体框架有感性认识。

第二节　移动银行

移动银行是利用移动通信网络及终端办理相关银行业务的简称，它是继 ATM 机、POS 机和网上银行之后又一种新兴的、无分支网点的银行业务模式。

一、移动银行包含的业务

（一）手机网银功能

传统的网银是将网上的账户与用户的银行卡连接，而手机网银是将用户的网上账户与用户的手机相连，用户在网上购物消费可以直接从手机费用里扣除，省去了用户要去不同地方为网银充值的麻烦。

（二）移动账单查询

用户的手机与服务平台连接，用户可以轻松地通过服务平台查看用户的账单等财务信息。

（三）移动转账

用户可以通过特定的移动银行操作软件，直接在手机上进行转账操作。

（四）移动外汇、黄金业务

用户通过手机终端可以购买外汇、黄金，并通过手机进行支付。

（五）理财产品购买等投资理财功能

用户可以通过手机查看银行的投资理财产品，如国债、保险等。而相关的投资理财产品公司将产品信息展示在相关的网页上，用户可以通过手机浏览并选择自己需要的投资理财产品。

（六）提供大量的财经信息和投资理财指导

银行通过移动业务平台，将财经信息和投资理财指导发送到用户的手机

上，使用户时刻了解投资理财咨询。

二、移动银行的优势

（一）开通服务便捷

用户只要有银行借记卡或准贷记卡，以及一个能支持 WAP 上网的手机，就可以开通手机银行业务。

如中国农业银行，用户无须申请就可以使用农行手机银行（WAP）公共客户功能。在农行 WAP 页面输入对应的银行卡卡号及查询密码即可登录使用账户查询、密码修改、账户挂失等功能。

（二）服务品质有保证

以往客户更喜欢窗口的人工服务，主要是由于人工服务更加让客户"放心"。然而随着目前移动银行系统的技术越来越发达，用户界面越来越友好、清晰，用户可以用手机上网达到与人工服务相同的效果，而且也省去了花在路上和排队的时间。

手机银行的收费也相对较少，除了网络流量费之外，手机银行与网上银行、自助银行、银行柜面一样。当用户发生转账和汇款业务时，银行也需要从中提取一些手续费。而除了转账、汇款之外，通过手机银行消费、理财、捐款、订票、缴纳公共事业费用（如电费、水费）等，银行目前一般不向客户收取费用。

（三）功能完善

用户使用移动银行，可以通过手机得到所有在银行窗口可以办理的业务和服务。

客户不需要去银行注册，只需要下载安装手机银行程序后登录手机银行，即可以实现银行卡余额查询、明细查询、漫游汇款兑付、修改查询密码、账户挂失等服务，还可以实现银行卡账户查询、转账（行内、跨行）、漫游汇款、贷记卡还款及账户管理服务。用户也可以开通基金买卖、电子客票、手机支付等功能。

（四）操作性好

用户的所有操作都在手机上，而移动银行系统的界面友好，功能完善，因此用户可以方便快捷地在线办理银行业务。

（五）速度及稳定性

移动银行 WAP 个人客户主页面简洁，占用户手机上网流量相当少，在进行账户查询、资金转账等业务时，系统响应速度也比较快。

较之传统银行业务，用户在使用移动银行业务之后，可以省下来去银行办理业务的路途时间和排队时间，从而提高了办理效率。

而随着通信技术的发展，手机网络的速度和稳定性也将会越来越令人满意。

三、移动银行交易的安全性

移动银行系统使用了多种安全保密技术来保障交易的安全性：加密传输的方式；在客户身份验证方面，将客户手机号码作为验证身份的依据；在登录手机银行时，需要验证电子银行密码。

移动银行在转账时候必须配合动态口令卡一同使用，动态口令卡采用成熟的动态密码技术，实现每次交易时密码的随机变化，有效解决了静态密码易被窃取等问题，能充分保障身份识别及认证安全。

此外，移动银行还有操作超时保护等安全性保障系统。操作超时保护，是指如果登录移动银行后5分钟没有任何操作，系统就会控制，用户再做任何操作，系统会提示"您的操作已超时，请重新登录"，此时用户必须退出程序重新登录才能继续交易，从而保证了用户的交易安全。

四、移动银行发展现状

（一）公众认知度并不高

这是指拥有手机的人数和接受手机银行服务的人数不相匹配。现在手机的普及率是很高，但是很少有人用手机银行业务服务。这主要是因为公众对移动金融业务的不信任，而深层的原因还是信息技术的发展程度还不够高。

（二）法律法规还不完善

包括很多基础性的问题，如电子签名、用户隐私保护、资金安全保障等，人们想使用手机银行的客户、消费者，实际上最关心的就是其资金的安全问题，法律法规应该重点在这些方面做些约定，如何保证资金的安全。

（三）用户亟待培育

市场状况方面，手机银行在市场环境、产品服务、营销推广方面还不够成熟，导致还不能被大量用户采用，因此亟须使各方面都成熟起来，以拉拢更多的用户。

（四）行业亟须统一标准

各家商业银行、移动运营商、第三方支付商，都在忙于抢占先机，争抢市场地位和份额，竞争也在日益加剧。而统一的行业标准尚未建立起来，如涉及手机银行的行业标准主要有：业务流程的认定、安全认证和行业服务标准的统一等。行业标准的制定是保障业务合法性、防范风险的重要因素。

第三节 移动证券

一、移动证券所包含的业务

定义：移动证券是要将掌上股市产品发展成集行情、资讯、交易和转账支付于一身的个人证券服务。

移动证券业务的服务功能包括实时行情、股市资讯、在线交易。具体的产品描述如下：

实时行情：用户在手机网页上可以看到实时行情图，同时网页提供图表分析功能（走势图、日/周/月等K线图），操作简便，并提供自选股等个性化管理功能，让用户能方便地看到股市的实时行情。

股市资讯：为用户提供及时的个股点评、大盘分析等财经资讯，以及汇集专家策略、要闻分析、热点透视、潜力股推荐、投资组合等资讯。

在线交易：通过手机进行各类证券品种的交易、查询、转账等各项业务。具体操作包括买入、卖出、撤单、查询、银证转账、修改密码、传真服务、人工服务等。

二、移动证券的优势

（一）操作简单

用户可以通过手机获取行情、交易、资讯等一系列证券应用服务，省去了传统证券交易模式中繁杂的手续，也避免了传统证券交易中的不安全因素。用户不需要开户、换卡，只需要下载相关的软件来安装终端即可开通。

（二）适用范围广

移动证券业务可以支持多种手机操作系统，使广泛的用户可以使用移动证券功能。以往的大多数移动增值业务要求用户使用智能手机，下载相关的手机软件才可以开通使用，而移动证券的手机软件则相对来说具有良好的兼容性。

（三）实时性强

移动证券业务由于其网络性，可以时刻保持资讯的实时性，并支持K线、分时走势、报价等实时行情显示，速度和电脑炒股一样快。用户可以用手机实时关注自己股票的情况。

(四) 资讯丰富

移动证券业务由于其网络性，在其相关的网站和操作界面上可以承载大量的证券信息，包括股市行情、专家分析等。

有数据显示，中国 90%的股民无法经常到证券营业厅查看情况并进行交易，而电话委托交易费用较高，并且电话委托和网上交易终端的固定性决定了不能随时随地进行交易，而手机炒股克服了以上的不足，越来越受到了广大股民的青睐。

移动证券与早期的手机炒股相比，克服了屏幕狭小、网络宽带小、传输速度慢、安全性低、资讯费用高等一系列问题。具有安全性更高、速度更快、与交易所同步的实时动态高速行情、费用低廉等优点。

三、移动证券面临的挑战

(一) 用户亟待培育

用户对移动增值业务的接受始终都会有一个过程，有一些人对用手机买卖股票并不放心。因为很多用户不信任移动证券的安全性。由于社会上有很多移动诈骗案件，而诈骗团伙也很有可能会通过移动证券及类似的东西来实施诈骗。

(二) 移动信号不稳定

移动业务的实施都是基于无线通信技术的，然而现在中国的很多地方，移动信号还不够稳定，所以在这种地方移动证券所要求的实时性不能得到保证。

第四节 移动支付

现代生活中，手机已经不再是一个单纯的通信工具，而逐渐成为体现个性、承载"生活方式"的服务平台。对于银行来讲，移动终端正逐渐成为未来电子支付服务领域的新兴载体，移动支付将是银行未来电子支付业务发展的重要方向。

一、移动支付的概念

定义：移动支付就是使用移动设备通过无线方式操纵银行卡账户完成消费的新型支付方式。

移动支付按支付手段，可分为预付卡支付、银行卡支付和手机账单支付。

移动支付按是否预先指定受付方，可分为定向支付与非定向支付。在商场里用手机购物属于非定向支付，而利用手机完成公用事业费的定期缴付则属于定向支付。

移动支付按传输方式，可分为远程支付和现场支付。远程支付是指需要通过移动通信网络系统进行的支付，如通过手机购买彩票，在线购物；而现场支付则主要是指移动终端在近距离内交换信息。

移动支付主要功能包括：①手机缴费功能：提供水、电、煤、燃气、手机充值、公交卡充值等缴费服务。②手机订单支付功能：提供在线购买机票、彩票等服务。③短信支付功能：提供账户查询、小额话费充值等服务。

二、移动支付的特点与价值

（一）移动支付的特点

移动支付具有以下特点：

（1）移动支付及时、便捷、操作简单。移动支付既能远程支付也能现场支付，信用卡、储值卡、支票和传统电子支付等不能随时随地支付，现金、支票、储值卡等不能实现实时的远程支付，网上支付、电话支付等工具不能实现现场支付等。

（2）移动支付风险小。随时提供交易信息，可有效防范支付风险。信用卡、网上银行等工具账户存在被盗风险，支票、现金等支付工具存在被伪造的风险。

（3）移动支付成本低。能方便地解决交易中存在的大量重复发生的小额支付，降低买卖交易双方的交易成本，替代现有小额支付模式。

（二）发展移动支付的价值

今后几年随着移动互联网渗透率的进一步提高，以及银行、移动运营商等推动移动支付战略布局的加速，移动支付用户规模和交易额将继续呈现爆发式增长趋势，与传统的支付形式相比，发展移动支付具有相当大的经济价值与社会价值。

（1）给银行带来收益。从客户角度来讲，银行提供移动支付，可以丰富电子支付方式，满足客户多样性需求，提高客户的活跃度，增加客户的黏度，提高客户体验。从银行本身角度来讲，移动支付将为银行带来丰厚的收益，提高交易手续费、佣金等中间业务收入，扩大支付市场份额。更深一步地讲，移动支付等新兴支付方式还将促进银行零售业务战略发展转型。

（2）拓展金融服务空间。移动支付在印度、拉美和非洲地区发展得较快，主要得益于移动支付对传统银行业务的有益补充。巴西和肯尼亚则明确将手机转账服务作为扩展金融服务的政策措施。生活在银行网点覆盖不到的农村地区和贫困地区的居民，以前无法直接享受银行网点的服务，有了移动支付，不用车马劳顿就可以直接用手机完成货物买卖、借贷款等支付。

在中国发展移动支付同样可以解决银行金融服务资源有限且分布不均匀的问题，尤其是在广大的农村地区，传统金融服务未覆盖到的边远山区和贫困地区，移动支付能有所作为。与传统银行服务模式相比，移动支付依靠较少的基础设施投入，能够充分利用现有的通信网络和设施终端，从而以较低的成本拓展支付服务，为手机用户提供便捷的支付服务，促进金融全面普及，达到广泛的便民和惠民效果。

（3）为微支付提供有效的解决方案。便捷性是移动支付的第一特征。只要有一部手机、只要有通信网络，便可进行支付，不受银行网点的限制、不受营业时间的限制、不需高成本的终端设备投入。这种随时随地的便捷性，以及手机在普通民众中的广泛普及，使得移动支付能够成为解决微支付的最佳选择。移动支付应用最适宜于高频率、金额小的快速支付，能够满足消费者随时随地消费、面对面交易、账物实时核对、避免个人信息泄露等多种需求。可以肯定地说，微支付将成为移动支付最大的应用领域，如超市、快餐店、电影院、公园、公共交通和出租车、农贸市场和早市等需要快速、小额支付的场所。同时，手机的远程支付功能也能为电子商务、网络购物以及公用事业费等资金转账的支付提供可选方案。

（4）逐渐替代零钞和硬币。在日本，四成以上的人都使用了移动支付。2009年，日本央行曾就包括移动支付在内的电子货币对流通中零钞和硬币的影响做过研究，数据显示电子货币主要用于千元以下的小额支付，随着电子货币的广泛使用，流通中的硬币，特别是小面额硬币总金额增速一直在下降。可见，移动支付对微支付中的零钞和硬币的替代作用是明显的。减少零钞和硬币的使用不仅能降低现金的生产和管理成本，也能降低现金的使用成本，并顺应"循环经济"、"绿色经济"的大趋势。

（5）进一步实现支付的社会功能。在微支付领域推广移动支付，能够提高微支付的资金清算效率，实现对交易的信息化和集约化管理，随着手机实名制的推广从而实现了微支付主体的身份确认，做到有据可查、有迹可循，还可以将具备支付功能的手机与医保卡、社保卡相结合，实现医疗保险、养老保险、住房公积金等政府公共信息管理功能，节约社会资源、服务社会建设。

三、移动支付产业链的构成

移动支付是一个多行业交叉的复杂程度较高的产业，产业链上的各参与方都希望在这个新兴的市场上分得利益。移动支付产业链主要由五个主体构成，通过彼此的合作，共同促进参与的健康发展。如图4-1所示。

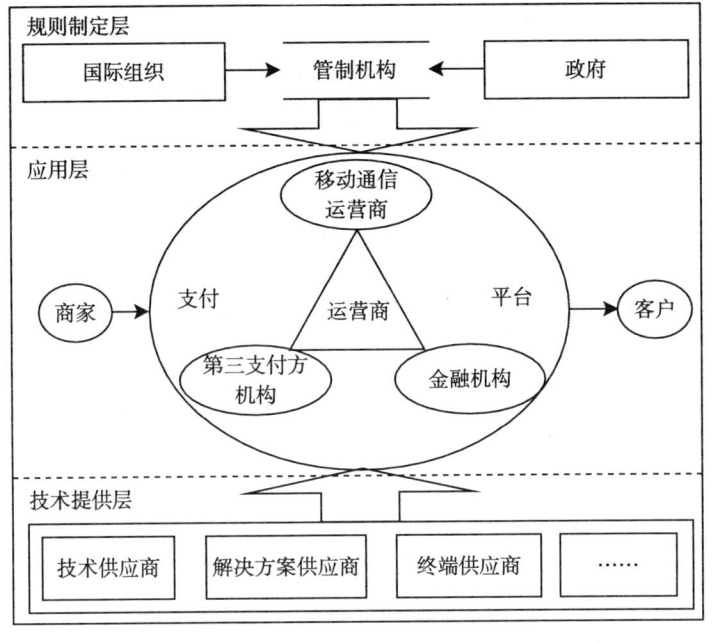

图 4-1 移动支付产业链构成

(1) 管制机构。包括国际组织和政府等，主要为移动支付制定法律法规，促进行业有序竞争，但不直接参与交易过程。管制机构在产业链上的价值体现在：通过制定规则和法律法规、规范市场秩序、协调产业链各方的利益，并对行业进行正面宣传和引导。

(2) 运营商。即移动支付的运营主体，是整个产业链的主要参与方，主要负责搭建和维护移动支付平台，制定发展战略，吸引各参与方加入，整合各参与方资源。运营商主要包括移动通信运营商、金融机构和第三方支付机构。

移动通信运营商连接商家、供应商和客户，移动通信运营商拥有庞大的客户基础和完善的通信网络，具有先天的发展移动支付业务的优势。

金融机构具有完善的支付结算体系、掌握了大量的客户资源、庞大的银行服务网络和完善的收单环境、银行的信用中介职能等天然优势，具有讨价还价能力、资金支持和资质许可，既可以开展"手机+信用卡"绑定的手机银行来开展移动支付业务，也可以通过与移动通信运营商合作来开展移动支付。

第三方支付机构主要是连接移动通信运营商和金融机构，具有整合移动通信运营商和金融机构等各方面的资源，协调各方面关系的能力等优势，并且能够为手机客户提供丰富的移动支付业务。

(3) 供应商。这里的供应商特指为移动支付平台提供各种设施和技术支持的企业，其下游客户是运营商，和客户不直接发生关系。供应商主要包括终端供应商、解决方案供应商等。终端供应商和运营商达成战略共识，生产定制移动支付的终端；解决方案供应商为移动支付平台提供技术支撑和一系列的移动支付业务解决方案。

（4）商家。这里的商家是针对客户而言，是指为客户提供各种产品和服务的产品销售商和服务供应商，商家通过便捷的移动支付终端与客户进行交易，减少支付清算的中间环节，并可以提供丰富的支付方式，提高客户的便利性和满意度。

（5）客户。客户是移动支付服务的使用者，也是移动支付业务的价值来源。移动支付产业的发展依赖于客户对移动支付的认知度、接受度和使用习惯等。

四、移动支付面临的挑战

移动支付的前景虽然十分美好，但是目前我国移动支付业务在发展过程中还面临着一些"瓶颈"，影响移动支付业务的快速、可持续发展。

（一）相关监管政策和行业标准不够完善

移动支付是一种新兴的支付方式，移动支付技术快速发展和市场强烈需求的背后，急需一系列相关监管政策和行业标准的出台。监管部门需要尽快制定资金安全、风险防范等相关规定，并出台统一的行业标准和规范，培育移动支付健康、有序的发展环境。

（二）行业急需统一的技术标准

移动支付尤其是现场支付，存在 NFC、RF-SIM、ISIM、SIMPass、智能SD卡等多种技术方案，支付频率也有 13.56MHz 和 2.4GHz 两种。多头技术路线并存的格局，造成了移动支付业务发展动力分散，增加了各方合作协调的难度，导致了系统重复建设和资源浪费。

（三）商业模式需明晰

移动支付产业链比较复杂，涉及银行、移动运营商、银联、第三方支付服务商、手机制造商、芯片提供商等众多利益相关体。由于这些参与者的利益诉求点不同，尚未形成和谐共赢的商业模式，影响了推动移动支付业务发展的积极性。

（四）支付环境完善有待时日

移动支付业务的开展，需要对客户手机、商户终端等支付收单环境进行一系列改造，这些改造需要投入大量的人力、物力资源，这也是移动支付业务市场推广的一个"瓶颈"，整个支付受理环境的完善还有待时日。

（五）客户认知度有待提高

移动支付毕竟还属于新兴支付方式，客户对它的认知程度还比较低，移动支付在用户中的知名度和竞争力还很弱，市场很不成熟，尤其是用户对移动支付的安全保障信任度低。

（六）用户体验有待提高

移动支付目前提供的产品和服务还不够丰富，缺乏对客户吸引力很强的支付应用。移动支付的发卡流程复杂，有待创新和突破，空中圈存等技术还不成熟，整体上客户体验有待进一步提高。

阅读材料

SK电讯的移动金融业务

在SK电讯推出的诸多受欢迎的业务之中，这项服务可谓应用最广的业务之一了。

一、SK电讯移动金融业务的产生及整体介绍

在现代社会中，"一站购齐式"的服务才能满足信息时代消费者快捷、方便，以最短时间办最多事情的需要。有谁愿把一整天时间花在出了银行去股市，跑进超市购物后再去电信局、保险公司交各种费用上呢？人们发现，移动公司与商业银行有着共同的客户资源，如何发掘双方的客户价值和提升客户满意度成为合作双方实现"双赢"的一致目标。注意到这一点，于是从2002年开始，韩国的SK电讯、KTF和LG三大移动运营商围绕移动金融、移动商务展开了激烈的市场角逐。除了市场外部因素，从SK电讯自身发展来看，随着语音业务市场竞争的激烈和趋于饱和，为了将业务收入提高到一个新的水平，寻找新的业务增长点变得日益重要。于是SK电讯将"移动金融"正式确定为公司未来的核心战略业务，其目标是构筑一个能用手机进行多种金融业务的移动金融系统，在国内乃至全球确立移动金融的领先地位。2002年成立的移动金融事业部为公司的网络业务、平台业务和终端业务进入新领域齐头并进的发展带来新的契机。而韩国由于整个通信技术产业的迅猛发展与通信服务的广泛应用使得行业间互相进入的门槛越来越低，不同行业间企业的整合能够在较短的时间完成，为SK电讯这一计划的实施也提供了有利的条件。在将移动金融作为核心发展战略予以规划时，SK电讯首先明确了移动金融服务的概念，那就是移动运营商应用自身的网络、硬件平台、终端设备等提供的金融服务。在发展初期主要服务有：端到端服务（P2P），让用户直接连接到其他用户计算机实现信息的共享与交换的服务；网上经纪人业务（Online Brokerage），通过网

上经纪人进入金融市场，这大概是外行进入证券投资最省心和比较保险的途径；以及只需拥有一部电话或一台计算机，足不出户即可查询到银行账目情况的电子银行（Cyberbank）等服务。

在业务发展进程中，根据 SK 电讯一贯的市场品牌策略，移动金融服务部分也应有自己的品牌。先开始 SK 电讯推出一种号称"理财帮手"的多功能 IC 芯片卡，命名为"MONETA"，后来随着 NATE 平台的建立，SK 电讯将 MONETA 卡的业务内容扩展到了手机上，而"MONETA"也就自然而然地成了 SK 电讯移动金融业务的知名品牌名称。

二、移动金融业务的进一步整合与发展

随着市场需求的进一步扩大，SK 电讯移动金融业务工作的重点转向建立有线和无线的金融网络，确保 MONETA 的市场份额并努力开发新业务。到 2003 年底 SK 电讯已经向市场投放了 36 万部 MONETA 信用卡读卡机，鉴于 2004 年三家运营商的读卡机标准统一，读卡机数量飞速上升到 56 万部，而 MONETA 用户人数也激增到 300 万。为了进一步强化和提高金融门户业务的水平，满足使用者的更多需要，SK 电讯除了扩大 MONETA 服务应用外，还将原有的移动银行账户服务升级，整合一系列移动金融服务，推出"M-Bank"服务，将整个金融系统的业务网络化、虚拟化，使消费者手中的货币变成由账号和密码组成的一串数字。携带手机，就仿佛随身携带着银行。2004 年 3 月 SK 电讯与韩国大银行合作，开通了韩国第一家 M-Bank 国际漫游服务，使用 M-Bank 手机可以在北京和上海使用移动银行功能，可以像在韩国国内一样通过无线互联网使用移动银行服务。服务内容包括账户余额查询、账户交易内容查询、转账、支票查询等。按计划除在北京和上海提供该服务外，还将扩大到中国大部分地区，以及新西兰、泰国等海外国家。而且 M-Bank 服务，是 SK 电讯与韩国 Woori、新韩、朝兴等大银行合作，互联互通，用一个芯片同时使用几种银行服务的服务，为客户带来了极大便利。2005 年的工作重点是将目前已有的金融业务范围进一步扩大，通过增加新业务种类发展用户，提高效益；进一步扩大移动支付的市场占有率；开始进入综合性的金融服务领域，提供完整意义的"一站购齐式"服务，同时还将向市场投放 600 万部 M-Bank 终端手机。

从移动金融服务的产生和发展过程来看，作为产业价值链的整合者，SK 电讯是在与信用卡公司等相关机构的积极合作中，共同促进了移动金融业务的发展。SK 电讯在用行动表示移动通信运营商能够应用自身网络提供另一个产业群的服务。这种行业融合的势态表明运营商将移动技术应用到新领域，在不同产业中寻找生存模式和发展机会的雄心壮志。

当看到我们的近邻韩国在这方面取得的成绩时，中国的移动运营商也在积极地尝试。国内的一些地区和企业也相继开展了类似的移动金融业务，早在2002年中国移动和中国联通都曾进行过业务试点，如中国移动于2002年5月在浙江、上海、广东、福建等地进行小额支付试点。同年7月，中国联通也与中国银联签订战略合作协议，合作推出基于联通手机的移动支付业务。2004年5月，中国移动在广东正式推出了手机支付业务。考虑到中国拥有全球第一大手机用户群，万事达卡国际组织也正和摩托罗拉合作开发手机支付业务，而中国手机用户则有望率先使用这一个服务。相信在不远的将来中国的消费者也可以切实地感受到行业融合带来的种种便利，而融合的缔造者们更是找到了发展的驱动力。

资料来源：陈婷.在发展中融合　在融合中发展［J］.移动通信，2005（6）.

第五节　移动金融的创新业务

一、案例分析1

问题1：交通银行做了哪些业务创新？创新业务发展前景如何？请详细分析并说明原因，然后提出解决方案。

"e动交行"创造移动金融新生活

2009年6月，长期以来一直持续跟踪移动通信技术发展的交通银行正式向市场推出了新一代手机银行——"e动交行"。"e动交行"同时支持客户端和WAP两种方式，客户不仅可通过传统的WAP登录，还可通过手机下载客户端软件直接登录使用。

"e动交行"功能完善、齐全，为银行业务建立了良好的手机渠道支撑，成为银行的"空中营业厅"，手机的移动特性使得用户可以随时随地地享受交行电子银行服务。

一、功能全覆盖

"e动交行"包括三大主要功能：第一，做到了网银功能的全覆盖，不仅含有账单查询、转账、信用卡等基本银行服务，还具有股票、外汇、黄金、理财产品购买等全面的投资理财功能，而且提供大量的财经信息和投资理财指导，是名副其实的贴身投资助理。第二，特别致力于创新网络金融新生活，根据手机终端不断发展的技术特点，支持许多非传统银行服务领域的服务，相继推出了手机地图、手机号转账、"e动无忧"转账保险等创新特色产品。手机地图通过手机定位功能，使客户可以轻松查询就近的交行营业网点、ATM和交行特惠商户；手机号转账只需输入收款方手机号码与姓名，无须输入银行卡号，即可方便快捷地完成转账，并可有效避免账号信息泄露；"e动无忧"转账保险为客户交易保驾护航，使客户无后顾之忧。第三，紧盯客户需求开展持续创新，推出手机银行订单支付、无卡取款、无卡消费等一系列无卡金融服务。"e动交行"具有强大的支付功能，增加了与人们日常生活有关的各种支付业务，除了预订机票以外，还可随时进行公用事业费支付、手机充值和旅游门票、彩票、影票购买等常用支付业务，给人们的日常生活提供了极大的便利。其中无卡取款是"e动交行"的特色功能之一，用户只需在手机银行中输入提款的金额和预约码，即可在ATM上凭手机号、预约码及取款密码提取现金。与传统的银行卡取款方式相比，手机取现不仅更为快捷和安全，而且功能实用、操作简单。

二、安全第一

在做到方便易用、功能丰富的同时，"e动交行"特别重视使用的安全性。"e动交行"采用了多密钥双安全通道的最高级别安全保障体系，最大限度地保障用户的数据在传输过程中的安全。在涉及用户资金安全的交易中，通过与移动运营商的合作实现交易中强制验证用户手机号，从而保证了用户交易数据的唯一性，防止被篡改和伪造。在不影响客户体验的同时，具有更高的安全性，功能更强大，使用更方便。

三、创新金融

近几年来，各界都十分关心银行服务同质化问题，因为服务的同质化只能带来低水平的竞争。如何能够创造贴近客户的、有别于常规的服务？交行把服务创新的注意力着重放在了依托技术进步的科技手段上。工信部数据显示，近年来我国手机网民的规模增长极其迅速，潜在用户规模巨大，这为手机银行业务的发展提供了良好的市场环境。交行总行领导敏锐地看到随着移动通信技术的快速发展，移动金融服务将成为客户的必然选择的市场前景，明确提出手机银行打造成交行重要的新兴品牌亮点。

对许多人来说，手机存在的价值已不仅仅是一个通信工具，它集中了各种新技术和最新时尚元素，已经成为体现个性、承载主人"生活方式"的工具。因此，交行将手机银行定位在"创新移动金融服务潮流，创造新一代的移动金融生活"。交行对手机银行强调"三新"：一是时代新，目前快速发展的社会大背景加快了人们的生活节奏，忙碌的生活状态促使人们更新理财观念，快捷方便的金融服务正是现代人所需要的。二是业务新，交行手机银行推出的全新业务功

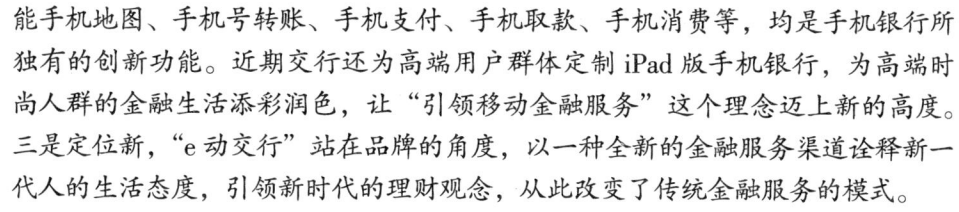

能手机地图、手机号转账、手机支付、手机取款、手机消费等，均是手机银行所独有的创新功能。近期交行还为高端用户群体定制 iPad 版手机银行，为高端时尚人群的金融生活添彩润色，让"引领移动金融服务"这个理念迈上新的高度。三是定位新，"e 动交行"站在品牌的角度，以一种全新的金融服务渠道诠释新一代人的生活态度，引领新时代的理财观念，从此改变了传统金融服务的模式。

"永远关注客户，用心贴近客户"是交行创新的出发点。"e 动交行"无卡系列金融服务的创意，实际上就是从与客户的沟通中受到启发的。现在许多人不能适应没有手机的生活，总是贴身携带手机。有客户反映有时会面临"因忘带现金和银行卡，急需用钱却无能为力"的尴尬。

针对客户的这一潜在需求，交行提出了把传统的银行卡服务整合到客户随身携带的手机上，解决用户的问题。

因此，手机号转账、无卡取现、无卡消费等"e 动无忧"系列无卡金融服务应运而生，为客户提供更为贴身的服务，无论何时何地，客户均能交易，节省操作 ATM 和银行窗口排队等候的时间，也化解了忘记携带银行卡这个传统载体的尴尬。

为了创造新一代金融生活，交行在手机支付领域也进行了专门的研究。未来某一天，只需带上一个手机，就能轻松消费，这种诱人的消费模式已经成为许多人的憧憬。交行的手机无卡消费，目前已经在部分省市的交行和银联的 POS 机上实现。与手机无卡取现类似，手机无卡消费是指通过手机银行预约，客户只需在 POS 机上输入手机号和预约码，无卡就能轻松消费。交通银行的"e 动交行"项目的创新业务有：手机无卡消费和预订单支付业务。手机无卡消费是指通过手机银行预约，客户在 POS 机上输入手机号和预约码，无卡就能消费。预订单支付业务是建立在交行 B2B 和 B2C 电子商务的手机银行移动支付平台上，通过银企直联和电子商户等方式与商户系统连接，手机银行签约客户可以通过手机银行进行预订单支付。手机银行预订单支付功能的应用，可以使每一部手机都能实现移动 POS 机功能，任何一个手机银行客户都可以进行实时的订单支付，而发货方和送货方都可以通过手机实时掌握订单信息，从根本上解决货到付款的问题。目前，60%的 B2C 电子商务的交易都是通过线下结算，而通过手机银行移动支付可大大地减少现金结算带来的成本和风险，同时也促进了银行卡的发卡和消费。

"e 动交行"上市一年就取得了注册客户数量突破 100 万的出色业绩，迅速取得市场领先地位，博得客户认可，成为业内知名品牌。在银行品牌竞争力"2009 融尊榜"评选活动中，交行手机银行以优秀的市场表现荣获"最佳手机银行"称号。近日，国内最大的手机互联网站 3G 网发布了"2010 手机银行评测"结果，交行手机银行在各参评行中总分名列第一。本次评测在 10 家商业银行手机银行的开通便捷性、界面体验、功能、客服品质等 10 项指标进行的综合评测，交行手机银行以 9 项指标名列前茅的绝对优势拔得头筹。"e 动交行"已经将传统的手机银行由一个实现银行业务的电子渠道提升为提供"移动金融服务"的平台。交行将通过不断地改进和扩充，进一步将"e 动交行"打造为让客户享受"移动金融生活"的门户。

资料来源：吴新忠，朱超."e 动交行"创造移动金融新生活 [J]. 中国信用卡, 2010 (11).

二、案例分析 2

问题 2：世博创新移动支付与传统的移动支付相比，有哪些优势？同时又存在哪些问题？

世博创新移动支付

作为具有较高知名度和百年民族金融品牌的大型商业银行和中国 2010 年上海世博会商业银行唯一全球合作伙伴，交通银行以"创新的金融服务，和谐的城市生活"理念为愿景，一直致力于世博会支付环境建设，为上海世博会建设者、参展者、参观者提供一流的金融产品与银行服务，积极实践上海世博会"城市，让生活更美好"的主题。

为更好地服务 2010 年上海世博会，改善世博园区内外零售商品、餐饮等服务的支付环境，为世博会提供更快速、更方便、更安全的高科技移动支付产品，6 月 19 日，交通银行与中国联通通力合作在上海发行了国内首张支持手机 USIM 支付的太平洋联通联名 IC 借记卡。此卡以交通银行发行的符合人民银行 PBOC 2.0 标准的芯片借记卡为支付载体，采用最新的 SWP-SIM 移动支付解决方案，将银行卡与手机 SIM 卡合二为一，配合具备近场无线通信功能的手机终端，支持 PBOC 小额非接触快速支付应用。持有该产品的用户，可以在世博园区内所有 POS 机以及园区外支持非接触芯片卡消费的 POS 机终端上进行各种消费支付。该产品在使用时，直接"刷"手机即可完成支付，机不离手，一刷即付，快捷便利，无须输入密码。

该产品还可以在世博园区以及上海其他的很多地方，如地铁各主要车站的自动售货机上"刷"手机购买饮料、食品。这是交通银行联手中国银联，与通邮（中国）公司合作，为改善上海世博会支付环境，研制、创新开发的全国首创自动售货机刷卡售货功能。此举不仅填补了国内自动售货机在银行卡受理功能方面的空白，也是国内移动支付业务的一大创举。

目前，这项技术仅仅在世博会期间推出，并在较少的网点内进行了运作，还没有形成大规模的应用推广，因此该项业务的具体技术及运营问题无法具体凸显出来，因而缺乏稳定性，所以无法被更多地应用到各个城市或者更多的场合中去。

由于该项业务还不够成熟，所以目前这项业务仅处于试运营阶段，其目的在于培养客户，并宣传该项业务，打下用户基础，而具体盈利模式并没有明确。

资料来源：麻德琼. 创新　突破　引领移动金融新生活 [J]. 金融电子化，2010（8）.

本章案例

移动创新大有可为

联通华建公司成立于 2000 年 5 月，主要从事移动金融信息服务，我们一直围绕着移动金融业务进行创新，并长期与中国联通紧密合作，协助中国联通建设和运营"掌上股市"和"中国联通手机钱包"两大自有品牌业务。

首先，介绍一下掌上股市业务。2003 年 4 月中国联通和联通华建签订战略合作协议，2005 年基本完成了技术平台的开发，2006 年 12 月底完成了整个新平台的接入，所有产品都可以在联通的平台上下载。2007 年 3 月技术平台进行了扩容，能够同时容纳十几万人，具备了大规模使用推广的条件。"掌上股市"是中国联通自有业务，可以实时查看行情，获取市场咨询，实现股票交易。在运营模式上，中国联通主要负责品牌推广、客服工作，华建负责业务运营，包括产品开发设计，同时配合中国联通进行营销推广，做好客服工作。合作伙伴包括上交所、深交所，以及国内 30 余家证券公司，还有 5 家基金公司。在过去两年，华建与银河证券等合作伙伴在全国各地联合进行了多次推广和路演，联通也专门为掌上股市设立了 LOGO，印发了很多宣传资料。

"掌上股市"业务的下一步工作重点，就是要将掌股产品发展成集行情、资讯、交易和转账支付于一身的个人移动证券服务，大规模接入地方性券商，现在全国性的券商有 200 多家，都会陆续接入。引入专业的资讯源合作伙伴，提供专业、准确的信息服务。大力推广手机交易功能，结合手机钱包业务，增加银证转账、手机支付等功能，直接用手机支付相应的资讯源信息的费用。联通现在正大力推广"掌上股市"业务，我们会积极配合中国联通总部、联通各省分公司完成"掌上股市"业务的推广和落地工作，联通华建期待与中国联通和各证券公司、交易所精诚协作，抓住机遇，创造掌股业务的牛市！

其次，介绍一下移动支付业务。移动支付就是使用移动设备通过无线方式

移动商务应用

操纵银行卡账户完成消费的新型支付方式。从2001年开始，移动支付就一直被业界看好，2004年下半年移动支付进入快速增长期，预计到2007年产业链将基本成熟、用户消费习惯形成、基础设施完备，移动支付业务将进入产业规模快速增长的拐点。据有关咨询机构预测，从2006年到2010年，整个移动支付用户的增长规模将保持50%以上，初期甚至会将近100%，2010年将有近两亿用户通过各种方式使用移动支付。

"手机钱包"是中国联通、中国银联、各大商业银行和联通华建多方合作的、基于联通手机用户和互联网用户的移动支付与电子商务业务；"手机钱包"是中国联通的自有业务，中国联通拥有"中国联通手机钱包"的业务品牌、技术平台和系统网络，全网统一品牌、统一规划、统一管理；联通华建是"手机钱包"的内容、服务运营商，是中国联通"手机钱包"的第三方支付平台提供商，负责中国联通"手机钱包"平台的建设运营、商户拓展与接入。

中国联通"手机钱包"从2002年开始规划；2005年12月，中国联通、中国银联、华建正式签署了业务合作协议；2006年12月底，整个银联端的平台完成开发，整个业务正式上线，并首先在广东、上海和北京进行了试点。下一步的工作重点主要是：第一，配合中国联通增值业务部完成"手机钱包"业务流程的规范与建设。第二，完成联通商城开发和上线，大规模接入商户，丰富电子商务应用。第三，在北京、上海和广东合作推广，积累成功经验，完成业务试点；非接触IC卡"手机钱包"完成平台开发，在上海进行试点。第四，根据联通总部的安排，2007年完成5~10个省份的落地和平台建设工作，以便为明年大规模在全网推广这项业务做好准备工作。

中国联通"手机钱包"业务未来发展：第一阶段，通过与更多商户合作、与更多的银行直联；同时，通过试点以及经验的积累，积累足够的基础用户群，实现移动电子商务平台。第二阶段，将"手机钱包"业务变成联通除营业厅网点、充值卡代理渠道之外的另一个支付渠道，成为联通的空中营业厅、掌上营业厅，用户能够自主查询应缴费用，并通过银行卡直接提取增值业务信息费。第三阶段，希望真正把手机变成银行，也就是移动支付终端，这就需要做两个方面的工作：一是需要大规模普及非接触IC卡手机，让用户在线上线下使用非常方便；二是与金融机构联合发卡。

资料来源：闫跃龙.移动创新大有可为[J].通讯世界，2007（5）.

➡ 问题讨论：

1. "手机钱包"有哪些优势可以吸引消费者？
2. 手机在使用"手机钱包"业务时可能存在哪些顾虑？
3. 请分析电信运营商与银行在移动支付行业各自具有的优势与不足。

本章小结

随着电子商务的发展，网上购物的成功应用带动了移动金融的快速发展。目前移动金融服务在中国市场的应用日趋广泛，并有趋势开启一个全新的金融模式，移动金融服务将有可能逐渐取代传统的金融模式。

移动金融技术解决了金融服务中的一些长期存在的问题，如安全性问题、用户去银行办理业务的不方便问题，以及安全问题。但由于目前起步并不久，因此技术和市场都不成熟，导致没有能广泛的应用，但在不久的将来必将取代传统金融服务。

学生需要了解各项移动金融业务的内容、作用、意义，从而掌握分析评价各项移动金融业务的能力，了解各项影响移动金融业务发展的因素。

本章复习题

1. 移动金融有哪些应用价值？
2. 移动银行包括哪些主要业务？
3. 移动银行业务目前存在哪些不足？这些不足未来可以通过什么方式去完善？
4. 移动证券业务与目前主导的网上证券业务相比有什么优势？又有哪些劣势？这些不足未来是否可以完善？如果可以，通过哪些方式来完善？
5. 移动支付业务有哪些社会意义？移动支付将来是否可以大幅度地取代传统支付方式？
6. 在几项主导移动金融业务的发展中，它们有哪些需共同面临的问题？这些问题可以通过哪些方式来解决？
7. 移动金融业务的创新主要集中在哪些方面？这些创新业务与以往的移动金融业务相比有哪些优势？
8. 影响移动金融业务发展的有哪些因素？其中哪些因素推动其发展？哪些限制其发展？
9. 移动支付行业前景如何？
10. 试分析某种移动金融创新业务。

移动商务应用

第五章 移动物流

学习目的

知识要求 通过本章的学习，掌握：

- 移动物流的概念
- 移动物流虚拟专网的概念与技术手段
- 移动识别服务的概念
- 移动物流虚拟专网的构架
- 移动物流的商业价值
- 移动物流商务模式
- 移动物流识别服务模式

技能要求 通过本章的学习，能够：

- 理解移动物流的优劣势
- 掌握构建虚拟专网的步骤
- 识别移动物流的商务模式
- 理解移动识别服务的关键技术
- 分析移动物流的应用案例
- 评价移动物流商务模式

学习指导

1. 本章内容包括：移动物流的概念与内涵、移动物流虚拟专网的技术与构架、移动物流的商务模式、移动物流识别业务与服务模式。

移动商务应用

2. 学习方法：结合案例，抓住重点，独立思考。
3. 建议学时：4~5学时。

引导案例

中国移动的物流网络优化过程

为了更好地开展工作，及时响应公司基础设施建设对物资的需求，降低整体物流成本，中国移动在2008年成立了专门的物流工作组，负责工程物资物流规划和建设，并开始实施"物流改造"工程，进行物流优化。

中国移动通信集团公司（以下简称"中国移动"）于2000年4月20日成立，注册资本518亿元人民币，截至2008年9月30日，资产规模超过8000亿元人民币，拥有全球第一的网络和客户规模。目前，中国移动的基站总数超过36万个，客户总数超过4.5亿户，每月净增客户数超过700万户，是全球网络规模、客户数量最大的电信运营企业。

庞大的企业规模，通信技术的不断革新，使中国移动的通信基础设施不断增加和改造，公司每年的工程物资集采额达到上千亿元。其背后的工程（物资）物流变得极其复杂，在这样的背景下，中国移动开始采用两级物流体系来建设和优化自身的物流网络。通过采取物流网络建设和优化措施，公司在取得了降低总体物流成本的同时，也为理顺该行业的供应链体系作出了重大贡献。

一、实施物流网络优化的背景

与其他行业相比，在电信行业，工程物流算不上企业的核心竞争力，各大电信运营商在早期的管理和运营方面并不太重视物流，而且多存在各省间各自为政，同厂家单一联系的弊端。同时，国内移动通信行业也经过了几次大的分离和整合，从最初的中国邮电拆分成电信、邮政，后来电信又拆分为电信和网通。在国家颁发3G牌照后，现在国内电信市场有三大运营商，即中国移动、中国电信和中国联通。

另外，前两年移动通信用户呈现了爆发式增长。截至目前，国内移动通信有近7亿用户，其中中国移动的用户就达4亿~5亿。这对基站站点的需求不断增加，通信基础设施建设的任务变得非常紧张。虽然近两年用户增加相对平缓，但由于3G的快速发展，新的通信基础设施建设的高潮又开始了。

为了更好地开展工作，及时响应公司基础设施建设对物资的需求，降低整体物流成本，中国移动在2008年成立了专门的物流工作组，负责工程物资物流规划和建设，并开始实施"物流改造"工程，进行物流优化。

二、物流优化状况

据了解，在保留过去较好的物流系统基础上，中国移动将工程（物资）物流分为两级进行优化管理，构建二级物流体系。该二级物流体系是指公司在全国构建大区和省区。大区是第一级，省区是第二级，省区与大区的物流可以进行对接。供应商的设备首先送到大区，然后再分拨到各省区。目前中国移动在国内共有五大区，包括华北大区、西北大区、西南大区、广东大区和华东大区。

具体来看，就是在全国建立大区和省区两级集中仓储中心，推进干线运输的集中运营和区域配送的集成一体化运作。一期工程在全国选择五个省市——天津、陕西、重庆、广东、江苏建立大区物流基地，分别覆盖华北大区、西北大区、西南大区、广东大区和华东大区的物资仓储与配送。

以西南大区物流基地为例，该区是公司两级物流体制的重要组成部分，一旦建成之后，该物流基地将辐射重庆、四川、贵州、云南四省市，形成快速的物流通道。该物流基地可以大幅度地增强集团公司集中采购的效率，实现"物资集中化"管理，更好地保证各省公司的物资供应，提升中国移动的市场竞争能力。

中国移动实行自建各大区和省物流中心，仓储和配送全部外包给第三方物流公司的模式。这样可以更好地整合社会物流资源，一方面降低公司的总体运营成本，另一方面可以更好地发展自己的主业。中国移动在首先满足公司内部物流配送的前提下，将来还可以满足社会需求。

另外，省区内部仓库也会随着企业发展建设的需要进行裁撤、增减。为此，目前，省区内的物流中心建设规范已经下发到全国。其中包括：第一，集中化，即各省的物资由省区统一管理，实行一体化配送。根据各地的不同情况，有的地市会建设仓库。第二，实施信息化。第三，严格推进标准化。

据悉，为了更好地沟通供应链上下游的关系，中国移动还在考虑使用 VMI 或 VOI 模式管理库存。

三、优化物流网络的经验

一些国际知名的咨询公司和大学为中国移动的物流网络优化提供了多方面的服务。通过采用运筹学知识、物流网络建设和优化工具、布点方面的数学模型，构建了中国移动新型的二级物流体系。行业专家认为，物流网络建设和优化工具只是一个辅助性参考，还要跟实际情况相结合，包括当地政府的支持力度等，否则这些工具就成了空中楼阁。

在大区物流网点建设中，中国移动选择了自建仓库而不是租赁仓库的模式。原因有两个：一是中国移动的仓库需要长期使用，而租赁仓库可能会牵涉到租赁时间问题，这样每次签租赁合同时会在价格上丧失主动权。二是中国移动的工程物资产品尺寸不一，形状各异，与标准化的产品仓储有很大不同，而社会上的仓库很难满足这样的需求。

另外，中国移动在网点布局中，有些地区不会自建仓库。在当今，社会化物流已经比较发达，即使在野外山区，从省区的配送8小时也能到达，这些地区没有建设仓库的必要。

四、实施概况和效果

据悉，目前中国移动西南大区、华东大区物流中心的规划设计已经完成，建设工作也将于2010年完工，2011年五大区的物流中心建设将全部完工；各大区之间的信息系统也已经形成网络。

通过规划实施这样的"物流改造"工程，大区物流中心的物资设备库存起到了"蓄水池"的作用，理顺和平衡了公司上下游的供给和需求，对整个产业链起到了调整作用，为移动通信行业的供应链建设作出了贡献。在过去，公司通信基站建设的高峰期，设备需求高涨，供应商加班加点生产，仍难以满足需求；在基站建设平淡期，供应商设备和产品闲置，造成大量浪费。二级物流体制建设完成后，这种问题将会得到有效解决。

通过公司先进适用的信息系统，中国移动能够查看跟踪各地区的物资物流状况，大区之间可以对物资库存的多缺状况进行方便的调配，使得公司的管理体系变得更加顺畅。

从总体上看，通过实施物流网络的规划和优化，中国移动公司不仅降低了物流成本，而且可以做到及时响应。

资料来源：中国物通网资讯. 中国移动物流网络优化过程案例分析 [DB/OL]. http://news.chinawutomg.com，2011-7-11.

➡ 问题：
1. 中国移动物流网络优化过程包括哪几个步骤？
2. 优化物流网络对公司有哪些利弊？
3. 试评价中国移动物流的商务模式。

第一节　移动物流的概念与内涵

移动物流，率先在电子商务领域凸显其魅力。电子商务相对于传统商业而言具有更高的信息化水平，对于信息化手段的接受度更高，其对信息化的需求也在不断提升。因此，当移动信息化更加高效、准确、安全的优势凸显之后，

电子商务就会成为积极的应用领域。

一、移动物流的概念

移动物流，一般是结合公众的蜂窝移动通信技术以及条形码扫描等短距离通信技术，用户可随时通过短距离通信技术获取物品的信息，并实时地利用蜂窝移动通信技术将动态信息传递给数据库，并在实时信息的基础上实现动态而高效的物流管理。

在当前物流业迅速发展的同时，物流企业既面临激烈的竞争，又面对车辆和货物安全、运期延误、空载率高、服务投诉等物流企业最为头疼的问题。竞争的加剧也要求企业能够更快速地响应市场需求，缩短产品运输周期，使物流系统与市场需求结构相匹配。解决这些难题的唯一出路就是实现物流系统的信息化、移动化，使得物流企业的管理人员可以及时快速地了解和掌控物流的全过程和每一个细节，信息化系统自动地帮助管理人员处理物流面对的流程和问题。运用信息化手段提高运输质量和运输效率，提高客户服务能力和企业管理能力，从而提高物流企业的核心竞争力。

二、移动物流的优势与劣势

（一）移动物流的优势

相对于传统的物流配送模式而言，移动物流配送模式具有以下优势：

（1）能够实现货物的高效配送。在传统的物流配送企业内，为了实现对众多客户大量资源的合理配送，需要大面积的仓库来用于存货，并且由于空间的限制，存货的数量和种类受到了很大的限制。而在移动电子商务系统中，配送体系的信息化集成可以使虚拟企业将散置在各地分属不同所有者的仓库通过网络系统连接起来，使之成为"集成仓库"，在统一调配和协调管理之下，服务半径和货物集散空间都被放大了。在这样的情况下，货物配置的速度、规模和效率都大大提高，使得货物的高效配送得以实现。

（2）能够实现配送的适时控制。传统的物流配送过程是由多个业务流程组成的，各个业务流程之间依靠人来衔接和协调，这就难免受到人为因素的影响，问题的发现和故障的处理都会存在时滞现象。而移动物流配送模式借助于网络系统可以实现配送过程的实时监控和实时决策，配送信息的处理、货物流转的状态、问题环节的查找、指令下达的速度等都是传统的物流配送无法比拟的，配送系统的自动化和程序化处理、配送过程的动态化控制、指令的瞬间到达都使得配送的实时控制得以实现。

（3）能够简化物流的配送过程。传统物流配送的整个环节由于涉及主体的众多及关系处理的人工化,因此极为烦琐。而在移动物流配送模式下,物流配送中心可以使这些过程借助网络实现简单化和智能化。例如,计算机系统管理可以使整个物流配送管理过程变得简单和易于操作;网络平台上的营业推广可以使用户购物和交易过程变得效率更高、费用更低;物流信息的易得性和有效传播使得用户找寻和决策的速度加快、过程简化。很多过去需要较多人工处理、耗费较多时间的活动都因为网络系统的智能化而得以简化,这种简化使得物流配送工作的效率大大提高。

(二)移动物流的劣势

从总体上看,我国的移动电子商务还处于初期发展阶段,其功能主要局限于信息的交流,电子商务与物流之间的相互依赖、相互促进的关系还没有得到企业的普遍认可。因此,人们在重视移动电子商务的同时,却对面向移动电子商务的物流配送系统重视不够,从而出现移动物流配送系统建设落后,与电子商务结合不够紧密,这在很大程度上限制了移动电子商务高效、快速、便捷等优势的发挥。具体来说,移动物流目前主要存在以下四个方面的劣势:

(1)与移动电子商务相协调的物流配送基础落后。虽然基于移动电子商务的物流配送模式受到了越来越多的关注,但由于观念、制度和技术水平的制约,我国移动物流配送的发展仍然比较缓慢,与社会需求差距仍然较大。目前,高速公路网络的建设与完善、物流配送中心的规划与管理、现代化物流配送工具与技术的使用、与移动物流配送相适应的管理模式和经营方式的优化等都无法适应我国移动物流配送的要求。基础设施和管理手段的落后、必要的公共信息交流平台的缺乏,都制约着我国移动物流配送的发展。

(2)相关政策法规不完善。目前,我国物流管理体制还处于区域、部门分割管理的状态下,区域之间缺乏协调统一的发展规划和协调有序的协同运作,归口管理不一致,都制约了移动物流配送的效率。由于缺乏一体化的物流系统,移动电子商务很难发挥其应有的突破空间、快捷交易的功能。此外,与移动物流配送相适应的财税制度、社会安全保障制度、市场准入与退出制度、纠纷解决程序等还不够完善,制度和法规的缺陷阻碍了移动物流配送的发展。

(3)物流配送的电子化、集成化管理程度不高。移动物流配送之所以受到越来越多企业的青睐,是因为移动电子商务迎合了现代顾客多样化的需求,网络上的大量定制化越来越多地出现,移动电子商务企业只有通过电子化、集成化物流管理把供应链上各个环节整合起来,才能对顾客的个性化需求作出快速反应。但从我国的实际来看,企业的集成化供应链管理还处于较初级的阶段,表现在运输网络的合理化有待提升、物流信息的速效性不高等方面。这与我国物流业起步较晚,先进的物流技术设备,如全球定位系统、地理识别系统、电子数据交换技术、射频识别技术、自动跟踪技术等还较少应用有关。没有先进的技术设备做基础，移动物流配送企业的集成化管理就难以实现；而集成化管理程度不高，移动物流配送企业的效率就会大打折扣。

（4）移动物流配送的专业人才匮乏。由于移动物流配送在我国的发展时间较短，大多数从传统物流企业转型而来的企业在人才的储备和培育方面显然还不能适应移动电子商务时代的要求，有关移动电子商务方面的知识和操作经验不足，这直接影响到了企业的生存和发展。与国外形成规模的物流教育系统相比较，我国在物流和配送方面的教育还相当落后，尤其是在移动物流配送方面的教育。由于实践中运行成功案例的缺乏，熟悉移动电子商务的物流配送人才匮乏，制约了移动物流配送模式的推广，也影响了移动物流配送的成功运营。

案例分析

自动识别移动设备　改进物流生产力

拉丁美洲最大白色家电生产商 Multibrás 采用 Intermec 移动数据采集终端，令其物流管理工作更快捷简便和更有效率。全球白色家电制造业是一种"血拼"产业——产品更新换代是以每季甚至每月的速度在进行，此外，消费者要求厂商不断提高家电产品的性价比，准确的说法是产品性能要日新月异，而售价只能跳水。在这样的市场环境下，家电厂商把产品推进市场必须分秒必争，而生产过程的成本控制更是不容失误，要把这两方面的工作做到位，其配套的物流系统必须有极高的效率。

Multibrás 是拉丁美洲最大的白色家电生产商。在 2005 年 1 月，Multibrás 在其设于巴西圣卡塔琳娜州 Joinville 市的组装线上部署了美国 Intermec（易腾迈）公司的设备。Multibrás 的物流运输部门配置了 60 台 Intermec 的 CK30-C 移动数据采集终端，用于加强仓储和交货部门的信息交流。

Multibrás 希望通过部署这个举措，实现原料与生产部门、库存管理和交货部门协作流程的自动化，提升生产力及货品上市速度是最主要的目的。

在生产 Brastemp 和 Consul 两品牌冰箱的工厂里，新的自动化系统令主要生产流程更为流畅。生产厂房可以更灵活地向仓库索取原材料供应及提出其他支持要求。使用新系统后，Multibrás 在补充库存方面的得益立竿见影。

如今上述工厂里所有的叉车都配备了 Intermec CK30-C 移动数据采集终端。基于供应规则及仓库和 SAP 管理系统，Multibrás 对其物流链的管理速度得到了显著的提升，更显高效和快捷。

在使用 CK30-C 移动数据采集终端 9 个月后，Multibrás 大幅度改进其市场供货能力，顾客及员工满意度也有显著提高。这是由于公司能够从港口接收自动发来的订货单，货运部门能缩短交货及把货物运上货船的时间。此外，减少人工控制的程度也减少了员工闲散的时间和人为错误的概率，从而提高了生产效率。

Multibrás 拉丁美洲信息技术部主管 Augusto Cruz 表示，该公司采用了自动识别方案后，不但解决了日常交货的"瓶颈"，物流系统的生产力也得到了大幅度提升。Multibrás 正在考虑在其他地区采用此等方案。

Multibrás 选用 Intermec CK30-C 的主要原因之一，是只需增加少量投入，该设备的功能便可扩展至支持 RFID。Multibrás 希望此等设备能实时地把信息传输至其 SAP 库存管理模块，RFID 能提供更快的处理速度，而安全性更高。

Intermec CK30-C 是一款高性能、经济耐用的无线射频手持电脑，它采用了 Windows CE.Net 平台，体积小巧、防尘及高度可靠。CK30-C 的外观是按照人体工程学原理来设计的，具备防滑及容易操作等特点。Multibrás 选择的配置包括高对比度的彩色显示屏和集成电池、使用蓝牙技术的无线扫描器和移动打印机，以及一个 400 千赫的处理器、64 兆内存（RAM）和闪存。

资料来源：Intermenc 公司. 货畅其流：自动识别移动设备提高进物流生产力 [J]. 现代制造，2006（23）.

问题：

1. Multibrás 为何能利用自动识别移动设备改进物流生产力？
2. 这体现了移动物流的哪些优势？

第二节 移动物流虚拟专网的技术与构架

一、移动物流虚拟专网的定义

移动物流虚拟专网是基于运营商，面向移动物流提供商的移动虚拟专网（Virtual Private Mobile Network，VPMN）。它基于 GSM 网络，由移动物流企业内部的移动用户组成 VPMN 集团，每个用户拥有专属短号，可以实现网内移动终端之间的相互呼叫，并能获得资费优惠。

二、移动物流虚拟专网的构架

一个移动物流虚拟专网一般由以下五个部分组成（见图 5-1）：

(1) 业务管理点（Service Management Point，SMP）：负责计费、账务等功能。

（2）业务控制点（Service Control Point，SCP）：根据业务流程，收到 SSP 上报的呼叫状态后，指示 SSP 操作。

（3）业务交换点（Mobile Switching Center/Service Switching Point，MSC/SSP）：监控呼叫状态，可将呼叫过程悬置并上报 SCP，按照 SCP 指示进行呼叫。

（4）业务管理接入部分（Service Management Access Part，SMAP）：负责 SMP 与 BOSS 系统的接口管理。

（5）移动业务运营支撑系统（Business Operation Support System，BOSS）。

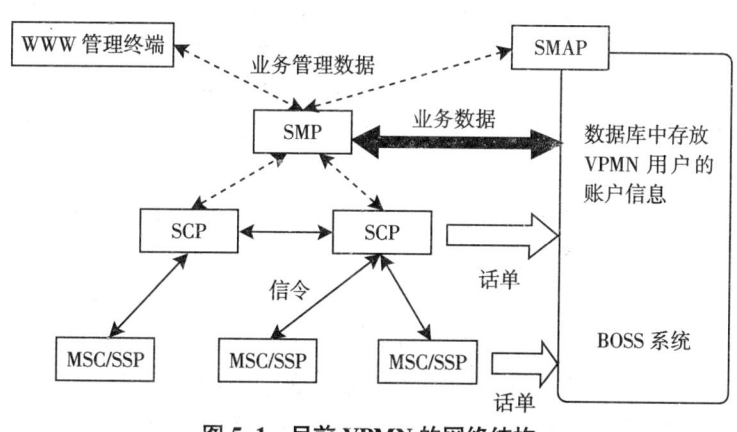

图 5—1 目前 VPMN 的网络结构

同时，一个移动物流管理系统往往需要专门的移动数据终端，该终端既是普通意义上的"手机"，可利用公众移动通信网络进行话音、数据等信息的交流；也是可扫描各种条形码的信息读取器，目前一般通过外接或者内置专门的读取模块的方式实现。为了实现更加高效的物流管理系统往往会采用专门的无线交换机以及无线接入点，也会采用 Wi-Fi 等无线局域网在仓库等移动区域内实现更高速率的无线传输。

三、移动物流虚拟专网的技术条件

电子商务时代，物流的信息化和网络化是实现移动物流虚拟专网的必然要求。

（一）物流的信息化

物流的信息化表现为物流信息的商品化、物流信息收集的数据库化和代码化、物流信息处理的电子化和计算机化、物流信息传递的标准化和实时化、物流信息存储的数字化等。因此，条形码技术（Barcode）、无线电射频技术（RF）、数据库技术（Database）、数据管理系统、销售时点信息管理系统

(POS)、电子订货系统（Electronic Ordering System，EOS）、电子数据交换（Electronic Data Interchange，EDI）、快速反应（Quick Response，QR）及有效的客户反应（Effective Customer Response，ECR）、企业资源计划（Enterprise Resource Planning，ERP）等技术是移动物流的信息化技术手段。

（二）物流的网络化

物流的网络化有两层含义：一是物流配送系统的计算机通信网络，包括物流配送中心与供应商或制造商的联系要通过计算机网络，另外与下游顾客之间的联系也要通过计算机网络通信，如物流配送中心向供应商提出订单这个过程，就可以使用计算机通信方式，借助于增值网（Value Added Network，VAN）上的电子订货系统和电子数据交换技术来自动实现，物流配送中心通过计算机网络收集下游客户的订货的过程也可以自动完成；二是组织的网络化，即所谓的企业内部网（Intranet）。

例如，中国台湾的电脑业在 20 世纪 90 年代创造出了"全球运筹式产销模式"。这种模式的基本特点是按照客户订单组织生产，生产采取分散形式，即将全世界的电脑资源都利用起来，采取外包的形式将一台电脑的所有零部件、元器件、芯片外包给世界各地的制造商去生产，然后通过全球的物流网络将这些零部件、元器件和芯片发往同一个物流配送中心进行组装，由该物流配送中心将组装的电脑迅速发给订户。这一过程需要有高效的物流网络支持，当然物流网络的基础是信息、电脑网络。

四、构建移动物流虚拟专网的步骤

构建移动物流虚拟专网一般需要以下两步：

（一）构建网络连接环境

在 2G 网络环境下，用户使用的接入方式还是基于 PSTN 或 GSM 的数字电路交换，由远端的用户建立连接，由于线路在数据传输结束后才能被释放，而目前的计费是以时间为单位的，因此费用较高且利用率低。在这种情况下，基于 2G 移动网络的 VPMN 无法满足用户的需求。因此，新一代的移动网络包括 GPRS 和 3G 系统所提供的高速接入和大容量将大大改变这一缺陷。新一代的移动网使用分组交换技术，提供"永远在线"的方式，根据传输数据量来计费，这样，用户可以通过 VPMN 持久地与内部网相连接，并可在任何时候发送或接收数据。

（二）构建无线接入网和公共互联网

2.5G 和 3G 上提供的 VPMN 业务还要设计两部分的网络：无线接入网和与企业内部网相连的公共互联网。无线接入网可以是移动通信网络（GPRS、

CDMA 或 UMTS），也可以是 WLAN（无线局域网）网络。系统采用的安全措施是由接入网和公共互联网的 IPSe 共同提供的。移动终端在移动过程中需要使用移动 IP，因为远端用户的地址虽然可以通过内部网根据等级分配（公共的或专用的），但还需要动态地分配一个额外的移动 IP 地址来完成内部网和接入点之间的路由，这样移动终端就可以在漫游中保持与内部网的通信。由于需要一个 VPN 和一个移动 IP，因此整个结构还需要增加一些新功能，如内部代理、外部代理、VPN 网关等。VPMN 的典型应用一般都是基于 IP 的商务应用，如议程接入、查询商务地址、文件传输、短消息、电子邮件和远程交互等。

案例分析

Carrefour 在物流管理中应用移动信息技术

一、收货区的应用

对于像 Carrefour 这样的大型超市来讲，每天商品的流通量较大。因此，在商场中，除了保证必定数量的库存商品外，每天还需要补进大批的商品，这就使得各网点收货区的工作异常繁忙。收货区的日常工作包含处理订单、送货单、数量核对、质量检查、入库等。通常的手工操作必须记载下每张订单的履行情况，再填写入库单等手工单据，最后，随货物一起送往仓库；仓库在收到入库单后，还必须将数据输入计算机。在这一过程中，除了手工单据固有的弊端外，另一个重要因素就是时间。因为对于大型超市来讲，管理人员必须非常及时正确地控制库存的情况，以便作出订货决定或制定经营策略。移动终端的应用使收货到入库过程省去了许多手工环节，除了减少了出错的可能性外，同时也保证了数据的时效性。由于商品数量的盘点，抽样质检都在收货区完成，因此当收货过程完成后，操作员只需要将入库单通过移动终端提交给主机，入库数据就可以及时地为管理人员所懂得。Symbol 的 PDT3140 产品配备了一维条码扫描引擎，收货区操作人员通过扫描条形码完成对入库商品的确认，使其在操作过程中涉及的键盘输入工作降低到最低限度。

二、库存管理

大型超市为了保证商品的不"断档"，必须保证一定数量的商品库存，但是库存的增加必然会导致各种管理成本的上升。因此，一个好的 MIS 系统应该能做到在保证正常的日常供应量的同时，将商品的库存量降低到最低限度（即所谓的安全存量），从而降低管理成本。这就需要 MIS 系统具有高智慧的经营统计分析和销售预测能力，当然，还必须建立在数据库实时更新的基础上。仓库管理包括常用的入库和出库管理，入库的工作已经由收货区完成了大半，在各个部门的仓库，只需要清点一下到货数量（以防在运送中丢失），就可以完成入库过程。对于一个 MIS 系统中的安全存量管理来讲，它应该能够做到定期检查仓库中商品的库存量，当发现一种商品的库存量已经少于或接近于其安全存量时，应及时提醒管理员补足库存。当理货员到仓库领取商品时，仓库管理员在移动终端上输入领取的商品数量，主机数据库就会自动地更改商品库存。当然，在仓库的库存管理中，还包括库存商品清点、数量调整等日常的数据维护工作。

三、商场盘点

Carrefour 每个网点的商品不下万种，像其他的超市经营一样，每月必然会有一次库存商品的盘点工作。然而这成千上万种商品需要在一天时间内清点完毕并输入电脑，其工作量之大可想而知。在以前的手工流程中，理货员清点完一类商品后，将盘点数量记录下来，再清点另一类商品，最后，将所有的盘点数据单提交给数据录入员输入电脑。由于数量清点和电脑录入工作都需要耗费大量的时间且又不能同时进行，因此往往会出现起先电脑录入员无事可做，然后忙得焦头烂额的情况；而理货员则是盘点时手忙脚乱，而后围在电脑录入员身边等待盘点结果。这样的场面，几乎每个月都要发生一次。小超市如此，对于大型仓储式超市尤为严重。无线网络通信的实施，彻底杜绝了这种现象的发生。理货员手持移动终端，直接在货架上扫描商品条形码，然后清点库存数量，清点完毕，从移动终端输入盘点数量，提交该数据后，主机数据库便对盘点结果和数据库中的库存数量进行比较，通过移动终端的显示屏幕将盘点结果返回给理货员。无线网络通信技术省去了盘点过程中许多手工输入的步骤，由于商场中的商品都已经实现了条形码化，因此，PDT3140 的条形码扫描引擎发挥了最大的功效。而在手工盘点阶段，电脑录入员必须逐个输入商品的缩位码，才能从数据库中取出该条商品的详细资料。以每个商品 5 位 SKU 计算，对于一个 10000 种商品的超市，电脑录入员在每次盘点过程中需要多键入 50000 次键盘。

资料来源：陈玉兰，张学兵. 论移动信息技术在物流业中的应用 [J]. 商业时代，2009（20）.

➡ 问题：

在大型超市物流管理中应用移动信息技术，能为其物流环节带来哪些好处？

第三节 移动物流的商务模式

目前，移动物流的商务模式一般来说可以分为三种：自营物流、第三方物流和混合物流模式。

一、自营物流

电子商务企业自营物流主要有以下两种情况：

一是传统的大型制造企业或批发企业经营的 B2B 电子商务网站，由于其自身在长期的传统商务中已经建立起初具规模的营销网络和物流配送体系，在开展电子商务时只需将其加以改进、完善，就可满足电子商务条件下对物流配送的要求。

二是具有雄厚资金实力和较大业务规模的电子商务公司，在第三方物流不能满足其成本控制目标和客户服务要求的情况下，自行建立适应业务需要的畅通、高效物流系统，并可向其他的物流服务需求方（如其他的电子商务公司）提供第三方综合物流服务，以充分利用其物流资源，实现规模效益。

海尔集团就采用的是自营物流商务模式，于 2000 年投资建设了海尔国际物流中心，并提出了向第三方物流发展的战略。

但是，自营物流模式并不是所有企业都能采用的，这毕竟需要雄厚的实力作为后盾，中小电子商务企业很难达到。

二、第三方物流

现在比较流行的移动物流解决方案就是发展第三方物流（Third Party Logistics，3PLs）。

（一）第三方物流的定义

第三方物流又称为代理物流或外包物流，是指商流中的物流环节，不再由商品的生产或流通企业自给自足地完成，而是由物流劳务的供方、需方之外的第三方去完成物流服务的物流运作方式。

第三方就是指提供物流交易双方的部分或全部物流功能的外部服务提供者。具体地说，就是商品的生产和流通企业，把商流中的物流活动以合同方式委托给专业物流服务企业，同时通过信息系统与物流服务企业保持密切联系，以达到对物流全程的管理和控制。因此，第三方物流又叫合同制物流或契约物流。从某种意义上，可以说它是物流专业化的一种形式。

第三方物流与电子商务企业自营物流相比，不仅可以节约社会资源，降低物流成本，而且为物流实现专业化、规模化效益提供了可能，故第三方物流是移动物流的重要发展方向。

(二) 第三方物流的竞争优势

纵观社会发展的历史，分工是最有效率的一种提高效益的方式。随着物流的发展，也必定会产生专业化的物流，也就是分工后的物流，被称为第三方物流。西方国家的物流业实证分析证明，独立的第三方物流至少占社会的50%时，物流产业才能形成，第三方物流的发展程度体现着一个国家物流业发展的整体水平。总的来看，第三方物流的竞争优势有以下四点：

(1) 第三方物流能使电子商务企业从运输、仓储等相关业务中解脱，集中精力于核心业务，这便是专业化分工的好处。如果每个电子商务企业都要建立自己的物流系统，那么它们的精力便不仅仅是生产、销售，这样就会对企业的核心业务产生影响，企业精力会分散，而这不利于企业保持其竞争优势。第三方物流的出现很好地解决了这一矛盾，使企业能够集中精力发展核心业务，同时其产品的供应等环节又不会出现问题。

(2) 第三方物流能够为电子商务的发展，提供良好的商务活动后期环境和巨大的市场需求。许多第三方物流企业在国内外都有良好的运输和分销网络，电子商务企业可以通过与第三方物流商供应链集成，借助这些网络扩展国际市场或其他地区市场。这其实是一个"双赢"的过程。物流企业通过承担电子商务企业的部分业务，使其自身得以生存发展。与此同时，电子商务企业通过第三方物流很好地解决了运输、仓储等问题，并且无形地借助第三方物流扩大了自己的影响，拓展了自己的业务。

(3) 第三方物流能降低物流成本。就电子商务企业来说，若是自己建立物流系统，会造成很大的资源浪费，同时管理上也存在很多问题，毕竟企业的核心优势并不在此。就第三方物流企业来说，它综合地利用了专业化物流管理人员和技术人员以及物流设备、设施，发挥出专业物流运作的管理经验，使商品流通较传统物流和配送方式更容易实现信息化、社会化。

(4) 第三方物流企业能确保物流服务质量的改进。在动态物流联盟中，电子商务企业、第三方物流及IT服务提供商和管理咨询公司都以各自的核心能力参与进来，并充分利用了信息共享平台。在它们之间，第三方物流企业更像是充当了中介与桥梁。

三、混合物流

混合物流模式是指"第三方+自建模式"的混合模式。这种模式节约了配送成本，充分利用了开放性的社会资源，尽可能地提升了顾客体验。但是，混合模式不利于集中管理，一定程度上会分散企业的核心竞争力，需要企业投入更多的人力资源。

第四节 移动物流识别服务

一、移动物流识别服务的定义

移动物流识别服务指的是移动物流识别系统所能提供的激光条形码扫描器、RFID射频卡读卡器、GPS定位、一体打印、IC卡读卡器、集群对讲、磁条读卡器等服务。

二、移动物流识别服务的关键技术

新一代的移动物流系统，也就是第三代移动物流系统融合了3G移动技术、智能移动终端、条形码、智能标签、无线射频识别（RFID）等自动识别、VPN、身份认证、地理信息系统、Webservice以及商业智能等多种移动通信、信息处理和计算机网络的最新的前沿技术，以专网和无线通信技术为依托，使得系统的安全性和交互能力有了极大的提高，为电子物流人员提供了一种安全、快速的现代化移动办公机制。

移动物流识别服务的关键技术主要有以下两个：

（一）智能移动终端

IDC报告数据显示，2010年第四季度全球智能手机销售数量首次超过PC。其中智能手机出货量达到1.9亿部，较上年增长87%。移动互联网时代，智能移动终端的发展势不可当。

智能手机已经成为越来越多的用户享受移动互联网业务的重要界面，终端和业务深度融合的趋势日益明显，终端对业务能力的支持程度将直接影响移动互联网业务的推广和普及。抓住了终端就抓住了用户，就抓住了移动互联网发展的关键砝码。终端已经成为移动互联网时代各方争抢的战略资源。

（二）射频辨认技术

射频辨认技术是一种利用射频通信实现的非接触式主动辨认技术。RFID标签具有体积小、容量大、寿命长、可重复应用等特点，可支撑快速读写、非可视辨认、移动辨认、多目标辨认、定位及长期跟踪管理。RFID技巧与互联网、通信等技巧相联合，可实现全球领域内物品跟踪与信息共享。

从物流信息技巧的利用情况及全球物流信息化发展趋势来看，物流动态信息采集技巧利用正成为全球领域内重点研究的领域。我国作为物流发展中国家，已在物流动态信息采集技巧利用方面积累了一定的经验，如条形码技巧、接触式磁条（卡）技巧的利用已经很广泛，但在一些新型的前沿技巧，如RFID技巧等领域的研究和利用方面还比较落后。专家分析认为，RFID技巧利用于物流行业，可大幅提高物流管理与运作效率，降低物流成本。另外，从全球发展趋势来看，随着RFID相关技巧的不断完善和成熟，RFID产业将成为一个新兴的高技巧产业群，成为国民经济新的增长点。因此，RFID技巧有望成为推动现代物流加速发展的新型润滑剂。其他还有内部办公，如会议通知、送货信息和提货确认。

案例分析

移动数据终端在邮政业务中的应用

随着国民经济和社会的快速发展，物流行业内的发展与竞争的激烈程度呈现前所未有的态势，客户需求也呈现多元化、个性化的发展趋势，现有的物流系统对这一发展要求已显得力不从心，因此急需建设一个综合物流信息化平台。而自动识别技术，是将信息数据自动识读、自动输入计算机的重要方法和手段，为我们提供了快速、准确的数据采集输入的有效手段，充分解决目前物流行业中存在的问题。方案通过与计算机系统结合，使用条形码及RFID自动识别技术、移动手持终端技术构建综合物流信息处理平台，充分实现快递物品信息的一点录入、全程共享；为用户提供全程实时动态跟踪查询；实现处理信息、系统运行状况、业务运作质量的监控管理，同时为各级管理者提供真实、有效、及时的管理和决策支持信息，为业务的快速发展提供支撑。

移动数据终端是结合条形码技术，掌上电脑技术和GPRS技术的条形码采集设备。在快递物流的项目中，帮助快递公司准确和快捷地为客户服务。在快递业务中，如何准确地掌握快递流程的跟踪；有效分析、管理快递人员的工作，以及客户及时了解自己交付的货物的运输状况，这些都是评价快递公司水准的一个要素。

移动商务应用

我们可以借助于互联网技术、条形码技术、短信平台技术以及 GPRS 的新技术，可以很快地掌握信息，加快服务的精确度，提高工作效率，减少出错率，降低运营成本。图 5-2 为移动数据终端的结构。

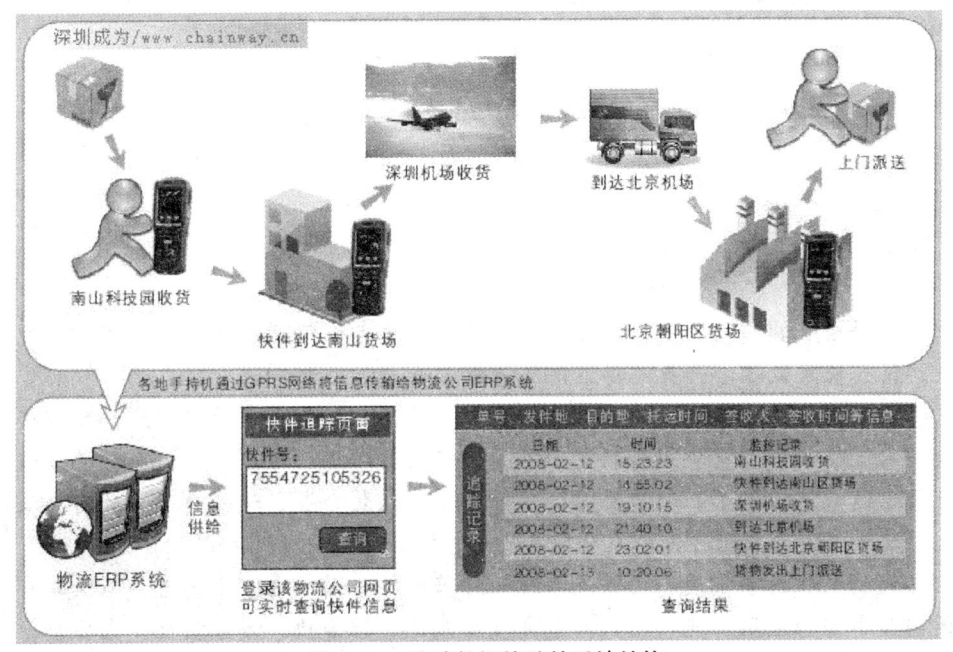

图 5-2　移动数据终端的系统结构

一、快件单据条形码标志

使用条形码标签打印机打印或者打印快件单据，对每件货物或者信件进行唯一条形码标志，以便快递系统对快件进行跟踪和客户对快件进行查询。

二、快件流通信息采集与传输

使用 C5000 移动数据终端在快件揽收、运输、投递等过程进行条形码扫描，并通过无线 GPRS 网络将数据信息传送至信息平台。

三、信息平台增值服务

信息平台对物流系统运行信息进行统计、管理和分配，为快递公司和用户提供各种定制化增值服务，实现了物流快递业务的移动计算管理，增强了快递的竞争化优势。三大业务功能，并实现上门揽收货物、员工 ID 自动加载、自动取号、现场状态确认、包裹单号自动读取、快递送达签收、递送过程监控等多项实用的业务模块。

快递业先进的物流自动化设备和技术，与优秀的信息系统平台为依托才能更好地发挥作用，自动化设备和技术可以从硬件上提高工作的效率、减少人力

移动商务应用

操作的失误率,而信息平台从软件上为物流企业提供大量的管理数据信息,用以作为管理决策的依据。自动化设备和技术与信息平台的集成,特别是移动终端的应用可以极大地提高配送的及时性、准确性和信息获取的实时性。

资料来源:信华翰.移动数据终端在邮政包裹、快递业务中的应用 [DB/OL]. http://cache.baidu.com, 2012-01-09.

问题:

简述移动数据终端是如何促进快递业务的发展的?

本章案例

数码星辰移动物流系统解决方案

数码星辰的移动物流系统是集信息处理技术、移动通信技术、地理信息处理、信息采集技术于一身的物流信息管理系统。

数码星辰的移动物流系统有物流跟踪模块、定位模块、物流调度和管理模块、物流机构管理模块以及物流业务分析模块等组成,可应对任何类型的物流业务。适应行业包括:物流公司、生产企业、销售企业、运输公司、政府、海关外贸、医疗、交通企业以及保险企业等。

数码星辰的宇宙盾移动物流系统又称移动物流通或者掌上物流,不仅具有国内最丰富的应用功能,而且具有高度智能化、部署快、高可靠性、高安全性和极大灵活性。其独创的环境自适应能力,具有世界领先水平的小于2.5秒的响应速度和支持超过5000个并发访问的卓越品质引领了移动应用软件的新潮流,也显示了数码星辰强大的技术优势。

北京数码星辰提供专用的工业级多功能移动终端支持激光条形码扫描器、RFID射频卡读卡器、IC卡读卡器、磁条读卡器等功能。宇宙盾移动物流系统也支持包括iPhone、Windows Mobile、Google Android、黑莓、诺基亚等几乎所有类型的智能手机终端。

北京数码星辰具有完全自主知识产权的DS-MPIS移动物流系统集成了GPS定位、物流业务响应等高级功能,而且部署快,并具有极高的可靠性、安全性和灵活性。其小于2秒的响应速度和支持超过1000个并发访问的卓越品质更显示了北京数码星辰无与伦比的技术优势,为物流业务应急响应工作提供一个灵活方便的移动工作平台。

数码星辰的移动物流系统既可以应用于使用桌面电脑和笔记本的政府和企业的内部网,也可以用于使用智能手机和PDA的无线网络,还可以为用户提供有线、无线以及离线的多种解决方案。数码星辰的移动方案可以应用于包括

GPRS、CDMA、EDGE、Wi-Fi、3G 等所有无线数字网络。

数码星辰移动物流软件除了支持常用的客户管理、订单管理、物流计划、车辆管理、维修管理、仓库管理、运输管理、车辆和货物定位、调度管理、结算管理、统计报表管理等移动物流功能，还支持待办事宜、待阅事宜、电子邮件、移动审批、移动信息录入、物流信息查询、组织机构管理、日程管理、联系人管理、公文浏览、下载和转发、系统管理等常用的移动办公功能。用户可以根据自己的需要方便地选择任何功能模块组合。数码星辰的移动物流系统还可以集成手机定位技术，实现对人员考勤、货物及车辆定位等功能。数码星辰的移动物流管理系统还支持 RFID 和条形码扫描，实现对物流的自动识别与管理。

数码星辰既可以根据您的需要为您定制全新移动办公系统，也可以与您现有的数据资源或者软件系统无缝地连接，为现有的环境提供一个高安全、高可靠、高效率的移动工作平台。

移动数码星辰的移动物流系统既满足物流业务处理的需求，同时也可以确保政府内部信息和网络系统的安全。数码星辰的 DS-MPIS 移动物流系统在系统和网络的每一个环节上的安全问题均作了最周全、最严密的设计考虑。该系统采用经过公安部和国家保密局认证的宇宙盾安全隔离与信息交换系统，采用移动通信端到端加密算法的 VPN 技术、严格的认证机制和独特的单向数据库同步技术，可以有效地保护政府和企业内部网的安全，防止了信息的泄密，杜绝了犯罪分子侵入物流业务管理系统的任何企图。

资料来源：北京数码星辰科技有限公司. 移动物流：数码星辰移动物流系统［DB/OL］. http://soltion.it168.com. 2011-10-08.

问题讨论：

1. 该解决方案中用到了移动物流的哪些技术？
2. 北京数码星辰科技有限公司采用了移动物流领域的哪种商务模式？分析其利弊。

本章小结

移动物流，一般是结合公众的蜂窝移动通信技术以及条形码扫描等短距离通信技术，用户可随时通过短距离通信技术获取物品的信息，并实时地利用蜂窝移动通信技术将动态信息传递给数据库，并在实时信息的基础之上实现动态而高效的物流管理。

移动商务应用

相对于传统的物流配送模式而言，移动物流配送模式具有能够实现货物的高效配送、能够实现配送的适时控制和能够简化物流的配送过程的优势；但也存在与移动电子商务相协调的物流配送基础落后、相关政策法规不完善、物流配送的电子化、集成化管理程度不高和移动物流配送的专业人才匮乏的劣势。

为了发展移动物流，需要建立基于运营商，面向移动物流提供商的移动物流虚拟专网。物流的信息化和网络化是实现移动物流虚拟专网的必然要求。

目前，移动物流的商务模式一般来说可以分为三种：自营物流、第三方物流和混合物流模式。自营物流模式需要雄厚的实力基础；第三方物流模式可以节约社会资源，降低物流成本，为物流实现专业化、规模化效益提供了可能，故为移动物流的重要发展方向；混合物流模式则可以节约配送成本，充分利用开放性的社会资源，尽可能地提升顾客体验。

另外，移动物流也离不开移动物流识别服务，如激光条形码扫描器、RFID射频卡读卡器、GPS定位、IC卡读卡器、磁条读卡器等。

本章复习题

1. 简要阐述移动物流概念。
2. 论述移动物流的优势与劣势。
3. 简要阐述移动物流虚拟专网的定义。
4. 列举移动物流的功能。
5. 列举移动物流的主要特点。
6. 简述移动物流虚拟专网的架构流程。
7. 搭建移动物流虚拟专网需要具备哪些技术条件？
8. 举例说明移动物流有哪几种商务模式？
9. 简述移动物流识别服务的概念。
10. 简单列举移动物流识别服务的关键技术。

第六章 移动政务

学习目的

知识要求　通过本章的学习，掌握：

- 移动政务的概念
- 移动政务的内容
- 移动政务的特点
- 移动政务的主要应用
- 移动政务的工作流程
- 移动政务的系统构架
- 移动政务的技术准备
- 移动政务的地位与作用

技能要求　通过本章的学习，能够：

- 掌握移动政务的内涵
- 理解移动政务的运作原理
- 掌握移动政务的系统构建
- 理解和运用基本的移动政务系统
- 理解移动政务系统层的安全机制
- 掌握移动政务应用层的安全机制
- 评价移动政务实施方案

移动商务应用

学习指导

1. 本章内容包括：移动政务的内涵、移动政务的系统构架、移动政务的作用。

2. 学习方法：独立思考，抓住重点；结合案例，体会移动政务的实现过程和效果。

3. 建议学时：8~10学时。

引导案例

长春信息港移动政务短信平台的启动

长春信息港是一个具有高度服务力的政府网站，它是长春市的门户网站和信息枢纽，也是连通市、县、区各党政机关，实现电子政务的专用网站。电子政务的应用，提高了党政机关的日常办公效率，进一步实现了信息资源共享，同时为市民和企业提供了极其广泛和专业化的服务。虽然网站的服务面非常广泛，但是公众上网的机会并不是人人都有，所以公众的普遍反映是服务的交互程度不理想，在线服务水平不高。以往政府公布的百姓热线及市长热线，需要耗费大量的人力与时间接听、记录和反馈给相应的职能部门，程序烦琐又不能够完全地倾听到百姓的声音。

为此，长春市政府建设的政府网站——长春信息港正式启动了移动政务短信平台。该短信平台实现了政府信息发布、市民意见反馈等多种功能，为政府与百姓之间搭建起一座移动沟通之桥，真正体现了政府为人民服务的宗旨，得到了公务员和广大百姓的认可与赞赏。该短信平台覆盖移动、联通、小灵通等多个网络用户，同时可以轻松实现短信上行和下行，百姓即使不登录网站，也可以通过手机给政府发送短信，为政府与百姓的沟通扫清了障碍。

移动政务短信平台启动后，长春市各委办局能够方便地利用短信中心平台客户端为公务员及公众发布政府信息。手机用户可以在登录长春信息港网页注册短信服务之后，直接利用手机短信反映问题。为体现长春市政府为百姓服务的精神，该系统增加了更多贴近百姓生活的服务项目，涵盖移动办公、审批短信提示、审批流程进度查询、政务短信提醒、政府信息发布以及与百姓生活息息相关的交通违章查询、燃气费用查询、供电费用查询、铁路和航空票务信息查询等。许多百姓在收到政府的回复短信之后纷纷表示，政府的工作效率和工作态度很让他们感动，政府与百姓之间的沟通变得更加迅速与便利，让老百姓深刻地感受到政府为群众办实事的决心。

　　移动短信平台在长春信息港的成功启动，加速了党政机关日常办公自动化、信息资源共享化、传输网络化、管理模范化、决策科学化目标的实现，使公务员和公众摆脱空间限制，随时随地地利用移动通信终端办理各种事务，为建设"信息化长春"提供了技术保障。随着各级政府2010年不断加大在移动政务领域的投入，长春信息港为移动政务领域的建设提供了不可多得的宝贵经验。

资料来源：郑杰."长春信息港"正式开通移动政务短线平台［N］.科学时报，2005-08-04.

▶ 问题：
1. 长春市政府是如何建设和拓展移动政务的？获得了哪些成效？
2. 这一案例体现出了移动政务的哪些特点？

第一节　移动政务的内涵

一、移动政务的概念及内容

（一）移动政务的定义

　　移动政务（Mobile Government，mGovernment）是指借助移动通信数据服务而进行的政务活动，亦称移动电子政务。它主要包括无线通信及移动计算技术在政府工作中的应用，通过无线接入技术如手机、PDA、Wi-Fi终端、蓝牙、无线网络等技术为公众提供服务。

（二）移动政务的内容

　　电子政务采用Internet技术，改变了传统的政府服务模式，提高了政府的行政效率。然而随着移动通信技术的发展，人们对于移动性服务的需求迅速增多，传统的基于固定网络的电子政务已经无法完全应对新的发展趋势，政府部门正逐渐采用移动和无线网络技术，并创造了电子政务的一个新的发展方向——移动电子政务。

　　移动政务是一种战略，它的实施包括利用各种移动技术、无线网络技术、服务、应用程序和移动设备，为参与政务的公民、企业和政府部门提供良好的公共服务。移动政务并不是电子政务的替代，在很多情况下，移动政务与电子政务是互补的。目前，移动政务也没有像电子政务那样有较完善的构建规范，一些国家（如希腊等）甚至将移动政务作为电子政务的一部分。

二、移动政务的特点

移动政务是基于无线网络技术的新型电子政务模式，具有不受网线、网络接口的限制、配置简单、应用灵活等特点。

（一）政府实现无线办公

移动政务可使政府各部门告别穿线架管，甩掉线缆包围，实现"无线办公"。办公人员可以随意改变办公位置，可以随时随地通过短信接收政府快报、公文提要、重要文件到达提示等。因此，移动政务可以改进办公的流程，减少人力、物力的消耗。

（二）民众增加政务参与

移动政务让民众告别了在窗口前排队等待的焦虑，节省了时间；使民众能随时和政府沟通，可使用适当的权限进行申请、查询、上访等服务；也方便民众及时收到紧急预警，做好防范措施。

三、发展中国家的移动政务

近年来，发展中国家的移动政务快速发展，其主要原因如下：

第一，移动用户的快速增长与渗透。相对于过去，更多的人拥有移动设备可接入电子服务与电子信息。

第二，手机将民众接入互联网。在加纳，乡村民众即可通过通用无线分组业务（GPRS）提供的手机无线应用通信协议（WAP）体验互联网。

第三，移动性。民众可以随时随地地获取信息。

第四，非排他性与偏远地区接入。移动手机可触及那些互联网及有线电话基础设备难以建立的地区。在发展中国家，移动技术在政府的运用已经成为其与偏远地区民众接触与联系的重要手段。在这些国家，由于普遍的远程电信设施的缺乏及对手机更为广泛地接受，对偏远地区的接入已经成为移动政务的一个显著特征，移动技术更是解决了他们被社会边缘化的问题。

第五，低成本。移动手机是一项相对低成本的技术，相对于互联网技术大众可以通过自行购买而获得。

第六，便于学习。手机设备的使用相对简单，因此民众便于学习并获取信息。

第七，便于基础设施建设。由于移动技术的发展，新的手机网络可便捷地在各地建立，尤其是那些基础设施落后及经济欠发达的地区。

第八，电子政务的进步。移动政务并非完全取代电子政务，而是一个有效补充。它更是在一定领域扩展了电子政务的范畴，如电子民主、电子参与、电子投票以及其他更多政府与公民交流互动的形式。

案例分析

发展中国家的移动政务

移动技术是现代信息技术革命后的第二浪潮，移动性与无线性是其两大独特优势。其中移动性最受赞扬，尤其是像掌上电脑、笔记本电脑、移动电话、平板电脑等移动设备都能将用户免费接入台式电脑。无线性是指在计算设备与数据来源间不存在物理连接。近年来，移动设备的使用已逐渐成为一种趋势，主要是由于其设备的低成本、不发达国家与发展中国家基础设施的必然选择、生活方式的转变、设备功能的改进等原因。根据市场研究机构 eMarketer 的数据，无线网络用户人数已在 2007 年年底超过了有线用户，占所有网络用户的 56.8%。

尤其是在非洲，手机用户占绝对主导，其固定电话用户则被视为例外（渗透率为世界最低，仅为每 100 人中 3 台）。由于有限的固定线路数量从而产生有线宽频接入的障碍，也造成非洲宽频市场中无线宽频的主导地位。价格的下降及许可证的增加可能在未来几年使 3G 得以广泛使用，以改变目前的局面。

广泛的无线覆盖也是造成在农村及偏远地区手机远高于有线设备渗透率的主要原因，尤其是在远程通信基建并不完善的发展中国家。此外，移动政务格外适用于那些网络使用率低但手机渗透率却急速增长的发展中国家的城市和地区。因此，在发展中国家，由于电子政务面临诸多障碍，绝大多数人口生活在农村且基础设施还未完善，移动政务恰是政府向农村社区提供服务的绝佳选择。

发展中国家的政府可通过以下三个阶段来实施移动政务：首先，应发展在危急时刻，如地震、火灾、洪水及灾难暴发时能向公众传递信息的相关应用，这种类型的服务是政府对公众单方向性的；其次，发展那些能加强政府与公民互动的应用，这能鼓励公民参与、增强社会民主并对政府问责；最后，发展高互动性的移动政务应用，从简单的交易，如税金、账单的支付，到移动认证卡。此时，公民手机的功能不仅只是打电话，还是认证卡、支付钱包、驾照和医保卡。

通过移动电话可开发大量潜在公共服务供给及沟通业务，如医疗、农业、教育、就业、交通法令、税金、司法体系等相关服务。移动支付已在一些东非国家试行，这也为更为广泛的公共服务交易（如交通费与学费支付等）提供了更多的机遇与可能。然而，整合系统与后台运行非常复杂。表 6-1 总结了东非卢旺达、肯尼亚、乌干达、坦桑尼亚等发展中国家开发的移动政务应用。

表 6-1　东非部分国家移动政务应用案例

	应用	政府机构	描述
政府新闻信息更新	道路安全	肯尼亚交通许可委员会	● 允许乘客向肯尼亚交通许可委员会报告公共汽车违反相关规定的情况
	电子服务提供	肯尼亚移民部	● 身份证办理程序信息 ● 护照办理信息
	选民登记	肯尼亚选举委员会	● 在 2007 年肯尼亚助选时，选举委员会开放选民可通过手机短信将身份证号码传送给服务器
农业服务	电子 Soko 项目	卢旺达农业部（电子卢旺达）	● 农业市场价格信息系统使农民可获取不同市场中商品的价格，2009 年由卢旺达农业部开始运行
	集市信息与服务（MPAIS）	乌干达、卢旺达	● MPAIS 是以需求为导向的信息服务平台，它收集需求与供给信息后，通过短信传送给农民和推广人员，该项目自 2005 年起运行
金融服务	公共事业账单支付（短信媒体、电气、国家电力公司）	卢旺达	● 此项服务是提供卖电子预付费卡，借以电话费预付卡模式，企业家批量购买电子预付费卡后再在国内售出
	电子账单	肯尼亚能源照明有限公司	● 通过手机支付账单 ● 电子账单是一种电子查询账单的服务，用户可通过短信随时查询电子账户余额及到期账单
法律执行	公共预警系统（EFulusi 公司、坦桑尼亚警察局）	坦桑尼亚	● 坦桑尼亚警察实施短信预警系统，这使得警察及时了解任何关于犯罪、违法或紧急请求的报告

资料来源：袁文蔚，李重照，刘淑华. 发展中国家移动政务的机遇与挑战 [J]. 电子政务，2011（6）.

➡ 问题：

为什么移动政务在发展中国家能得到快速发展？

四、移动政务的优势

（一）普及政府服务，有效解决数字鸿沟

手机用户远远超过拥有计算机的人数，这一点在西部地区、农村地区尤其突出。如何消除数字鸿沟，为更多民众提供优质服务，是众多电子政务专

家一直在争论的话题。提供政府服务的各种渠道中，如办事大厅、互联网、无线网络、数字电视、信息亭、呼叫中心、传真、普通邮件等，无线通信网络是覆盖范围仅次于呼叫中心的。在政府对于民众服务方面，全面普及以短信服务为代表的移动政务，是当前各种方案中投资小、见效快的最佳方案之一。

（二）实时性强，提高办事效率

相对于台式机、笔记本电脑，移动终端更便于携带，能够更好地实现随时随地处理信息。无论是普通公众，还是政府的工作人员，移动政务实时传输信息这一特性可以有效提高办事效率。这一点对于执法部门、应急服务部门尤其重要。例如，交警部门使用移动车辆监控系统，可以拍下行驶中车辆的牌照号码，实时传输给后台系统查询这一车辆的相关信息，从而决定是否采取措施。

（三）容易同其他信息系统集成

与传统语音通信进行比较，当前利用计算机进行语音、文字互相转化的技术并不成熟。有些地区的呼叫中心，采用人工录入的方式将语音转换为文字，成本较高。而短信系统很容易与 OA、ERP、CRM 等系统集成，有效实现信息的传递。

（四）有效避免热线电话占线问题

很多政府部门的热线电话，存在占线问题。采用多中继线接入，建立呼叫中心固然可以在某种程度上缓解这一问题，但是，这一方案成本较高，很难大面积推广。短信信息系统不容易出现堵塞问题，可以有效地解决这一难题。

五、移动政务的主要应用

移动政务在基于统一的技术架构上构建起电子政务应用内外网平台，可以实现单点登录、安全访问、个性化办公流程、信息交互和信息共享、报表生成、表单填报审批、公文处理、邮件服务、会议组织、日程安排、个人办公、信息查询汇总、档案管理、管理监督计划统计等应用的功能，实现各级行政主管部门协同应用、互联互通、信息资源共享、网上办公等，提高移动政务办公的效率。移动政务的更多应用如图 6-1 所示。

移动商务应用

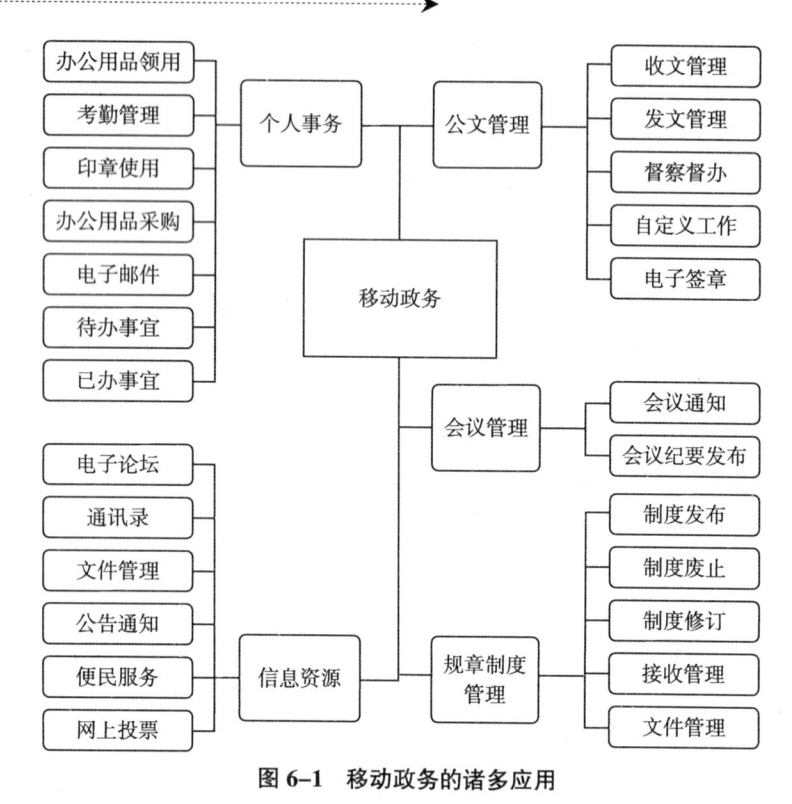

第六章 移动政务

图 6-1 移动政务的诸多应用

移动政务
- 个人事务
  - 办公用品领用
  - 考勤管理
  - 印章使用
  - 办公用品采购
  - 电子邮件
  - 待办事宜
  - 已办事宜
- 公文管理
  - 收文管理
  - 发文管理
  - 督察督办
  - 自定义工作
  - 电子签章
- 会议管理
  - 会议通知
  - 会议纪要发布
- 规章制度管理
  - 制度发布
  - 制度废止
  - 制度修订
  - 接收管理
  - 文件管理
- 信息资源
  - 电子论坛
  - 通讯录
  - 文件管理
  - 公告通知
  - 便民服务
  - 网上投票

案例分析

矿产执法检查中的移动政务应用

矿产是支持国家经济发展的重要资源，提高矿产执法检查能力，以监测矿产资源开发状况及发现不当开采引发的生态环境问题，是矿业管理质量的保证。矿区通常远离城市中心，传统电子政务很难实现及时、高效的矿产执法检查。

基于移动 GIS 的移动政务将提高矿产执法能力：移动端下载矿产执法检查所需的数据，利用移动 GIS 丰富的地理属性采集，可实现矿业矿产开发点状况、固体废弃物堆放情况、矿产开发引发的环境问题的监测；利用 GPS 定位功能，现场采集实际开采边界，配合实时的现场照片，鉴别非法开采或越界开采，将极大地提高矿产执法检查效率，检查过程如图 6-2 所示。

移动商务应用

a. 现场执法检查　　b. 拍摄越界开采照片　　c. 实地信息采集

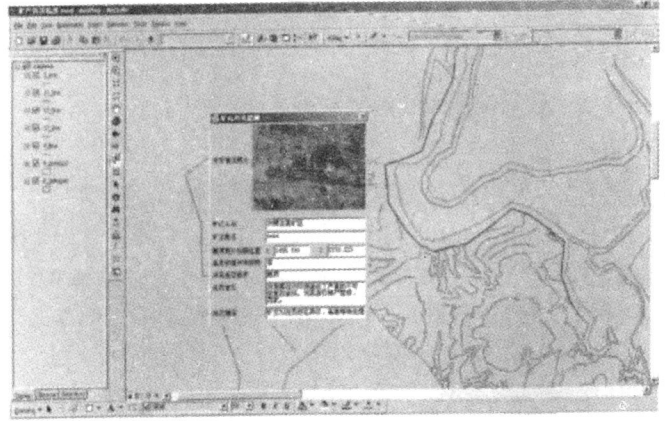

d 服务器监督执法情况

图 6-2　矿产执法检查

资料来源：宋伟东，孙贵博. 移动 GIS 与移动政务的结合［J］. 地理信息世界，2010（6）.

问题：

请简述移动政务是如何应用到矿产执法检查工作中的？移动政务给矿产执法检查工作带来了哪些变化？

第二节　移动政务的系统构架

一、移动政务的工作流程

移动政务的一般工作流程可表示为：办公数据沿"内网入口→各门户入

口→各门户数据库→具体信息管理系统→中心数据库"路径在系统中流转，各级政府部门可通过身份认证访问各级数据库，并对数据实现导入、增删、修改、更新等操作。

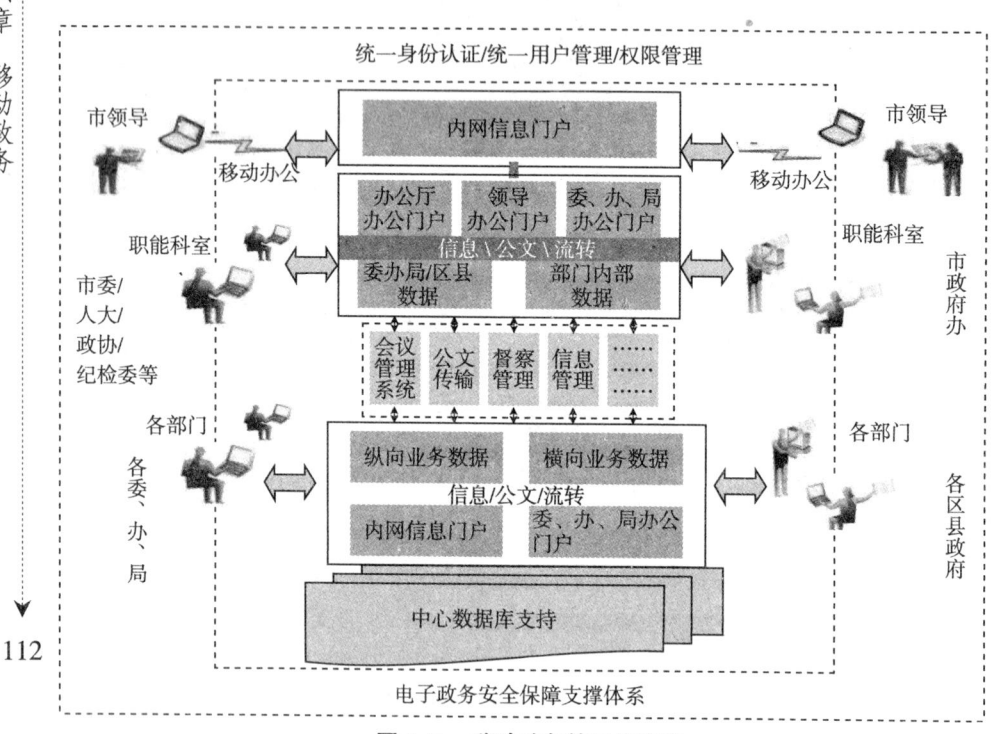

图 6-3　移动政务的工作流程

如图 6-3 所示，以某市政府办公厅为例，支撑平台上运行的内网信息门户为统一入口，展示内网政务公开及办公等相关信息，同时提供领导办公门户、办公厅办公门户、委办局办公门户入口，为市领导、办公厅工作人员及各委、办、局工作人员，实现公文及信息的审批、发送等内部横向信息流转。同时涵盖委办局上传来的信息，通过信息的下发，间接实现委办局之间的信息横向流转。各功能之间还可以通过数据交换协同工作，资源共享，形成以市政府办公厅为中心，纵横交错的网上办公文档一体化系统。

二、移动政务的系统构架

移动政务根据不同的交互层次，可分为以下四类：
（1）移动政务和政府之间（mG2G），指的是政府机构间的关系和相互作用。
（2）移动政务和企业之间（mG2B），描述政府和企业之间的互动。

（3）移动政务和政府雇员之间（mG2E），关心政府和政府雇员之间的交互。
（4）移动政务和公民之间（mG2C），强调政府和市民之间的交互。

移动政务的系统构架见图6-4。

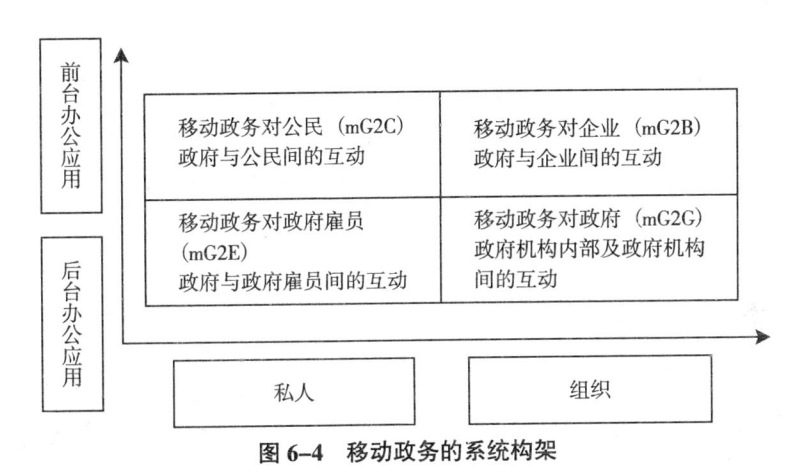

	移动政务对公民（mG2C） 政府与公民间的互动	移动政务对企业（mG2B） 政府与企业间的互动
前台办公应用	移动政务对政府雇员（mG2E） 政府与政府雇员间的互动	移动政务对政府（mG2G） 政府机构内部及政府机构间的互动
后台办公应用	私人	组织

图6-4 移动政务的系统构架

三、移动政务的技术准备

（一）基本支撑技术

移动政务的支撑技术有 SMS（Short Message Service，短信息服务）、GPRS（General Packer Radio Service，通用无线分组业务）、CDMA1X 和 LBS（Location Based Services，基于位置服务）。

SMS，是手机之间或电脑与手机之间通过信令频道传输信息的一种服务。SMS 并不占用独立频道，所以信息传输可以在移动通信网络上与语音、数据和传真服务同时进行。GPRS、CDMA1X 以及方兴未艾的 3G 技术，都可以用于传输数据。

理论上 GPRS 速度是 170kb/s，而实际速度是 30~70kb/s，CDMA1X 的传输速度最高可达 153kb/s，稳定状态下的速率可达 70~80kb/s，国外应用 3G 速度由 154~384kb/s 不等。

3G 的网络建设、终端购买投资成本较高，短期内还主要得依靠 GPRS 以及 CDMA。科学家已经研制出一套网络加速设备，可以使 GPRS 最高加速到 3.28 倍，缓解了带宽的压力。LBS，通过移动网络获取移动终端用户的位置信息，在地理信息平台的支持下，为用户提供相应服务，包括车辆监控、特定区域警报信息（例如，林区可以对刚刚达到林区的手机发送防火提示）。

同传统电子政务类似，移动政务也可以用于政府部门对政府部门（G2G）、政府对政府雇员（G2E）、政府对于企业（G2B）以及政府对公民（G2C）。这一分类同传统意义电子政务没有差别。

从信息传输的方向看，移动政务大体可以分为三类：信息发布、信息采集以及信息交互。

1. 信息发布

在 G2C、G2B 方面，包括政府各种日常信息以及紧急信息的通知，如护照办理信息、纳税信息以及灾害预警信息。2003 年 SARS 期间，面对一个影响非常恶劣的谣言，中国香港政府向当地居民发送短信予以解释，收到了非常好的效果。这一事件，使得中国香港成为全世界第一个采用短信息大范围发送通告的地方政府。在 G2E 方面，政府可以利用 OA 系统集成短信息服务，向政府雇员发送会议通知、任务安排等信息，这是当前中国各地政府在移动政务探索方面应用最广的一种类型。

2. 信息采集

例如，政府利用短信息进行的各种调查，公民在遇到市政设施破损时给政府发短信提醒。信息采集也可用于监控，广州移动利用移动通信网络及增值服务，建立一套应用于交通、环保、水文、气象、供电、供水、管道天然气、煤气供应等基础设施和服务领域，对各类现场采集后的数据进行实时传送，使有关部门及时掌握城市整体运作动态。

3. 信息交互

例如，经常需要现场办公的执法部门、市政部门利用 GPRS 查询车辆信息、公民信息或者地下管网信息，也可用于查询公共汽车、航班的实时信息。

从无线数据通信技术在系统中的重要程度分析，移动政务可以分为两种：一种是作为传统电子政务的补充，另一种是完全以移动通信技术为核心的全新应用。前者，如我国香港地区政府网站有针对 WAP 格式的版本，杭州市市民信箱可用短信访问。这些系统，利用移动通信的功能模块是原有系统的一个扩充，是系统多渠道服务方式之一。对于原有系统影响较小，投资少，更容易实现，大部分早期建设的移动政务系统属于这一范畴。后者，其代表包括市政基础设施 GPRS 监控系统、公共汽车距离查询系统，这些系统充分利用了移动通信系统的优势。例如，在海外度假的瑞典人可以给瑞典海关发短信，查看其所享受的免税额度。GSM 网络可以自动鉴别出手机用户所在国家，用户自己不需要通知系统自己身在何处。

（二）公钥加密体制的选择

在加密、签名算法方面，虽然无线 PKI 支持传统的签名算法，如 RSA 算法，但是从执行和资源的角度看，在无线环境中执行这些算法是不合适的。椭圆曲线加密体制（Elliptic Curve Cryptography，ECC）于1985年由Neal Koblitz和VieterMiller提出，它的数论基础是有限域上的椭圆曲线离散对数问题，现在还没有针对这个难题的亚指数时间算法。因此，在当今公钥密码体制中，ECC具有每比特最高的安全强度，其典型密钥长度比其他算法如RSA小6倍，如163位密钥的ECC具有与1024位密钥RSA、DSA相同的安全强度，这使得密钥存储、证书尺寸、内存使用、数字签名过程更为有效。

（三）无线应用协议

无线应用协议（Wireless Application Protocol，WAP）由一系列协议组成，用来标准化无线通信设备，如移动电话、移动终端；它负责将互联网和移动通信网连接到一起，客观上已成为移动终端上网的标准。WAP将移动网络和互联网以及互联网紧密地联系起来，提供一种与网络种类、承运商和终端设备都无关的移动增值业务。移动用户可以像使用他们的台式计算机访问信息一样，用他们的袖珍移动设备（如WAP手机——支持WAP协议的手机）访问互联网，从而在移动中随时随地在手机屏幕上浏览互联网上的内容，如收发电子邮件、查询数据、浏览金融信息和财经信息等。

（四）无线认证中心

无线认证中心（WCA）的建立有两种方法：第一种方法是建立一个全新的无线认证中心，专为无线应用服务，并通过一定的接口与有线CA进行数据交换和资源共享。这种实现方法与建立有线认证中心的方法类似，它的优点是将WCA与CA分开，可以更方便地执行安全策略，容易控制服务器的负荷平衡。第二种方法是将现有的有线认证中心扩展到无线领域。此种方法的优点是用户的程序只需较小的改动就可以支持无线认证中心；硬件投入少，对于已经存在的移动政务公钥基础设施减少重复建设，有利于移动政务的可持续发展。

四、移动政务的安全机制

移动政务信息系统由于其开放性和远程性，因此易受到计算机病毒和黑客攻击，造成系统被破坏，信息被窃取、篡改、删除等一系列后果，严重的还会造成系统瘫痪。另外，用户使用的终端设备的丢失和被盗，也成为可能泄露个性化信息的重要安全隐患。因此，建立移动政务的安全机制，对自身的终端设备进行加密或者对其他安全措施的处理，保护移动政务隐私信息的安全，是非常有必要的。

移动商务应用

案例分析

新加坡的移动政务建设

作为正处于亚洲经济、科技发展前列的一个新兴国家，新加坡较长时间以来十分重视信息化在引领国家经济与社会发展中的作用，特别是在电子政务发展领域取得了较为显著的成效。在联合国 2010 年电子政务发展报告的排名中，新加坡位次仅次于韩国：新加坡位居全球第 11 位，亚洲第 2 位。仅在移动政务发展方面，依托其通信基础稳固、普及率高的优势，新加坡积极发挥移动大力开发各类应用项目，取得了多方面的成就，为我们推进移动政务的发展提供了宝贵的经验和有益的启示，值得我们认真学习和研究。

一、70999 短信应急服务

70999 短信应急服务是新加坡警方专为听力和语言障碍者而设计的。70999 类似于 999 警察紧急热线的短信服务，用户只要将自己的手机号码和相关信息发送至预先注册的服务号码上，系统就会通过短信的方式对残障人士遭遇的紧急情况提供及时的应急支持。

这一项目是新加坡警方和新加坡国家福利理事会以及相关志愿者福利团体合作发起推出的，于 2008 年 5 月 5 日起正式投入使用。由于有听觉与语言障碍的人不能使用"999"热线，无法通过电话求救，因此新加坡警方为这一特殊群体量身定做了这项新的短信求救服务。目前，新加坡聋哑协会、新加坡视障儿童学校等 5 个福利团体属下的聋哑和失聪者已经开始使用这项紧急短信服务。广大用户对此项服务十分赞赏，认为政府为聋哑以及失聪者提供了一项既富人性化又能解决实际问题的服务，是一项实实在在的民生工程。

二、移动旅游服务

新加坡是世界著名的旅游胜地，迷人的风光和旖旎的海岛风情吸引着全球众多的旅游者。然而由于语言和环境的陌生，很多游客对新加坡的交通状况、旅游景点、购物中心等情况无法及时了解，因此要花费很多时间和精力耗在查找和询问的相关问题上，使得旅游的安排大受影响，实际的旅游效果也大打折扣。

为了解决这一问题，新加坡政府于 2008 年 2 月向所有游客推出了名为"数码服务台"的移动旅游信息服务。每一位来新加坡旅游的游客都可以从"数码服务台"的网站上将移动应用程序下载到本人的移动手机上，然后接入遍布新加坡各地的无线网络 Wireless@SG（Wi-Fi 网络）上，只要在线输入个人喜好和所在地点信息，即能获得相关的交通、饭店、商店和景点等各方面的信息。此外，"数码服务台"还同时提供最新零售促销活动进展等实时信息，并可让游客进入在线社区浏览、发表评论及发布照片等。

"数码服务台"项目充分应用了新加坡的超高速有线网络和无处不在的无线网络，有效提升了游客在新加坡的旅游体验，为游客灵活安排旅游活动、及时了解旅游信息、按需获得相关服务提供了方便。不难看出，"数码服务台"项目的实施对提高新加坡旅游业的服务水平，提高游客的满意度进而全面提升新加坡旅游业的国际竞争力有着不可低估的作用。

三、iHealth 服务

为了充分利用移动通信技术改善健康医疗服务、提高医疗保障水平，新加坡政府专门推出了基于移动通信的 iHealth（又称为"爱健康"）服务。这项服务是通过 iHealth.Sg 的软件程序来实现的，这一软件全面提供了新加坡范围内的所有医疗康复中心的情况，包括传染病预防诊断所，在传染病预防诊断所能够检测并治疗各类流行性疾病。

iHealth.Sg 是一款基于 iPhone 的程序，从本质上来说，它是对现存的医疗电子服务的整合，以方便公众能够通过 GPS 全球定位系统来查询并定位附近的医疗设施点，并且还能够从网络上查看医院等候区现场的实时图像。

新加坡移动政务的发展在比较短的时间内取得了较为显著的成效，总结其经验，主要可概括为以下四个方面。

一、政府主导，企业参与

虽然移动政务的主体理所当然的是政府，但是仅仅依靠政府的力量是不够完成的，还必须坚持"政府主导，企业参与"这一基本原则，新加坡政府为此做出了很好的探索。在政府主导方面，新加坡政府充分发挥国家信息与通信发展局（Info & Comm Development Authority of Singapore，IDA）的作用，由其统筹移动政务的发展和建设，并由其协调政府与相关企业的关系，解决建设和发展过程中存在的各种问题。可以说，没有信息与通信发展局（IDA）这一机构的组织、协调和大力度推进，新加坡移动政务的发展肯定达不到今天这样的成效。

与此同时，企业的参与对新加坡电子政务的发展同样功不可没。除了新加坡本土的移动通信服务商外，新加坡政府充分调动国内外相关服务企业参与移动政务发展的积极性、主动性和创造性，并通过构筑有效的政企合作关系，为移动政务发展提供技术和服务等方面的保障。

二、坚持以公众需求为中心

新加坡移动政务的发展自始至终坚持以公众的需求为中心，切实有效地解决公众面临的实际困难。以广受聋哑以及失聪者等残障人士欢迎的"70999"短信应急服务为例，由于该项业务以特定的弱势群体为服务对象，满足他们特殊的信息通信服务需求，起到了非常有效的作用。再如，中央公积金的手机查询、交通罚单的手机支付等，无一不是从方便公众、服务公众的需要出发的，也正因为如此，新加坡的移动政务发展有着非常坚实的用户基础，发展成效自然能够得到充分的保障。

三、整合资源，优化服务

移动政务的发展牵涉面十分广泛，而资源的整合又极为重要。为此，新加坡政府在新加坡信息与通信发展局（IDA）的统一组织下，对政府各部门的相关职能和服务进行了有效的整合，使其能更好地体现出政府服务的整合优势。

政府在提供移动政务业务的过程中，必然会遇到政府服务能力与公众服务需求之间的差异问题。面对这一问题，新加坡政府一方面通过加强与公众的互动，更好地把握公众对政府服务的需求；另一方面通过设立相关的评价体系改进服务，确保服务能力的不断提升。

四、加强管理，完善规范

移动政务的发展既是政府管理和服务的延伸，也是政府与公众新合作关系的构建，必然牵涉如何科学和规范管理的问题。新加坡政府从加强管理入手，积极推进制度规范建设。近年来，新加坡政府对移动政务相关问题进行了立法规范，通过法律手段为移动政务的发展提供保障，特别是在保护公众隐私权和企业信息安全方面进行了极为有效的实践与探索，为移动政务的健康快速发展提供了十分可靠的保障。

资料来源：姚国章，朱建国. 新加坡移动政务的应用与发展 [J]. 电子政务，2010 (12).

➡ 问题：

试总结新加坡移动政务发展的经验。

第三节　移动政务的作用

一、移动政务的地位

移动政务的建设和发展与电子政务是分不开的，是电子政务的补充与发展。移动技术的发展和逐步成熟，为政府部门进一步改善对公民的服务、提高政府管理水平创造了新的条件，对社会发展来说具有重大的意义。

二、移动政务的作用

在电子政务环境下，建设移动政务主要有以下作用：

（一）节约成本

节约成本主要包括两个方面：一个是政府机构运营成本，另一个是用户获得信息成本。

对于政府，如果移动政务建设良好，政府部门及其工作人员可以通过手机等无线设备进行移动办公，对固定的台式计算机的依赖性减弱，这样可以减少计算机的购置和维护费用。在平时办公中，需要用固定电话进行信息的交流，有些信息交流完全可以通过一条短信就能完成，成本肯定小于固定电话资费。通过电子化、移动化的办公，也能减少人力成本。

对于用户，如果移动政务建设完善后，用户仅仅通过手机就能获得所需的一些相关信息，通过短信的形式完成办理的业务，通过手机缴费来完成一些费用的缴纳，大大降低了用户原来所要花费的人力和物力。

（二）信息传递的便捷及时

移动政务的一大特点就是便捷性。这一特点在信息发布和搜集上体现得最为明显，尤其是在紧急突发事件状况下。当发生一些突然的自然灾害或是人为灾难时，群众会处于慌乱之中，手机的便捷性作用就显示出来，通过短信就可对群众进行通知和指引，对预防和事后救援能起巨大作用。这对于非常规危机事件的应对具有现实意义。

信息的搜集时，及时性也体现得比较明显。以往政府在搜集信息的时候，通过纸张问卷分发、热线或是通过网上搜集，时效性比较低。但是通过短信信息的搜集，便可以快速及时地得到群众的回应。

（三）促进 SP 手机增值服务业的发展

SP（Service Provider，服务供应商）指的是在电信运营商提供的平台下通过提供短信息、彩信等手机增值服务营利的机构，负责根据用户的需求开发和提供适合用户使用的服务。对于政府而言，在法律、法规允许的范围内，开放信息资源供 SP 使用，可以获得适当的经济回报以更好地推动政府信息化项目。例如，北京开通了机动车违章短信查询系统。司机可以发送特定信息查询自己的车辆违章信息，从而避免逾期不交费导致罚款。政府在为司机及时了解违章信息、减少损失的同时，也促使 SP 获得了利润。

（四）提高政府与群众间的互动，增加社会满意度

管制型政府的特点是，政务的业务是由政府决定，单向信息流动多，和百姓之间的互动非常缺少。但随着管理体制的改革，政府由管制型转为服务型政

府，增加了与百姓的互动。现在逐渐出现了短信投票、短信投诉和短信参政等活动，百姓可以通过手机发短信给政府，轻松便捷。由于百姓对手机的熟悉和了解，通过短信的这种方式也深得人心，大大地增加了互动的行为，群众的满意度也随之提高。

本章案例

印度喀拉拉邦的移动政务发展

印度共和国（Republic of India）位于亚洲南部，是南亚次大陆最大的国家。印度不仅是四大文明古国之一，而且还是世界三大宗教之一佛教的发源地，具有绚丽多彩的文化遗产和旅游资源。印度国土面积298万平方千米，人口11.66亿（截至2009年）。作为最大的发展中国家之一，印度农村人口占到全国总人口的72%，生活条件在贫困线以下的人口占全国总人口的22%。为了推动广大农村地区的信息化发展，印度充分利用移动通信技术积极促进移动政务的发展，取得了一系列颇为显著的成效，为广大发展中国家发展移动政务做出了有效的探索，值得研究和借鉴。

喀拉拉（Kerala）邦位于印度的西南端，有着较高的移动电话普及率（截至2009年普及率超过80%），其政府部门一直走在致力于利用信息与通信技术管理和服务公众的前列，并且较早地制定了移动政务发展战略规划。喀拉拉邦政府目前开展的移动政务项目是一个综合性移动管理项目，旨在通过将移动通信技术的优势运用到政府各部门日常的办公服务中，打造一个高效率、低成本、昼夜不停的综合性的移动政务服务平台，以整合各个政府部门的服务，使公民能够更好地享受一体化服务。此外，该移动政务项目要保障所有服务的一致性，能覆盖该邦90余个政府部门。

喀拉拉邦所有的移动政务服务解决方案都是基于开放源码技术开发的，短信服务、语音、数据服务器等基于Linux系统运行，并且短信息也支持地区语言和Flash短信；在设计面向大众的解决方案时大多采用语音应用程序，面向学生/政府人员的解决方案大多采用文本应用程序，面向监视领域的解决方案则主要采用成像技术和数据服务应用程序等。

一、移动政务服务平台

喀拉拉邦各个政府部门按要求将本部门的信息及时以文本的格式发送到公众的移动终端上，公众也可以发送查询短信至政府部门的移动服务平台以得到相关政府部门的回复，公众还可以通过订阅此类服务的方式更加方便地获得相关信息。

移动商务应用

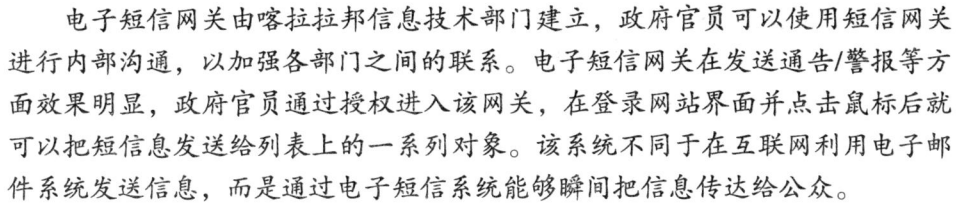

电子短信网关由喀拉拉邦信息技术部门建立，政府官员可以使用短信网关进行内部沟通，以加强各部门之间的联系。电子短信网关在发送通告/警报等方面效果明显，政府官员通过授权进入该网关，在登录网站界面并点击鼠标后就可以把短信息发送给列表上的一系列对象。该系统不同于在互联网利用电子邮件系统发送信息，而是通过电子短信系统能够瞬间把信息传达给公众。

蓝牙信息亭在资讯发布上起着重要的作用，蓝牙信息亭通常部署在公交车站台、铁路站台和机场等重要场所，公民打开移动终端上的蓝牙设备即可接收来自政府的信息、旅游资讯等。

短代码是一种特殊的电话号码，其显著的特征是比普通电话号码要短。利用短代码服务平台能够在移动电话和固定电话之间发送短信和彩信。"537252"短代码的简意是"喀拉拉邦"。目前，喀拉拉邦所有的运营商都开通了"537252"短代码服务，这个短代码专门用于政府服务，旨在进一步拓宽政府的服务范围。

喀拉拉邦为移动政务平台建立了一个专用的电话呼出装置，该系统基于开放源码软件开发，使用Asterisk软件来拨打电话，能够同步满足60部电话打进接入。喀拉拉邦还计划建设用于语音记录提示的装置，用于把英语转换成当地的马拉雅兰姆语，将其当做移动政务平台的一项额外服务。

二、移动犯罪和事故报告平台

喀拉拉邦移动犯罪和事故报告平台是为警察部门专门建设的移动政务项目，以提高警察部门处理刑事案件、交通问题和各类事件的效率。警察通过手机摄像头捕获图片资料，然后立刻通过多媒体短信服务（MMS）或者通用分组无线业务（GPRS）上传到移动犯罪和事故报告平台，移动犯罪和事故报告平台能够帮助警察控制骚乱事件，同时能够利用移动犯罪和事故报告平台提供的图片证据处罚交通违章者，这也能够使上级部门在及时知晓信息的情况下做出合理的决策。

移动犯罪和事故报告平台在喀拉拉邦的港口城市柯钦（Cochin）已经成功应用将近有一年的时间。在这段时间内，总共收到了由柯钦警察巡逻车辆的15部手机提供的近2万张图片，成效显著。

三、语音旅游指南和WAP旅游指南

喀拉拉邦的语音旅游指南专门为旅游者提供该地区名胜古迹的相关信息，旅游者可以利用移动电话拨打相关服务号码并通过按键操作互动式语音应答菜单了解某个旅游地的历史、重要的联系方式等信息。WAP旅游指南旨在替代传统的旅游指南手册，当旅游者到达某一景区时，可以通过手机访问喀拉拉邦建立的WAP旅游指南来了解与该景点相关的各类旅游信息。

四、投诉登记服务

作为移动政务的一个典型应用,喀拉拉邦的投诉登记系统利用语音和文本的方式记录呼叫该系统的公众投诉信息,并将投诉登记号码和最新进展情况通过多媒体短信服务的方式反馈给公众,同时也会通过多媒体短信服务给相关的政府官员发去通告。

资料来源:姚国章,王星.印度农村移动政务的发展探究[J].电子政务,2010(12).

问题讨论:

1. 喀拉拉邦的移动政务发展给当地带来了哪些变化?
2. 这些变化体现了移动政务的哪些特点?
3. 移动政务在喀拉拉邦的发展中起到了什么样的作用?

本章小结

移动政务是指借助移动通信数据服务而进行的政务活动,亦称移动电子政务。它主要包括无线通信及移动计算技术在政府工作中的应用,通过无线接入技术如手机、PDA、Wi-Fi终端、蓝牙、无线网络等技术为公众提供服务。

移动政务是基于无线网络技术的新型电子政务模式,具有不受网线、网络接口的限制,配置简单、应用灵活等特点。同时,移动政务还具备普及政府服务,有效解决数字鸿沟,实时性强,提高办事效率,容易同其他信息系统集成和有效避免热线电话占线问题的优势。

移动政务在基于统一的技术架构上构建起电子政务应用内外网平台,应用广泛。

根据不同的交互层次,移动政务可分为mG2G、mG2B、mG2E和mG2C。

移动政务的支撑技术包括SMS、GPRS、CDMA1X和LBS。

移动政务的建设与发展和电子政务是分不开的,是电子政务的补充与发展。移动技术的发展和逐步成熟,为政府部门进一步改善对公民的服务提高政府管理水平提供了新的条件,对社会发展来说具有重大的意义。

在电子政务环境下,建设移动政务主要有节约成本、信息传递的便捷及时、促进SP手机增值服务业的发展和提高政府与群众间的互动,增加社会满意度的作用。

本章复习题

1. 简述移动政务的概念。
2. 论述移动政务的特点。
3. 简述移动政务的优势。
4. 列举移动政务的主要应用。
5. 简述移动政务的工作流程。
6. 简述移动政务的系统构架。
7. 简述移动政务的技术准备。
8. 移动政务系统平台具备什么样的安全机制？
9. 简述移动政务的地位。
10. 论述移动政务的作用。

移动商务应用

第七章 移动传媒

学习目的

知识要求 通过本章的学习，掌握：

- 移动传媒的概念
- 移动视频的概念与应用
- 移动搜索的概念与应用
- 移动博客的概念与应用
- 手机报刊的概念与应用
- 移动广告的概念与应用
- 移动会议的概念与应用

技能要求 通过本章的学习，能够：

- 掌握移动视频的应用
- 理解移动搜索的应用
- 掌握移动博客的应用
- 理解手机报刊的应用
- 理解移动广告的应用
- 理解移动会议的应用
- 理解移动传媒系统层的结构

学习指导

1. 本章内容包括：移动传媒、移动视频、移动搜索、移动博客、移动报

移动商务应用

刊、移动广告和移动视频。

2. 学习方法：抓住重点，理解记忆，结合实际进行分析。

3. 建议学时：8学时。

引导案例

从 Twitter 到 Facebook 新浪微博的社交蓝图

在首席执行官曹国伟的带领下，新浪从一家专注于新闻和博客的门户网站转变为中国最受关注的社交媒体公司。他推出新浪微博（Sina Weibo）虽然还不到两年，但这项服务已经大受欢迎。用户可通过新浪微博向粉丝发布 Twitter 一样的简短信息。上海睿析科技（Red Tech Advisors LLC）估计，新浪拥有中国57%的微博用户和中国87%的微博活动。

曹国伟曾是新闻记者，已过不惑之年，不苟言笑。他说，新浪微博的最初版本是切入市场的恰当方式，但现在人们非常需要交流，需要在朋友之间、在相互认识的人之间分享信息。但在竞争极其激烈的中国互联网行业，这样的领先地位很难保持。竞争对手正在将大量资源注入社交网络领域，给新浪带来了压力。最主要的对手是现金充裕的行业巨头腾讯控股（Tencent Holdings Ltd.），它正在咄咄逼人地推销自己的微博网站。中国搜索巨头百度（Baidu Inc.）正在尝试将其广受欢迎的"百度贴吧"留言板往社交网站的方向转变，而且它也有自己的微博服务"百度说吧"。在新浪的打压下，"说吧"未能发力，目前已经停用。搜狐和网易也提供微博服务。腾讯的网络游戏业务做得很成功，但其高管说，他们正致力于社交网络，特别是腾讯自己的微博网站。为此，腾讯像新浪正在做的一样，让第三方开发商为它开发应用程序。分析人士说，腾讯的挑战主要在于新浪的用户，因为新浪微博的用户主要是一群视野开阔、拥有较大社会影响力的人士，新浪以这一用户群为基础既可以向外扩展，也可以向下扩展。相比之下，腾讯的用户主要是二、三线城市更年轻的网民，以这些用户为基础向上扩展用户的难度更大。

中国互联网公司在投资者中引发狂热，其估值有些堪与美国互联网公司比肩，不过中国在线广告市场的规模仍小于美国。中国社交媒体网站共有数亿名用户，他们通过手机和电脑在这些网站上互发信息和玩游戏。外国互联网公司要进入中国，需要面对政府网络审查这一难题，对于曾被中东抗议者利用来组织示威游行的 Facebook 来说，更是这样。尽管如此，Facebook 目前仍考虑打进中国市场。

曹国伟说，微博不会变成 Facebook，但会加设更多与 Facebook 类似的功能，这样就可以新应用软件为依托建立更紧密的社交联系。人们通过微博随时随地地讨论新鲜词汇，也可以讨论经济、游戏等话题，并且新浪微博拥有不同的"圈子"，人们可以根据自己的兴趣选择不同的关注圈。虽然新浪以组织热点讨论闻名，有时这些讨论还涉及地方政府腐败和房价飙升等争议性问题，但该网站上的大多数言论都与政治无关。出现敏感话题时，新浪可创造性地限制谈话内容，而不是将其全部删除。例如，它会屏蔽敏感关键词的搜索，但不阻止网民在自己的微博上发表博文。

资料来源：Loretta Chao. 从 Twitter 到 Facebook 新浪微博的社交蓝图 [N]. 华尔街日报，2011-06-27.

问题：
1. 从新浪微博的社交蓝图可以看出移动博客有哪些特点？
2. 为满足发展，移动博客应该采取什么样的发展策略？
3. 什么因素可以促使包括移动博客在内的移动传媒的迅猛发展？

第一节　移动传媒

一、移动传媒的概念

移动传媒（Media-on-Mobile）是指通过无线数字信号发射、地面数字设备接收的方法进行数字节目的播放与接收的一种现代化系统。它传播方式的特别之处就在于其载体是移动的，即可以在公交车、出租车等流动人群集中的移动载体上广泛使用，如移动视频、移动广告、移动报刊等。

移动传媒是一个大产业，已经形成电信、广电、文化、体育、医疗、新闻、教育、农业等领域的融合，将给我国社会文化和公众观念带来一定的变革。随着媒介融合的逐渐渗透，新的传媒形式将产生。受众可以自主地控制信息的流向，与媒介互动的同时，也与其他的内容提供者及其他的受众互动。通过手持移动设备，移动传播和传统媒体已经实现较大程度的融合，报纸、广播和电视这类的传统媒体有着高质量、准确的信息资源，而使用移动传媒的受众要求的是来自可靠渠道的准确、迅速和高质量的信息。加之受众希望自己感兴趣的能够来自每日的不同信息资源，这就使得传统媒体、移动传播与手持移动设备完美地结合在一起。

二、移动传媒的应用类型

移动传媒的主要应用类型包括移动视频、移动搜索、移动博客、移动报刊、移动广告等。

（一）移动视频

定义：移动视频业务是通过移动网络和移动终端为用户提供以视频为主要内容的新型多媒体通信服务。它是一种基于移动通信网络的利用具有视频功能和操作系统的手机，可以在手机与手机、手机与互联网之间传播的移动视频应用。其主要特征是以移动网络为传输通道，以移动终端为展示载体，以比文本、语音更加高级的视频图像（Video）和音频（Audio）信息为主要内容。

视频及相关业务成为以 3G 为代表的移动通信发展的制高点，移动视频对于移动通信发展的重要性不言而喻。移动视频业务分类可以从通信实体和通信个体数等方面来考虑。根据通信实体分类可分为移动终端到移动终端、移动终端到互联网终端、移动终端到 PSTN/SDN 终端。根据通信个体数分类可分为点到点通话、多方通话。

（二）移动搜索

定义：手机移动搜索是基于移动网络的搜索技术，移动用户在移动通信网络中，通过移动终端，利用 SMS、WAP、IVR 等多种特定搜索方式获取所需信息的搜索行为。

时至今日，互联网搜索已经非常普及，用户可以在任何一台联网的 PC 机上轻松迅速地获得海量搜索结果，当移动通信越来越发达时，用户对实时信息的需求就体现得十分迫切了。首先，手机用户远比随身携带笔记本的人要多出许多，这是由手机低廉的成本和便携的移动性决定的；其次，笔记本无线上网受到地点和空间的限制，远远不如手机上网来得方便，只要用户将手机开通 GPRS 功能，就能随时随地无线上网。此刻，移动搜索自然就应运而生了。用户可以自由选择用 WAP 进行搜索或者采用短信发送搜索请求，无论是从自由度还是从多样性角度，移动搜索都可以达到即时搜索的需求。从体验角度来说，当用户使用电脑进行搜索时，互联网是直接把抓取到的大量信息反馈回去，用户再从搜索结果中慢慢地挑选出自己最满意的答案。移动搜索却可以对用户的搜索请求做出判断和甄别，把搜索抓过来的海量信息进行筛选和分级，使用户能够在最短的时间内直接获取最有价值的搜索结果。从用户发出搜索请求到请求返回，响应速度在 5 秒左右。

（三）移动博客

定义：移动博客（Mblog）是在博客、可拍照手机与移动互联网业务三者相结合的基础上产生的深层次应用。它以移动终端为媒介，以博客为应用，以个人信息为散发点，是现有互联网和通信增值业务相结合而产生的互动平台。

"手机微博"（Mobile-Blog）是"手机"与"博客"的完美结合，用户将"手机微博"插件安装在自己的手机里，并与其在博客网站的用户 ID 和密码进行绑定，便可随时随地很方便地用手机写博客、传手机图片、与好友在线聊天、查看相册及建立好友通讯录等。

"手机微博"不但可以实现人际交流，还可以让用户及时了解热门的新鲜事和朋友的新思潮，"手机微博"成功地把信息获取和人际交流融合在一起，成为人们交流社会话题和专业话题的沟通互动平台，其开放式的沟通功能，为手机通信创造价值带来了质的飞跃。

（四）移动报纸

定义：移动报纸是将纸媒体的新闻内容，通过无线技术平台发送到用户的手机或其他移动媒介上，使用户通过手机、Pad 等数字媒介阅读新闻的一种信息传播业务。

移动报纸是电信增值业务与传统媒体相结合的产物，由报纸、移动通信商和网络运营商联手搭建的信息传播平台，用户以手机为媒介浏览新闻的一种传播方式。数字化就是把模拟信息转换成计算机能读取的由 0 和 1 组成的信息。在数字格式中，音频、视频和文本信息能混合在一起并融为一体。

（五）移动广告

定义：移动广告的定义为通过移动媒体传播的付费信息，旨在通过这些商业信息影响受传者的态度、意图和行为。移动广告实际上就是一种互动式的网络广告，它由移动通信网承载，具有网络媒体的一切特征，同时比互联网更具有优势。

手机应用程序的用户基数在壮大的同时，手机应用程序内嵌广告的模式也正在向我们呈现出来。这是因为：第一，手机应用程序已经有了很广泛的群众基础；第二，手机应用与消费者的娱乐、工作等联系紧密，消费者对此产生了一定的依赖性；第三，手机应用广告将比 WAP 网页内嵌广告、短信广告等具有更丰富的表现性和互动性；第四，第三方开发者通过广告分成模式获得收入，能有效弥补开发成本，能够推动手机应用的全面免费，而这又将推动移动应用市场的扩大，将重演互联网时代免费的经济模式大获成功的历史。

（六）移动会议

定义：视频会议系统，又称电视电话会议系统，是指两个或两个以上不同地方的个人或群体，通过传输线路及多媒体设备，将声音、影像及文件资料互传，实现即时且互动的沟通，以实现会议目的的系统设备，给各方视频与会人员犹如身临会场、进行面对面对话的感觉。

多媒体视频会议系统在完成远程会议目的的基础上，还可以实现用户间的相互操作，实现共享用户应用程序、共享电子白板以及其他各种数据等，是简单视频会议的完善。一个典型的多媒体视频会议系统主要由终端设备、多点控制设备（MCU）、视频会议系统管理设备、有关外围设备和传输通道组成，其中，终端设备和MCU是多媒体视频会议系统的两个重要组成单元。

三、移动传媒的优劣势

（一）封闭全效传播

移动传媒具有空间封闭强迫收视、频道唯一的特点。其所处的载体是相对封闭的环境，如公交车、出租车、商务车、私家车、轻轨、火车、轮渡、飞机。受众是在使用交通工具的情况下收看移动传媒的内容的，因而具有垄断性、无法回避性和无法选择性。受众处于被动状态、封闭式的传播空间，可以把信息完整地传达给每位受众。

在移动电视的车载传播环境下，移动电视具有受众接受的强迫性，即受众只要置身车内就一定能接收到播出的声音和图像信息。调查显示，受众在家看电视遇到广告播放时，42%的人会换频道、15%的人会去忙别的，而在公交移动上收看广告的比例达到了82.9%。移动电视的这种垄断性传播决定了其无可比拟的广告优势，能避免广告信息流失，有利于提高广告信息的到达率，使广告的传播效果更佳。

（二）覆盖率更广泛

移动传媒覆盖30个经济发达城市，平均覆盖率为74.7%，受众总数近两亿人次，公交移动电视的覆盖率相当广泛。仅CCTV移动传媒业务就覆盖了北京、上海、广州、深圳等32个大中城市。随着移动电视技术的发展，如此广泛的覆盖率，公交移动传媒将会给城市居民的生活带来不可低估的变化。移动电视通过无线数字信号发射、地面数字接收的方式播放，摆脱了固定收视的缺点，它覆盖广泛、反应迅速、移动性强，所处之地都是人群高密集区域，通过移动传媒获得信息十分便捷。对于受众来说，收看移动电视不需要用电脑，不需要购买报纸、不需要拥有自己的电视机，是一个"零成本"的投入。

（三）媒介时间互补

传统媒体的黄金时段集中在晚间，其收视率由多个频道组成，且投放成本居高不下。对于传统电视媒体而言，受众出行造成信息的无效传播，形成了其难以突破的"瓶颈"。相对于传统媒体，移动传媒有空间的无限性、主体的二元性、客体的广泛性、经济性和时效性等优势。其特点可以归纳为：传播方式从单向到双向的转变，接受方式从固定到移动的转变，传播实时化，从单一到交融。

移动传媒也有其不可避免的劣势，如节目过于陈旧也是移动传媒终端存在的一个问题。有些移动传媒终端把电视上播放过的节目直接拿过来播放，敷衍了事，这违背了传媒的时效性原则。长此以往，移动传媒终端播放的内容不再是受众上下班路上的开心果，而是一个负担，更别说它应该承担的科技传播功能了。根据以上两个问题可以推导出第三个存在的问题，那就是专业人才队伍的缺乏。正是因为专业人员的不足，才导致节目的更新速度跟不上，而为了有节目可播，广告必然成为替代品。

第二节　移动视频

移动视频既具有电信业务特点，又具有互联网业务特点。其特点不仅体现在移动性上，表现在具有更丰富的视频内容形式、个性化的服务方式和更高业务质量的保证，而且具有互动性强、移动性强、视频体验性强、便于传播和使用等特点。同时，其在网络和终端方面也受到一定的限制。

一、移动视频的应用

3G 网络技术和移动终端的不断发展，为移动视频业务的出现和推广提供了必要的条件，市场需求则为移动视频业务的发展提供了广阔空间。同时，移动视频业务也是 3G 市场发展的主要推动力量，是未来移动通信新的市场增长点。总的来说，移动视频业务主要分为移动流媒体业务和移动可视电话业务两大类。

（一）移动流媒体业务

所谓流媒体技术就是把连续的影像和声音信息经过压缩处理后放到网络服务器上，让终端用户能够一边下载一边观看、收听，而不用等到整个多媒体文件下载完成就可以即时观看的技术。流媒体是从互联网上发展起来的一种多媒体技术，它具有三大特点：首先，能够实时播放音视频和多媒体内容，即"边下载，边播放"；其次，播放的流媒体文件不用在客户端保存，降低对客户端存储空间的要求；最后，不在客户端保存，简化了媒体文件的版权保护。

移动流媒体就是流媒体技术在移动网络和终端上的应用，它是网络音视频技术和移动通信技术发展到一定阶段的产物，是融合很多网络技术之后所产生的技术，会涉及流媒体数据的采集、压缩、传输、网络通信以及终端制造等多项环节。移动流媒体业务应用非常广泛，如人们非常熟悉的视频点播、远程教育、远程监控等。

（二）移动视频会议/移动可视电话业务

视频通信是人类社会经济生活中不可缺少的一部分。移动视频会议业务可以在无线网络上提供实时视频、音频或数据等媒体格式的任意组合，主要是利用无线网络在移动设备上实现互通，从而让移动用户之间能够随时随地地进行实时音频、视频等的交互。

二、移动视频的特点

（一）终端移动性

移动视频业务使用户可以在移动状态下接入和使用多媒体通信服务。由于终端的移动性，使得移动视频的业务范围和使用方式发生了变化：一是便于随身携带和随时使用，提高了用户对业务的使用频率；二是提高了视频终端的接入范围，降低了接入成本，扩大了行业应用领域；三是终端移动性带来了以定位服务为核心的个人信息服务和企业生产信息化的延展；四是导致用户对业务的使用场景、使用习惯的差异化，从而要求移动视频业务的内容与其他视频内容实现差异化，具有自身特色、符合移动消费需求的内容才能吸引用户。

（二）业务互动性

手机的个人化特点导致移动视频业务的用户更具有展示自我、参与、分享的特点，移动视频业务互动性更强。用户成为视频内容的生产者和使用者，移动视频用户拥有自主视频资源、个性化展示和互动交流和评论的需求，如视频播客、视频分享等业务均体现了强大的互动性。业务互动性要求经营者不仅要将视频内容推送给用户，更要满足用户的互动要求和个性化需求，这一特点和要求加大了通信增值服务在移动视频领域的延伸和应用。

（三）终端和网络局限性

由于视频内容容量大，实时性要求高，良好的业务体验需要较高的移动互联网接入带宽。与互联网视频和传统电视业务相比，移动视频业务目前受到更多网络能力和终端能力的限制，在网络能力方面，受到无线网络传输环境、通信技术能力等因素限制；在终端能力方面，受到终端容积、屏幕大小和像素、处理能力、电池容量等限制。

（四）内容私密性

由于视频内容带有大量的个人隐私或企业内部信息，用户在视频内容的传输、接入和展现等方面均有较高的安全性要求，在对内容的编辑处理方面要求对用户实现私密性内容的保护。此外，手机电视、视频点播等业务对内容的版权归属有较高的要求。因此，用户对移动视频业务的认可和接受以及内容资源的使用上将受到影响，服务提供商和移动网络运营商在业务设计、产品宣传推广、商业模式上必须考虑更多的因素。不过，这些特殊要求也促使电信运营商充分利用在企业信誉、业务平台、网络安全和内容集成方面的优势，为用户提供可靠、安全的电信移动视频业务，逐步建立自身的产品核心竞争能力。

（五）行业管制特殊性

移动视频属于典型的"内容为王"业务，抛开技术标准和业务运营方式等因素，与传统的电信业务相比，我国移动视频业务在行业监管上面临更多的复杂性和特殊性，主要表现在两个方面：一方面，移动视频业务的监管主导权不清晰，图像传输类业务属于电信范畴，由电信行业监管，但作为网络视听节目，则归属广电系统监管，这些不确定因素影响着产业链的快速成长；另一方面，移动视频业务提供大量影视节目、新闻资讯和个性化视频内容，带来对内容监管的特殊性，包括对意识形态的监管和对低俗、涉黄内容的管制，在移动视频内容的制作、传播、接入等环节需要通过技术和管理等手段加强监督和控制。

三、移动视频的发展策略

（一）完善技术

移动视频应用是以流媒体等先进技术为基础的，目前这些技术发展还没达到完全成熟的标准，所有的技术将随着移动网络和终端设备的进步而逐步发展，因此还要完善技术以达到普遍应用的目标。另外，移动视频应用对误码率有严格的要求，但无线信道本身却具有易错、时变和带限的特点，为了获得无线信道的高系统容量，需要低的信噪比。随着基站和终端的位置、方向的变化，误码率会发生很大的变化，这就使得无线信道的误码率比有线环境下大得多，要解决这些问题就要提高信道的容错能力。另外，对于移动视频应用比较关键的底层技术编码来说，标准的不统一也是阻碍移动视频应用发展的一大因素。

（二）定向流量免费

定向流量免费指的是运营商对特定的内容或应用完全或部分免收流量费，又称定向流量核减。3G发展初期，运营商的运营支撑系统无法对特定的内容和应用进行识别，很多运营商采取了"流量+内容"双计费的模式，用户往往对这种模式比较抵触和抗拒。随着技术的发展，运营商通过在流量计费时对指定业务实施流量核减从而实现对不同用户和应用的"智能感知"。运营商开始推出"定向流量免费+内容计费"的模式以迎合某些频繁使用单一业务用户的个性化需求，在此种模式下，用户按所使用的内容或应用进行付费，由此产生的流量不再单独计费。这种模式减轻了用户担心 3G 资费偏高和难以控制月消费总量的心理负担，同时也解决了用户对于流量问题的困惑。定向流量免费逐渐成为运营商视频业务精细化流量经营的重要手段。

定向流量免费大大提高了前向分成、后向收费、后向广告费的吸引力，也拓展了运营商与应用开发者、内容提供商等产业链伙伴之间的商业合作模式，从而在弥补运营商流量通道价值的同时，促进其与合作方进一步分享流量的内容价值。很多运营商引入定向流量免费是为了消除用户的流量消费顾虑，促进流量规模提升，从而拉动整个 3G 业务的发展。但是随着用户规模和用户对移动互联网使用量的不断增加，移动视频业务的流量比特价值会不断降低，这就对运营商的精细化流量定价能力和内容定价能力提出了挑战。

（三）完善业务种类

移动视频市场需要更多新形式的音频、视频节目内容，移动终端设备的固有特性，要求音频、视频内容必须更加简短、更加个性化、更具有交互性。移动视频应用应该提供什么样的视频内容和怎样提供将是在视频内容发展中需要解决的重大问题。

第三节　移动搜索

移动搜索将包含用户所需信息的互联网中的网页内容转换为移动终端所能接收的信息，并针对移动用户的需求特点提供的个性化的搜索方式。用户可以得到四大类的搜索服务：本地搜索，如周边的企业、餐厅、商场、电子优惠券等；信息搜索，如新闻、股票、天气、航班等信息；多媒体内容搜索，如图片、铃声、视频；移动互联网搜索，如网站或者 WAP 站点。移动搜索服务的核心是将搜索引擎与移动设备有机聚合，生成符合移动产品和用户特点的搜索结果。手机移动搜索业务包括信息搜集、信息整理和用户查询三部分。

一、移动搜索的类型

（一）WAP 搜索站点模式

通过移动终端搜索 WAP 站点的模式和 Internet 搜索的盈利模式很相似，因此移动搜索可以和百度、Google 一样，以广告及竞价排名等方式盈利。不过目前的移动搜索市场尚未成熟，WAP 站点的数量有限，规模较小，内容还不够丰富。而且固网的上网费用对于用户来说影响不大，已经有相当多的用户把家中的包月上网费作为一种习惯性支出，而当前移动终端上网的成本还较高，使用户在使用移动终端上网时都很谨慎。

（二）手机短信搜索引擎模式

手机短信搜索引擎系统的服务商通过每月向用户收取固定的使用费的方式来开展业务。移动搜索服务商首先要成为移动运营商的 SP，再将搜索服务作为移动通信平台上的一项增值服务来运作才可能推广此项业务。因此移动搜索的付费与否或者如何收取费用需要提供搜索业务的 SP 和运营商共同协商。Google 2004 年就推出了短信搜索服务，该服务适合于手机，涵盖的功能十分丰富——从网页、图片、移动互联网搜索、地图搜索到方便易用的 Gmail，Google 移动搜索都能实现。图 7-1 为 Google 业务系统结构。

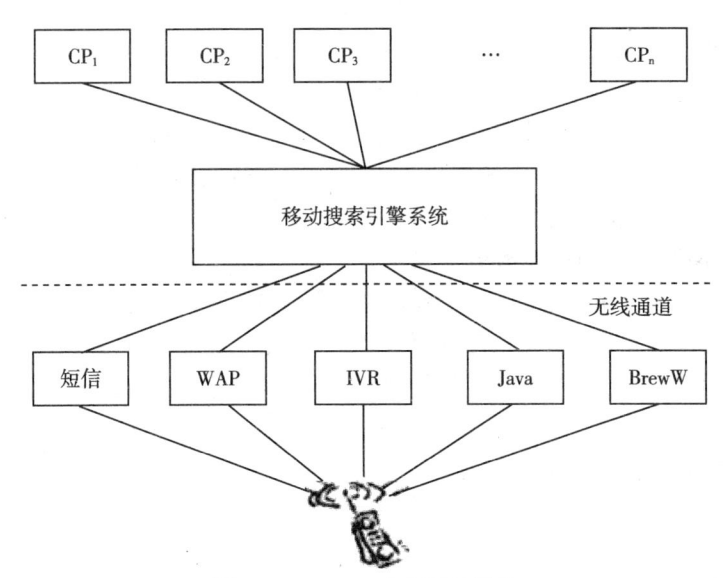

图 7-1　Google 业务系统结构

在国内，对手机移动搜索最早的关注者是移动运营商，基于推动移动增值业务发展的目的，移动运营商将移动搜索视作未来 3G 业务的催化剂。但目前由于移动运营商主要经营收费内容，因此其搜索服务形式就是在其 WAP 站内的内容搜索，目的是让用户更容易地在其门户上寻找到所需要的业务。从本质上看，站内搜索充当了"本站使用助手"的角色，属于 WAP 网站的一种增值业务，显然不同于互联网搜索模式。

二、移动搜索的特点

（一）移动搜索的主要优势

（1）移动搜索使用便捷。相对互联网搜索，移动搜索无须上网设备，只需一部随身携带的手机就可以免费搜索需要的信息，可以满足突发、紧急、特殊查询的需求，能够为用户尤其是商旅人士提供一个快速有用的答案而不用他们亲自花时间去搜索。

（2）移动搜索目标用户群广泛。中国的网民已有5.38亿人，手机用户已超过10亿，移动搜索拥有更广泛的用户群体。目前，已经有越来越多的用户开始使用小显示屏手机访问网络站点。据调查，中国手机用户中WAP用户已超过1亿。

（3）移动搜索效率更高。移动搜索加入人工智能技术，剔除Flash、广告、垃圾链接，有效地减少了用户烦琐翻页的麻烦。

（4）移动搜索为用户量体裁衣。移动搜索通过特有的技术（如手机挖宝网使用的网络爬虫和中文模糊搜索技术）将互联网上分散的信息聚合在手机WAP平台，根据用户的性格、地理位置、行为方式、兴趣爱好的不同提供分类信息搜索服务以满足不同的用户需求，并能实现实时在线更新，其搜索的内容和过程具有更强的人性化色彩。

（二）移动搜索的主要劣势

（1）WAP网站资源匮乏。虽然国内独立WAP网站的数量已经很多，但大多数网站规模较小，而且内容同质化严重，网络信息资源不足。真正的移动搜索是针对用户需求的搜索，与互联网相比，移动搜索资源极度匮乏，而且多以下载铃声、图片为主。同时，本地搜索也不发达，用户还不能像互联网一样方便快捷地搜索到自己所需的信息。

（2）手机终端制式复杂。国内的手机终端款式大概有几千种之多，大小、屏幕显示及系统平台都不一样，手机适配是个大问题。另外，手机输入较慢、屏幕难以显示大量信息这些先天限制，都要求移动搜索能够把内容以最少的操作步骤、最简洁的方式呈现给用户。

（3）盈利模式的模糊性。缺乏成熟的商业模式仍然是移动互联网快速发展的最大难题。目前发展较好的游戏、广告、电子商务，也只是复制了传统互联网的经验。世界上较成熟的移动搜索市场中，移动搜索服务提供商的收入主要是用户的信息费用和企业广告竞价的费用。在中国，由于还处于市场培育期，定制移动搜索企业对用户一般都采取免费获取信息的策略，用户只需向运营商交定制增值业务的费用。这样就使得移动搜索服务提供商还处于"烧钱"状态。

(三) 移动搜索的商业模式

尽管移动搜索可以延续 Web 网络搜索的盈利模式，即竞价排名和广告，但如果只是简单地复制第二代搜索的模式，就有可能导致市场恶性竞争。移动搜索在商业模式上需要创新，打破传统模式，以获得更好的发展。

搜索引擎市场产业链（见图 7-2）主要包括以下环节：

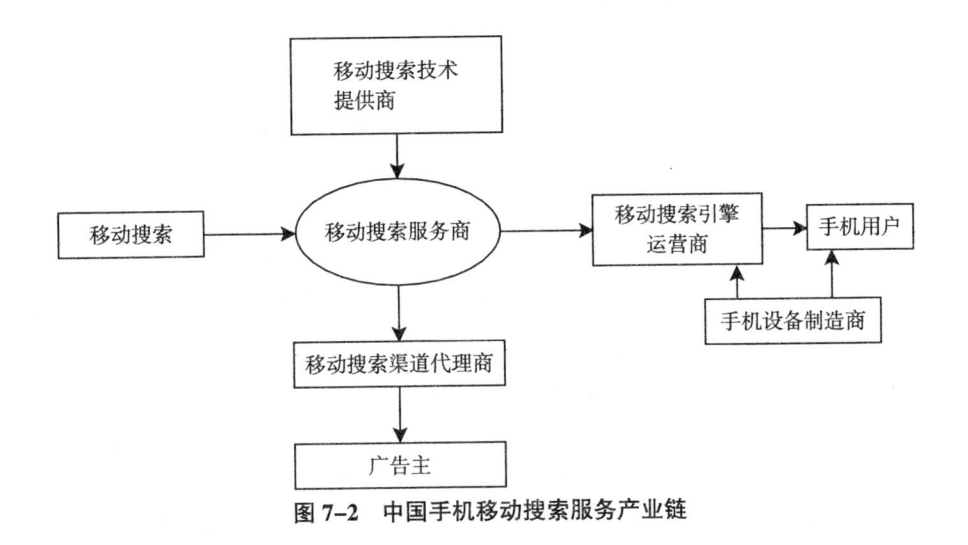

图 7-2 中国手机移动搜索服务产业链

（1）手机移动搜索引擎运营商。以 WAP 搜索门户或 WAP 门户搜索栏的形式向用户提供搜索服务。目前这些搜索服务主要是免费的信息检索，未来将有付费的搜索服务提供给用户。

（2）渠道代理商。在手机移动搜索领域，渠道代理商具有举足轻重的作用。但由于大部分手机移动搜索引擎运营商目前仍以争夺用户为主要目的，尚未建立稳固的销售渠道，因此，渠道代理服务在手机移动搜索行业中尚处于萌芽阶段。但相信随着盈利模式的清晰，渠道商的规模会发展壮大。

（3）广告主。企业可以利用搜索引擎在用户需求和企业产品信息之间建立一个有效的传递渠道，企业用户是搜索营销服务的源头。

（4）搜索技术提供商。主要是为搜索服务运营商提供搜索产品和技术支持服务，同时随着越来越多的企业用户拥有自己的无线网站，对搜索技术及搜索服务相关产品的需求增加，搜索技术提供商也为企业用户提供搜索服务相关产品及搜索技术支持服务。

（5）手机用户。手机用户通过手机终端，利用搜索服务，在庞杂的无线互联网信息中寻找自己所需要的内容。

(四) 移动搜索的发展策略

移动搜索的发展需要各方协作移动搜索方便、快捷的特点，使其成为未来信息搜索的方向，但一个新兴业务从无到有，需要一个漫长的过程。移动搜索在今后的发展过程中应注意以下几个方面：

(1) 细分发展时期，调整收费方式。中国的移动搜索业务才刚刚起步，如何让用户满意、企业赚钱，一个合理的盈利模式至关重要。根据中国信息产业的实际情况，移动运营商应与移动搜索服务商携手，共同对移动搜索发展历程进行深层挖掘，依据不同发展时期采取不同收费方式可能是解决移动搜索盈利模式的良策。目前所有移动搜索服务商提供的都是免费的搜索服务，用户只需付给移动运营商上网的流量费。移动搜索服务商收取较少的搜索服务费，用户交付给移动运营商的流量费也等数额减少，即用户总的消费金额不变，搜索费用由移动运营商支付给移动搜索服务商。到了发展完善期，移动搜索服务商收取一定的搜索费用。

(2) 完善搜索渠道，丰富信息资源。通过什么渠道搜索，能搜索到什么信息，是移动搜索能否迅速、健康发展的关键。其实互联网搜索的几大巨头已经开始在移动搜索市场进行探索。为了促进移动搜索的发展，还需要更多的企业参与，以进一步完善移动搜索渠道。完善搜索渠道的同时还应注意，信息资源的丰富不仅是通过增加 WAP 网站来扩大搜索资源，还应增加搜索的产品，如游戏搜索、网站搜索、小说搜索等。由于移动搜索是提供给用户个性化的搜索方式，因此不能像互联网那样提供大量的信息，应注重信息搜索的精确性和有效性，在搜索的内容、方式上要尽量创新，满足不同用户的需求。

(3) 加速技术发展，提高搜索效率。移动技术的发展是移动搜索发展的前提，也只有技术发展了，搜索的效率才能提高。移动搜索不同于互联网搜索，它受到移动终端的限制，所以对于移动搜索服务商，应尽量采用 XHTML 和 WML (Wireless Markup Language) 编制网页，以适应移动终端相对狭小的屏幕和较少的按键。对于移动运营商，应努力增加网络带宽，减少用户的搜索时间，提高搜索效率。可以提供多媒体服务的 3G 的推出是移动搜索发展的契机。3G 的带宽将超过 300 兆，是目前 2G 手机带宽的 2 倍，同时 3G 移动终端的屏幕、按键等都将有所改观，足以进行简单的搜索，将来甚至图片、视频等的搜索也可以满足。

(4) 形成规模效应，促进产业发展。一项新兴的业务要想获得成功必然要有一个产业链来支撑，对于移动搜索也同样如此。移动搜索的产业链上有移动搜索服务商、移动运营商、移动终端厂商和最终用户。产业链的重点是应以鼓励和促进移动搜索服务商的发展为主，如移动运营商将部分利润分成给移动搜索服务商等方式，通过提供方便、实用的信息搜索带动整个产业链的发展。同时值得注意的是，产业链中的手机厂商和操作下游厂商对移动搜索的发展也有一定促进作用。

（5）研究用户心理，推广品牌创新。用户的认可是移动搜索继续发展的动力，用户应用是移动搜索的最终目的。因此，移动搜索服务商和移动运营商应在对使用移动搜索的用户群细分的基础上，共同研究用户的心理，广泛收集移动搜索用户的需求，形成用户、运营商和服务商三者之间的有效互动。而处在这一信息链中关键节点位置的运营商，需要充分利用现有的用户资源，倾听不同移动搜索用户群体的意见，及时反馈用户的需求信息，创造性地打造出迎合中国用户使用的移动搜索。

第四节　移动博客

随着手机向超级终端的演变，建立在博客、可拍照手机与移动互联业务三者基础之上的"移动博客"，正以一种全新的形态展现于世人面前。"移动博客"以大型无线日记社区为概念，向手机用户提供集自写日记、看他人日记、搜索日记和日记排行等众多功能。用户可以利用拍照手机随时随地地记录下身边发生的精彩瞬间，并借助移动网络平台，通过彩信、电子邮件、短信等方式将照片通过 WAP 上传到日志，实现随时编辑日志、浏览自己和他人的日志。

一、移动博客的特点

（一）使用便捷

手机博客的传递速度远比其他媒介更快捷，只要会浏览网页、会使用手机，就能使用移动博客。移动博客使每一个人都可能成为新闻的创造者，即使不会短信输入的手机用户也可以用照片、声音、音像等多种形式成为信息的制造者。移动博客有可能成为比短信更加普及的傻瓜化应用。

（二）凸显个性

网络时代人们已不满足于成为简单机械的信息受众，更多人想通过信息的发布来聚焦视线，展现自己，张扬个性。移动博客鼓励个人发布、鼓励个人成为媒体中心，为人们个性化的需求提供了延伸服务，有着鲜明的个人色彩，满足了人们"即时博客"及"表达自我"的需求。

（三）随意开放

移动博客为用户提供了一个自由、宽容、平等的平台。只要你带着手机，就可以随时记录生活中的点滴细节、片刻感动，用手机拍下你捕捉的人物、风景、趣闻等照片，录下大自然的声音，记录下你突发的灵感、思绪和故事，将自己的只言片语的感想、随手画的一幅图，甚至简短的语音、视频上传。

（四）传播广泛

媒体有着一对多的传播方式，而"移动博客"恰恰具有这种媒体特性，可以实现更大范围的传播。移动博客给博友们提供了实时交流的平台，不但可以随时随地地通过多种方式阅读到其他博友的日志，还可进行实时交流。通过博客展现自己，吸引志同道合的博主参与其中，这将极大拓展个人的社交网络。

二、移动博客存在的问题

目前，移动博客市场发展遇到的"瓶颈"主要有以下方面：

（一）缺乏成熟的盈利模式

目前，除了少数移动博客服务商提供收费服务之外，多数网站还是处于内容免费、服务免费的积聚人气阶段，仅靠与运营商的下载分成及广告获得收入。但移动博客主要以上传为主，移动博客提供商从运营商获得的分成并不十分理想，整个业务分成链条还不合理。

（二）移动网络传输速率低

目前，主要是 GPRS 和 cdma20001X 两种传输网络，传输速率分别为 115.2 kb/s 和 153.6 kb/s，一些表现力丰富、容量较大的博客内容在传输过程中需要花费很长的时间，这在很大程度上降低了人们对移动博客的使用积极性。

（三）终端设备和数据流量资费高

从市场上看，支持高质量拍照、音频、视频播放功能的移动终端设备数量少，而且价格昂贵，这在一定程度上限制了移动博客的大面积普及。至于数据流量资费高是众所周知的，相关资费在很大程度上决定着移动博客的兴衰。因此要发展移动博客，数据资费必须和用户的承受能力相符。

（四）提供的服务内容单调

移动博客网站提供的服务内容尚不够丰富，对用户缺乏吸引力。但是，服务的多样性需要网络环境和商业模式的支撑。一方面，移动运营商所提供的网络环境有限，SP 的一些创新想法往往需要更多的网络带宽，而在 3G 网络真正开通之前，SP 只能向用户提供一些简单的交互式和多媒体服务。另一方面，SP 没有从移动博客中获得更多利润的同时，提供的很多服务往往都带有粗浅的实验性质。

(五) 虚拟产品的版权监管有待加强

我国的知识产权法在虚拟产品的监管方面仍存在漏洞。例如，对于是否侵犯版权等，就缺乏明确的鉴定标准。许多博客在没有授权的情况下引用包括音乐、文章、图片等具有知识产权的内容。随着博客数量的激增，对虚拟产品在知识产权方面的管制有待加强。

移动博客受到来自移动运营商、SP、博客网站等各方的广泛关注。然而一项业务能否形成热点并不是单个环节所能左右的，需要来自产业链中各方的共同努力，共同为移动博客的发展营造一个和谐的环境。

三、移动博客的发展策略

(一) 重点发展特殊博客

根据移动博客市场的特点，我们将用户分为个人用户和企业用户。其中，个人用户群还可以根据其使用移动博客的目的，将其进一步细分为普通用户和专业用户。针对不同的用户层的特点，为他们提供"裁剪合体"的移动博客服务。

普通用户只将移动博客作为个性展示，与朋友或外界进行情感交流的一种方式。这类用户通常只上传日志、图片，且博客内容更新速度慢，对移动博客的服务要求不高，基本的移动博客业务就能满足他们的需求。这类用户虽然只能带来很少的利润，但由于数量庞大，占移动博客用户的大部分，因此可将他们定位于集聚人气的作用。针对此类用户，可以为他们提供免费的最基本的移动博客业务，如上传日志、图片，但对其上传的文件大小进行限制，若需要上传更大容量的文件，则需要交纳一定的费用，升级用户的权限。

专业用户指将移动博客作为一种能提供及时资讯、专业性资料并与其他用户进行交流的平台，如一些明星或专家移动博客。这类用户虽然只占很小的比例，但却是主要的利润来源之一，而且他们的博客内容新颖，更新速度快，通常能吸引大量用户的眼球。这类用户能接受合理价格的收费移动博客，但同时对移动博客所提供的服务要求比较高，如他们需要更大的移动博客空间，不受大小限制地上传文件（如清晰度高的图片或视频），还需要良好的博客环境。因此，对此类用户，移动运营商可以为其提供优惠的数据组合资费套餐；博客服务提供商可以向他们推荐收费的移动博客服务，为他们提供大容量的移动博客空间，任意上传大小文件和过滤广告等高级功能。此外，还可以与他们合作，若其他用户需要下载部分专业性资料，则需收取一定的费用，所得利润由网站和专业用户共同所得。这样，一方面能增加网站的收入，另一方面用户得到一定的利润分成后，能鼓励他们提供更丰富、更新颖的资料。

企业用户是指企业将移动博客作为一种展示企业，促进与客户互动的交流平台。目前，这一用户市场基本处于空白状态，但从长远来看，移动博客要得到蓬勃发展，离不开企业用户的支持，而且企业用户能给移动博客市场带来无限商机。移动运营商和博客服务提供商应充分挖掘企业博客市场，大力发展企业博客用户。要发展企业博客用户必须为企业用户提供具有差异性的服务。如可以为企业博客用户提供事件、案例展示等企业解决方案，一旦移动博客各方面的技术条件成熟以后，就可以为企业博客用户提供更广阔的技术平台，如会议或企业社会活动的现场实况，人们可以实时在移动博客上看到会议或活动的图片及视频等。

（二）加强产业链间联合

无论是移动运营商、博客服务提供商还是终端设备制造商，相互之间都有着许多共同的利益，一荣俱荣，一损俱损。要实现良性互动的移动产业链，只有产业链上下游企业之间相互合作、相互融合，才能实现"双赢"和"多赢"。随着移动博客提供的用户服务越来越丰富多彩，如通过手机进行信息搜索，上传或下载动态视频图像等，移动博客对终端设备的性能要求越来越高，如手机的存储信息量、图像的灵敏度等。因此，如果博客服务提供商、移动运营商和终端设备制造商能相互合作，提供适合移动博客发展的终端设备，提高用户使用移动博客的体验，必能形成"多赢"的局面，促进移动博客的发展。

而移动运营商与博客服务提供商之间的相互合作，不但能促进移动博客的健康发展，还能形成"双赢"。对移动运营商来说，通过与博客服务商的合作，一方面能对博客提供内容进行监管，另一方面能促进数据业务的发展。而对博客服务提供商来说，通过与移动运营商的合作，不但能丰富服务内容，提高网站在用户中的知名度，而且还能扩大利润份额。

（三）提供个性化的服务

目前，移动博客提供的业务种类有限，模式单一，内容单调，差异化程度不够，不能为用户提供针对性强的服务，对用户没有足够的吸引力，这也是用户数量增长而低端用户难以提升的原因之一。业务是产业价值链盈利的落脚点，而新业务是盈利的增长点，移动博客要走出当前的发展困境，除了提供最基本的日志功能外，必须寻求创新，提供个性化服务。如博客服务提供商可以为用户提供 RSS 订阅，减少用户搜索的麻烦；可以发展基于精确分类、操控性好、互动的手机新闻；还可以提供片段下载，如足球赛精彩射门集锦而不是提供整场比赛录像，避免用户长时间通过手机屏观看节目和浏览文章。此外，随着博客信息的增多，博客搜索作为一种新的业务，将不可避免地成为博客盈利模式中的关键环节。

(四) 有效整合不同业务

在未来的 3G 时代，网络传播的速度将会得到极大的提高，运营商也将为用户提供更多的增值业务，只有发挥规模优势，将不同业务有效整合，运营商才能获取更多利润。移动博客能促进短信、彩信、彩铃、数据等业务的共同发展，这需要运营商市场人员和博客服务商敏锐地感受市场需求，共同打造吸引用户、集合多种业务的项目概念，将移动博客融入每一位用户的生活中去。此外，移动博客的社区性、时尚特征很强，因此，还可以与各种品牌文化整合起来，创造自己的移动博客文化，这将会吸引更多的追求时尚的年轻一族加入移动博客的行列。

(五) 建立多层收费体系

费用过高是导致移动博客不能广泛应用的经济门槛。它主要包括运营商提供增值服务收取的数据流量费和博客服务提供商收取的内容服务费。目前，大部分的移动博客服务商提供的是免费的内容服务，但是对部分增值业务收费是移动博客发展的必然趋势。为此，运营商必须联手博客服务商共同制定合理的收费标准，捆绑其他不同的增值业务，制定相应的套餐和优惠政策，建立起普通业务免费、增值业务收费的多层次收费体系，同时为用户提供方便的付费方式。移动博客只有简单、易用、低价，并且能为用户提供较大的剩余价值，才能被广泛应用。

第五节　移动报纸

随着信息技术和计算机网络的迅速发展，人类社会逐渐进入了信息化时代和数字化时代，数字传媒也日益跻身成为主流媒体。所谓移动报纸这一词组可以拆分为"移动"和"报纸"两个词。在移动技术和计算机技术的发展中，手机及博客等新兴媒体的出现对传统媒体构成巨大的挑战。与此同时，传统报纸也与数字技术进行了积极融合，数字报纸是传统报纸的战略性转型。

一、数字报纸的特点

(一) 互动性增强

在传统报纸传播模式下，受众只能被动地接受信息。随着技术的发展，在数字报纸时代，受众在接收信息的同时可以进行互动。报网合一、台网融合改变了传统的单向、线性的传播特点，受众也可以成为信息的传播者，参与到信息的传播过程中来。在新的传播过程中实现互动，也体现了受众的主体性。

（二）内容更加丰富

传统报纸的定位性很强，面向特定人群同时强调独家新闻。在媒介融合下数字报业的发展打破了这一界限，实现了信息资源共享，使信息资源得到优化配置，也避免了信息同质化的缺陷。因为数字报业不仅局限于纸质报纸，它还包括广播、电视、网络等媒体，并且形成了跨区域性的统一的数字化平台。由此实现了信息资源的共享，使传播的内容更加丰富多彩。

（三）传播介质多样化

媒介融合使平面媒介、电视、网络、电台等传播媒介在业务上相互融合，使得信息传播介质不再单一，信息传播方式也更加全方位、立体化。数字报业正是基于这些技术的发展而出现的。所以数字报业一诞生就具有多种传播手段，新闻信息通过多种介质进行广泛的传播。

（四）扩大受众群体

媒介融合实质上是不同媒体业务的融合，这就模糊了不同媒介之间原有定位。数字报业可以通过报纸、数字报纸、手机报、网络等不同的平台发布信息，使得不同受众都能快捷、便利地接收到有用的信息，满足不同受众的需求，从而扩大了受众群。

二、移动报纸存在的问题

"手机报"、"网络报"等各种数字网络传播方式日益成熟，也促进报纸与网络的相互渗透、相互融合。然而数字报业作为一个新生事物依旧存在一些问题。

（一）数字报业的版权问题

数字报业是在多种新兴媒体和传播技术的基础上产生的。目前我国在新兴媒体技术方面的法律法规尚不健全，使得新兴媒体的版权保护成为薄弱环节。因此使得数字出版刊物的版权保护也受到限制，甚至存在一些缺陷。在技术层面不断完善的同时，版权保护这一制度层面的问题却被人们忽视，博文、论文侵权事件不断发生就是有力实证，各种版权纠纷成为现在法律事件热点之一。为了使数字报业健全发展，数字版权的保护将成为重中之重。

（二）媒体之间的政策界限问题

数字报业的出现使得传统报纸与信息数字技术紧密结合在一起，在此基础上产生了一系列新兴媒体形式，这些媒体并不断地走向融合。在媒介融合的状态下不同媒体之间的界限将被打破，这对于新闻信息的传播来说有着重要的作用，促进了信息的传播。但是对于新闻政策监管来说，由于不同媒介在监管上存在一定的差别，这就给新闻监管带来一定的难度。例如，数字报纸、多媒体移动报刊、手机报、网络新闻等数字技术传播形式远远超出了传统平面媒体的监管范畴。随着媒介的融合，不同的行业部门之间的、跨媒体行业之间的、跨地域之间的政策调整将成为一个重要的内容。

（三）思维模式问题

数字报业的发展在国外已经推行很久，并渐渐走向成熟，很多报纸现在只发行网络版。虽然数字报业在中国2004年就已经被提出来，并得到了政府主管单位和报纸业界的认同，但是在各地区的发展程度存在着一定的差异性。一些地区对当前数字报业和媒介融合的形式认识不够，通信技术落后，信息传播渠道不畅通，造成数字报业的发展迟迟不见成效。因此数字报业的发展必须改变原有的传统报业的思维模式，认识到数字报业的发展是今后传媒发展的一个重要模式。

（四）人才培养问题

数字报纸、报纸网站及手机报等数字媒体的发展所需要的媒体人不再是精通某一板块的专一型人才，而是需要集采、编、播于一体并熟悉数字技术的全媒体人才。而目前正处于传统媒体向新兴媒体的过渡时期，熟悉传统媒体业务的人员对于数字传播技术的了解却很少；而对适用数字技术的人员而言，对媒体行业的业务流程又不精通。然而数字媒体又是以纸质媒介为基础的，所以数字报业时代，所需要的是既熟悉媒体业务流程又精通数字技术的全媒体型人才。因此，培养既能懂媒体业务又熟悉新兴媒体技术的全媒体型人才成为新闻界人才培养的方向。

三、移动报纸的发展策略

（一）变固定时间发送为随机发送

目前国内的大多数手机报都是上午9点和下午5点两个时间点固定发送，就像简约版的早报和晚报。这样虽然比一些纸质媒体的时效性强了，但却比不上广电媒体。手机报应该借鉴网络媒体的随机弹出式新闻页面的做法，在时效性上打破常规，工作人员随时关注其他媒体和本媒体所依附的各类媒体，发现重大新闻随编随发，这样对于编辑要求更为严格。但对于移动运营商来讲，并没有增加成本，因为从理论上讲，十几条信息攒到一块发和单条分发，所耗费的网络流量是相同的。这样的好处就在于，无论受众在哪，只要发生重大新闻，几秒钟内就会进入视野，这样的传播速度，就算是网络也望尘莫及。当然，在实际操作中还需要考虑到信息对受众干扰的因素，可采用集中发送和随机发送两种形式相结合，以达到平衡。

移动商务应用

（二）用编辑强大的缩写、改写功力和多媒体互动弥补

手机报报道长篇报道方面有缺陷。编辑手机报要有沙中挑金、惜字如金、以一当十的文字功底，尽可能用最简约的文字概括最复杂的内容。对于手机报来讲，应该把主要精力和篇幅放到动态性消息上；对于这些消息的编辑，点出六要素即可；对于一些必发的重要的通讯，则必须缩写或者是重写了。另外，还可以通过所依附的媒体，如报纸和网络，对其手机报所报道内容进行必要的提示和补充。

（三）农村市场与城市市场并重

目前手机报每天发两次，每次十几条消息，算下来一天就有二十多条消息，就信息量来讲相当于四开报两至三个版的内容。就其各地的纸媒来讲，每天人们关注、必看、想看的消息，如果选稿得当，二十几条完全可以涵盖。因为城市群众接触媒体的便利性、购买和使用其他媒体的能力比农村地区要强很多，所以手机报的受众对象应该以收入水平不是太高、接触媒体不太方便而且对信息要求很强烈的农村群众为主。

（四）改革媒体盈利模式

目前大多数媒体，其盈利模式都是受众与信息本身的双重销售，而且受众群的销售在收入中所占的比例越来越大，但是手机报目前多数还仅仅处于单纯的信息销售层次，这样直接导致了定制价格偏高（相对于其信息的丰富性来讲），影响了市场前景。

案例分析

手机图书馆遭遇萌芽期困境

逐步推广手机图书馆，这是写进上海"十二五"文化事业规划的设想。手机图书馆，除了提供常规的图书馆服务外，最吸引人的莫过于可以随时随地地免费下载图书。记者日前走访了上海图书馆了解到，这项服务自2008年推出后，确实收到了读者的热烈追捧，但遭遇的阻力也不小。

一、可下载图书大多出版超三年

目前，读者在上海图书馆网站上下载手机客户端后，即可免费下载400本电子书。其中，40%属于上图自有版权，如部分世博类书籍、电子化的资源等，其余皆为向出版社购买的版权。记者了解到，出版社一般会提供几大类的图书，由图书馆挑选后一个大类一起打包购买。每本书以副本收费，若出版社购买了5个副本，这本书就可提供5位读者同时下载阅读。

"有很多读者都反映书太少了，而且也不够新。"上海图书馆系统网络中心

主任徐强告诉记者，这些可下载的资源中，有不少期刊、电子报纸、数据库，书籍则主要集中在文学、计算机、休闲类，种类还不多。此外，向出版社购买的书目中，大多是过了畅销期的图书，出版时间超过三年。

二、出版社害怕提供新书被盗版

据悉，在上图的所有采购经费中，电子资源占到8%~10%，而电子书只占到电子资源的20%左右。徐强坦言，电子书下载还需依赖出版商，而目前这条供应链还不理顺，使得上图不敢把步子迈得太大。

尽管现在上图开发的手机客户端对下载的电子书实施了版权保护，出版社还是对盗版心有余悸。他们还担心，大量用户得以下载免费的电子书，会冲击畅销书的销售。因此，出版社一般只愿意提供与销售周期脱节的书。徐强则认为，下载的电子书至多28天就会过期，读者用手机阅读和在书店阅读其本质是相同的，不但不会冲击书籍销售，还会成为出版社推广新书的一个重要渠道。

他还表示，目前打包购买的方式虽然能将一类图书"一网打尽"，但无法去糟取精，很多图书购买后根本无人借阅，造成了资源浪费。他希望，未来电子图书能按借阅次数付费，放宽一个副本的借阅量，或是索性提供无限制的借阅版本。

三、"十二五"书目有望扩至10万本

尽管困境仍在，手机电子书的前途依然光明。徐强表示，"十二五"期间上海图书馆将申请电子书专项经费支持，并加大采购力度，自行构建服务链，争取将可下载的电子书目扩展到10万本。

资料来源：孙晓菲.手机图书馆遭遇萌芽困境［DJ/OL］.东方网，2011-03-07.

第六节　移动广告

移动广告是一种创新性的广告发布模式，广告内容几乎可以现有的所有移动业务为载体进行发布，如可通过传统话音业务、短信业务、彩信业务、IVR业务、WAP业务、流媒体业务、位置服务来发布，而基于不同业务的广告实现方式，对广告制作和广告内容又有不同的特点和要求，适合于不同的广告发送需求和广告目的。移动网的双向特性，使得移动广告既可以以推送（push）方式即时发布，又可以快速实现基于用户定制的拉动（pull）式发布，这一特点是目前任何其他广告媒介都无法实现的。

移动商务应用

一、移动广告的表现形式

移动广告业务承载在不同的移动通信业务上，会具有不同的表现形式。

（一）终端嵌入广告

以屏幕保护、壁纸、开关机画面、视频、铃声、游戏等方式将广告信息嵌入新出产的手机里。

（二）语音广告

将广告主的语音类信息通过运营商的语音通道，传递到终端用户手机上。包括彩铃广告、信息查询广告、IVR 互动式语音广告。

（三）短信广告

把广告定点直接投递到特定用户群的手机上。包括短信广告、彩信广告、小区短信广告。

（四）WAP 广告

与互联网广告类似。

（五）视频广告

将广告主的信息以视频播放的手段传递给广告受众的一种广告形式。包括手机电视广告，这种方式要借助流媒体业务实现，既可以是主动推送，又可以是用户主动点播。

（六）搜索广告

与互联网的搜索广告类似，包括关键词购买或者竞价排名模式等形式。

（七）条形码广告

商家把企业信息、产品信息植入条形码中，用户使用手机的拍照功能或扫描功能，将条形码信息输入手机，用户即可看到相应的产品信息。

二、移动广告业务特点

（一）个性化

手机用户可自主选择听取感兴趣的广告信息或进行广告信息的点播、定制，商家可以根据移动网网管的统计数据获得听取广告信息的用户数及信息抵达率，从而对广告效果做到胸中有数，以便及时调整业务策略和投资成本。

（二）互动性

通过移动媒介传受双方可以相互实施影响。对于一则广告，消费者可以使用移动电话、短信、邮件、登录网站等形式向广告商做出回应，甚至还会将广告转发给自己的朋友们，形成所谓"病毒式"营销。这种方式对广告商极为有利，因为在转发信息的过程中用户自身成了发送者，增加了信息的可信度。

(三) 移动性

用户在需要的时候可以随时随地获取信息，获取信息的方式不仅包括收听广告电话，还包括信息点播等其他方式。小区广播也是移动广告的一种业务模式，小区广播发送与位置相关的实时信息，为用户即时消费提供了可能。

(四) 低成本

移动广告业务降低了广告成本，尤其是电话广告业务的广告制作比较简单，主要是广告词的构思和语音录制成本非常低。同电视、大型广告牌相比，电话广告方式把更多的资金投入广告内容传递方面，而不是广告制作方面。除了电话广告以外，移动广告业务随着移动通信技术的进步还将进行多媒体广告视频播放，届时广告制作和发布成本将会有所提高，但是与电视、电台等媒体相比，移动广告业务的成本还是具有较大优势。

(五) 情境性

传统广告是在几乎不考虑情境的情况下将相同的信息发送给众多的接受者。对广告业主来说，通过移动设备发送广告的诱人之处在于能够在正确的地点和时间锁定目标用户，因为越来越多的移动电话和设备都采用全球定位系统（GPS）技术。

(六) 高效性

尽管移动广告的接收者数量可能比信件广告或电视广告要少，其实施效果却比传统广告要好。在预先定位的基础上，广告主可以选择用户感兴趣的或者能够满足用户当前需要的信息，确保消费者所接收的就是他所想要的信息。通过对广告的成功定位，广告主就可以获得较高的广告阅读率。以手机短信广告为例，81%的用户是在阅读了短信后才将其删除，其中又有77%的用户是在收到短信当时阅读的。

移动广告与传统广告相比虽然有很多优势，但也有其固有的一些劣势，主要表现在三个方面：移动广告表现力较差，手机屏幕大小的局限性，决定了移动广告表现力不如电视、互联网、报纸、广播那样具有冲击性；手机私密性强，手机更多的是作为私人用品，大众对广告骚扰容忍度低，容易导致用户投诉；媒体还不具备社会影响力，手机作为一种媒体，其影响还不具备社会公信力，因此会影响用户对广告内容的真实性判断。

三、移动广告业务的商业模式

中国移动广告市场已风生水起，商业模式和案例层出不穷。其中有四种模式最引人注目，下面以例子为主进行讲解。

(一) 移动运营商的代理模式

目前,中国移动和中国联通的移动广告业务都是属于这种模式。从市场竞争的角度来看,中国移动在时间、业务模式和合作模式上略占先机,如目前中国移动拥有 2.6 亿户手机用户,其移动梦网的注册用户则超过 1 亿户,平均每天浏览用户超过 300 万户,且每天新增用户超过 300 万户,因此中国移动一旦进入广告业,将拥有中国迄今为止最大的广告受众群体,成为国内最大的广告商。此外,在移动广告的价格体系方面,中国移动早早就确定了移动广告收费标准为 100 元人民币/1000 个 PV (用户点击),而中国联通目前虽然也确定了与众多广告客户的合作模式,但在资费上能否取得优势还有待市场进一步验证。手机广告业务分众、定向、及时、互动的特性是我国移动运营商运作此项业务最为看重的方面。在 3G 时代,由于视频、在线游戏等新业务的介入,该种移动广告业务模式的商机还将持续增长。

(二) 凯威点告用户相对被动接受的 SP 模式

凯威点告在 2006 年 3 月被分众传媒收购,收购后的新公司叫北京分众无线传媒有限公司。凯威点告大多被业内人士视为一个短信群发公司,是一家把强制推送概念做到极致的 SP 广告公司。该公司有每个 WAP 手机用户使用 WAP 的信息记录,公司可以通过无线互联网将广告精确投放到某个潜在消费者手机上。目前凯威点告掌握了 7000 多万个用户手机号码等信息,几乎囊括了中国所有 WAP 用户,该公司每日可向 1200 万户 WAP 用户发送广告,并占有这一市场近 80%的份额。凯威点告的 WAP PUSH 广告模式酷似原来的群发短信,即对用户有强迫性,在一定程度上会影响用户的生活。而这种方式目前已经受到了运营商的严格监管,未来发展前景不容乐观。

(三) 广州摩拜美迪公司的终端嵌入模式

与绑定上游运营商的做法不同,很多手机广告商正在跑马圈地式地向下游的手机终端厂商渗透。其中最为典型的就是广州摩拜美迪公司,其发展目标是将广告元素直接置入手机终端投放给手机用户。摩拜美迪通常以买断的方式,在一个品牌的每部手机里投放 3~4 个广告,并将 1/3 的广告收入分给手机厂商。此外,广州摩拜美迪公司通过在手机终端内置软件的方式对广告进行及时更新,这种模式从实现方式上来说相对简单,但实际操作起来却很困难,因为对于手机终端厂商来讲,在选择广告产品的品牌时会比较谨慎和苛刻。手机终端一般会选择与自己品牌相匹配的广告品牌,一线的手机品牌都不愿接受一个不知名的广告。

(四) WAP 网站免费发送模式

还有一种模式是 3G 门户、新网互联和 WAP 天下等 WAP 公司的 WAP 网站免费发送模式。它们以手机门户网站的形式，用免费的内容吸引用户访问，然后利用流量做类似目前互联网广告的手机广告。此前，在相当长的时间内，独立 WAP 网站仅有的广告主要来源于移动梦网的 SP 所做的广告链接，但是由于中国移动出台了禁止 SP 在非梦网平台上做广告的规定，断绝了这一广告的来源。随着此前中国移动介入手机广告的举动，独立 WAP 网站也开始看到了免费 WAP 门户盈利模式的突破口。从用户交互性上讲，与互联网平台相比，手机是实现互动营销的最佳平台。

目前，移动广告价值链中有广告主、移动营销公司、媒体所有者、网络运营商、技术提供商和消费者。作为移动广告的付费者，广告主是价值链中的重要一环。媒体所有者在价值链中也相当重要，他们拥有经过授权的移动号码数据库。网络营运商则控制了传输渠道。不断创新的技术则是整个价值链的黏合剂，技术提供商在这一环节要解决传输协议、终端设备、传输能力等问题。最后是消费者的态度，它决定了移动广告的未来。如果受众不买账，移动广告也不可能生存下去。当前的移动广告价值链还显得零碎，在广告主和营运商之间存在多种中介，营销层次还比较复杂。

四、移动广告平台运营方的关键举措

移动广告平台运营方应从以下几个方面合理有效地运营广告平台，以保证整个产业链的顺利运行。

（一）打造强大品牌

优质的广告平台往往与优质的广告主、没有虚假广告等相关联，专业化的运营队伍具有移动广告平台的专业运营经验，如苹果的 iPAD 移动广告平台一开始就与 AT&T、Best Buy、Citi 等公司签约，双方合作进行广告投放。打造强大的移动广告平台品牌，以吸引更多的优质广告主进行广告投放，一方面能够带来更多的业务收益，另一方面可以扩大广告平台在总体市场中的影响力，在良性循环中保证广告主与广告平台快速成长壮大。

（二）扩展广告影响

手机操作系统以及移动应用销售渠道的差异化，导致开发者在同一款应用、不同终端适配的研发与销售过程中面临着更多的重复劳动，因此，移动广告平台的标准化与开放化将大大减少研发人员的工作量。更加开放化和标准化的移动广告平台会引起更多开发者的关注，而所有这些都是建立在移动应用商店运营充分开放与合作基础之上的。移动广告业务对移动用户来说应该是免费的，作为广告客户的企业和商家才是移动广告业务的收入来源。

(三) 拓展业务模式

目前移动广告业务在业务模式上还显得过于单一，因此研究并开发多种业务模式和实现方案，为业务客户提供信息传播的最佳舞台及为移动用户获取信息提供人性化手段是运营商的当务之急。对于移动用户来说，也应该可以采取多种途径使用该业务，如拨打广告接入电话收听广告、短信形式的信息点播、通过 USSD 互动方式获得信息、接收根据用户签约信息对用户分类投放的广告等。移动广告投放的实际效果只有通过用户的最终点击下载数量以及激发线下购买行为才能检验出来，可以说是否吸引用户的眼球是检验广告有效性的关键所在。

(四) 统一接入平台

为适应移动广告业务向纵深发展，移动运营商应组建专门的广告接入平台。它是移动运营商为企业、商家及广告制作商提供的广告信息的输入平台，其中包括语音服务器、数据服务器及其他服务器设备，用来存储客户的各种类型的广告信息，同时运营商为客户提供友好的界面，使客户能够进行信息的输入、修改、查询、广告受众统计等操作。广告接入平台将接入的各种形式的广告信息通过移动通信网的各种网络资源发送给手机用户（消费者）。其中包括短消息系统、彩信系统、语音交互系统、智能外设系统及未来 3G 网络的 IMS 等，这些系统具有不同的业务功能，可以给用户提供多彩的、个性化的、不同类型的广告信息。

第七节　移动会议

在使用网络会议系统后，参加会议的人员完全可以分散到各个小的会议室或者某些办公区域，通过网络会议系统同时参加同一会议。处于不同位置的发言人通过网络会议系统向所有与会者传达自己的语音、图文和视频信息，同时与会者还可以通过网络会议系统相互之间进行语音、图文信息交换，进行讨论。这样一个会议可以充分利用已有的空间，会议效果也完全可以达到集中会议的效果。移动会议不仅节省了会议场地的费用，而且会议召集还可以节省时间，大大提高了会议效率。图 7-3 为移动会议系统的架构示意图。

移动商务应用

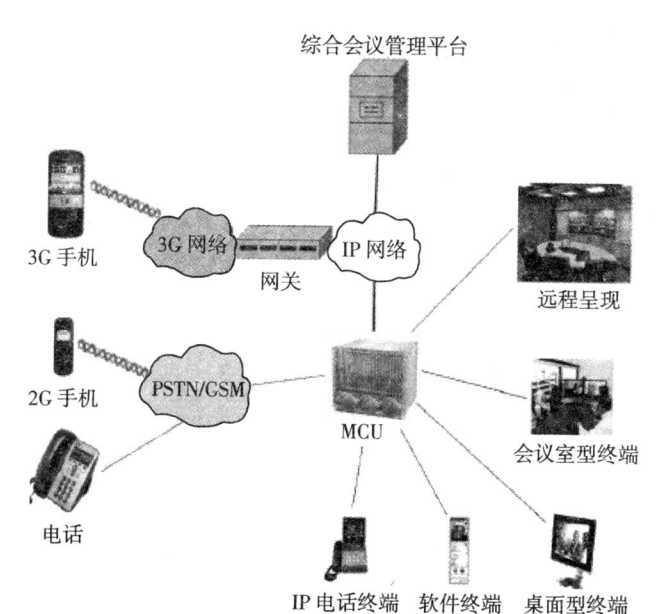

图7-3 加入3G移动通信终端的视频会议系统的架构示意图

一、移动会议的应用

（一）会议发言系统

数字发言系统主要由中央控制器、主席机、代表机等组成，根据需要可相应配置表决系统、同声传译系统等，具有多功能、高音质、数据传送保密可靠等特点。根据企业需要，视频会议系统可以设计成有线数字会议系统或红外无线数字会议系统。红外无线数字会议系统由于安装节省线材、费用，方便会议室流动，安全性好等优点被很多大公司选用。由于红外线会议系统的发送和接收都是以光波多点传送，因此不仅稳定性高，而且不会受到外界杂散无线电波的干扰。更重要的是，由于红外线的波长大，遇到不透明物体时不能轻易衍射绕过障碍物，因此采用红外线系统就可以用不透明的物体来限制接收范围，保证通信信息不会被窃听。

（二）会议音响扩音系统

音响扩音系统是视频会议室的重要系统。系统主要为本地、异地发言进行会议扩音、多媒体会议扩音等。系统设计关键点是保障语音清晰、消除及处理掉视频会议室易出现的回声、啸叫、噪声等音频问题，因此视频会议室在设计上需着重考虑音频处理技术。啸叫问题多是因房间布局或装修材料没有按声学要求或声学结构设计而产生的，可采用均衡器和反馈抑制器等设备来抑制啸叫。在远程视频会议中经常因多个会场的原因产生多次回音，为了解决回音问题，利用数字处理器，可以获得最少噪声、无回声、无反馈的效果。

（三）中央控制系统

随着多媒体设备的不断推陈出新，我们拥有越来越多的电子电气设备。它们提高了我们的工作效率和生活质量，然而我们往往因为控制按钮太多、设备分散、功能烦琐而无所适从。基于此需求，智能集中控制系统应运而生，它为集中控制各种电子电气设备提供了操作简单、方便、快捷的解决方案。在设计过程中，为了方便管理人员对会议室设备管理和控制，在会议室入口墙身安装控制面板，在室内设置无线触摸屏。通过触摸屏、墙身面板均可以开启或关闭系统，或对投影机、会议室内屏幕前排灯光、会议室内三基色灯光的开关控制等。除此之外，还可以对远程视频会议进行功能控制，对信号处理系统的信号切换控制等。

二、移动会议的特点

（一）节约经费时间

据国外统计，各级管理部门的工作人员用于开会的时间约占全部工作时间的40%。利用电视会议开会，不需长途出差，不需把大量的时间花在旅途上，也不需为出差付出大量的差旅费。在目前条件下，利用电视会议至少可代替1/3的会议。显然，对我国来说，由于地域辽阔、交通紧张、会议频繁，这种通信方式无疑更为合适。尤其对一些紧急会议，电视会议在争取时间、及时决策、及时取得重要消息等方面，更具有明显的优越性。

（二）提高会议效率

由于电视会议的费用与使用电视会议的时间几乎成正比，这些经济因素可促使发言者充分准备、发言精练、缩短发言时间，从而提高了会议效率。

（三）选择与会代表

最合适的与会代表往往由于工作忙、时间紧，无法参加长途出差、费时太多的会议，电视会议由于费时少则可以较好地解决这个矛盾。此外，由于电视会议不需长途出差，因此对与会代表名额不必作太多限制，可适当增加与会人数，以便集思广益。

三、移动会议的发展趋势

随着通信网络运营商宽带业务的拓展以及在保证网络服务质量情况下对核心宽带骨干网技术的应用，可以预见在不久的将来，网络传输能力可以进一步提高，将促进视频会议的快速发展。视频会议的发展趋势有以下三点：

移动商务应用

（一）流媒体广播技术应用广泛

流媒体广播技术越来越多地应用于视频会议系统中。大部分广播会议如网上演示、采访、现场会等，主要为用户传输多媒体信息，相互之间的交互很少，这种技术的应用是对传统视频会议功能的扩展。

（二）虚拟合作应用服务是核心

虚拟合作应用服务将成为视频会议面向企业的核心功能。大多数跨国集团和分支机构较多的企业在使用视频会议系统时，除了会议功能外，使用最为频繁的将是虚拟合作，如远程的项目管理、客户服务、技术培训等，这种应用在知识型企业尤为明显。

（三）高清化、移动化、结盟化

运营商成为视频会议的主要使用实体，由此运营商在网络带宽上拥有无可比拟的优势并安装了高清视频会议终端，运营商开始谋划利用高清视频会议系统提供外包服务激活市场需求。随着三网融合市场的逐步启动，移动视频会议扩展到种类繁多的行业应用。同时运营商、设备商、软件厂商和集成商"结盟"组成产业链，提供各种视频会议系统产品和服务，使人们可以随时随地进行通信和交流。

本章案例

搜狐打造移动终端广告平台　赢得移动互联网市场

搜狐在京举办"掘金无线，先行一步"发布会，推出"搜狐移动终端广告平台"，对搜狐移动互联网领域营销服务体系进行全面升级，帮助广告主布局移动互联网营销蓝海。同时，搜狐与尼尔森达成战略合作，尼尔森将提供全面技术支持，帮助搜狐及广告主进行广告效果监测。

搜狐副总裁方刚表示："未来移动互联网的营销更加广阔。我相信，随着3G的普及，以及终端充分发展，手机将成为一个非常智能和完全的网络使用终端。"搜狐移动终端广告平台可以使合作伙伴的广告按用户的内容、手机的机型，还有地域来甄别广告。根据用户属性，形成差异化营销。

据悉，搜狐移动终端广告平台提前预装在国产手机终端上，覆盖了80%以上国产品牌，每月渠道出货量约为2000万台。该终端内含丰富产品，应用涉及游戏、软件、音乐、电子书、视频等领域。该平台满足移动用户娱乐、交友互动需求，具有极高的用户黏性。

对此番搜狐推出移动终端广告平台，业界人士分析，搜狐是最早涉足无线互联网业务的门户网站，拥有丰富的互联网和无线互联网运营以及营销经验，

移动商务应用

同时搜狐具备强大的资金、品牌和广告主资源。选择此时推出移动营销平台，抓住了国内3G和移动互联网品牌广告的爆发前期，有望实现从PC互联网向移动互联网营销的无缝对接。

搜狐无线对移动终端活跃用户分析发现，其中用户18~25岁的比例占到57%，以城市务工者、学生为主；从职业分布来看集中在城市、务工人群。活跃人群集中在珠三角和长三角领域。而搜狐移动终端广告平台正是覆盖到这样一批用户，满足广告主在传统电视+传统门户精英组合之外的差异化营销覆盖，打通一个新的传播渠道。

而搜狐移动终端广告平台的推出，完全满足了品牌广告客户的渠道下沉需求。搜狐公司品牌广告营销副总裁崔莉莉女士表示："移动互联网领域最有价值的领域就是它的用户群，移动互联网用户以新生代农民工、城市蓝领为主，他们是绝对的低端用户、真正的草根，他们的个人价值不大，但是总量很大。更重要的是，他们不是传统电视和传统门户可以覆盖到的那部分人群。他们代表了搜狐和大家关注的一片营销的蓝海。"

针对广告主在移动互联网时代的需求，搜狐移动终端广告平台除了与尼尔森合作进行广告效果监测，以保证广告主的利益外，同时还提供了一系列升级服务，包括使合作伙伴的广告按用户的内容、手机的机型，以及地域来甄别广告等。

搜狐公司品牌广告营销副总裁崔莉莉表示："在移动互联的趋势下，移动终端广告平台是搜狐鼎力发展的新的营销产品，我们希望它能以它最有价值的用户群覆盖，满足各位广告主在传统电视+传统门户精英组合之外的差异化营销覆盖，打通一个新的传播渠道，帮助各位广告主提前布局移动互联网营销这一蓝海。"

资料来源：搜狐推出"移动终端广告平台"[DB/OL].赛迪网，2011-03-31.

问题讨论：

1. 通过搜狐推出的移动广告平台案例可以看出移动广告的表现形式有哪些？
2. 移动广告有哪些业务特点？
3. 为了实现"双赢"，移动广告平台运营方的关键举措有哪些？

本章小结

移动传媒主要包括移动视频、移动搜索、移动博客、移动报刊、移动广告和移动会议，是一种现代化数字传播方式，其载体是移动的，这使得人们之间的沟通更加快捷、方便。每一种移动传媒应用都具有其特点、存在的问题，以及针对目前发展状况而提出的发展。我们还学习了移动视频、移动搜索、移动广告这三类应用的表现形式（应用）。学习本章内容时可以联系实际，通过结合案例来掌握移动传媒的特点及问题。

本章复习题

1. 简述移动传媒的应用类型。
2. 简述移动传媒的优势。
3. 简述移动视频的应用类型。
4. 简述移动视频的特点。
5. 简述移动搜索的类型。
6. 移动搜索的优势和劣势分别是什么？
7. 简述移动博客的特点。
8. 简述移动博客业务的发展策略。
9. 相比传统报纸，移动报纸有哪些特点？
10. 移动广告的表现形式有哪几种？
11. 简述移动广告业务的特点。
12. 简述移动广告业务的商业模式。
13. 移动广告平台运营应该从哪些方面提高服务？
14. 移动会议应用包括哪些内容？
15. 简述移动会议的特点。

第八章 移动娱乐

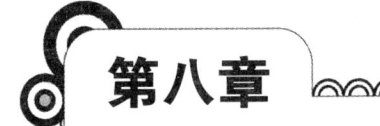

学习目的

知识要求 通过本章的学习，掌握：

- 移动娱乐的应用领域
- 移动娱乐的典型性业务应用类型
- 理解移动娱乐应用服务的主要特点

技能要求 通过本章的学习，能够：

- 掌握移动网络下载服务模式
- 理解移动游戏服务
- 掌握移动音乐服务
- 理解其他移动娱乐业务

学习指导

1. 本章内容包括：移动游戏、移动音乐及其他娱乐服务；移动娱乐服务的产业链和商业模式。

2. 学习方法：理解记忆，联系生活，结合身边的移动娱乐服务去学习本章内容。

3. 建议学时：8学时。

移动商务应用

引导案例

《水果忍者》瞄准中国市场

Halfbrick Studios 是位于澳大利亚布里斯班的一个小型游戏工作室，目前共有 45 名员工组成 5 个工作团队。不同于大搞名人营销的《愤怒的小鸟》，《水果忍者》没有做过什么广告，但自从 2010 年发行以来，在全球已经实现了超过 7500 万次的下载量，得到众多智能手机用户尤其是白领用户的青睐。我们不禁要问，一款切水果的休闲小游戏为何如此风靡？

而且，即便是受手机屏幕及其运行能力的限制，Halfbrick 公司也没有在游戏画面的设计上偷懒。玩家可以在屏幕上比画出横、竖、弧形、Z 形等各种刀光剑影，同时伴随着挥刀的声音，切开的水果发出爆裂声和果汁飞溅的声音，不同的水果被切开时会有不同的颜色，即使以 10% 的速度慢放，也能清楚地看到水果被切开后果汁飞溅的方向，以及果汁是如何一点点消失的。正是这样的细节让玩家觉得切水果游戏既真实又过瘾。

ShainielDeo 说，真实世界看不到刀光剑影，水果忍者中却可以创造自己不同线条的白色刀光，玩家可以在屏幕上打横、打竖、打弧、"Z" 形等。总之，手指在屏幕上怎样比画，就有怎样的剑影，完全由玩家发挥。刀光一旦出现，同时伴随着挥刀的声音。如果忍者刀在空气中挥舞，会发出那种低沉的声音。忍者刀一旦碰上水果，马上就会听到切开水果那种爆裂的响声，还有果汁溅射的声音，十分逼真，非常刺激。"正是基于此，这款游戏从 18 个月到 80 岁的人都可以玩，都爱玩，尤其是白领。"ShainielDeo 承认，因为不断挥刀切水果的感觉，不仅可以打发他们的空闲时间，而且可以在无形中减缓他们在都市中的压力。随着一个个饱满的水果被畅快地切开，汁水瞬间溅满整个屏幕，人们心里积聚已久的郁闷、挫折感仿佛得到了烟消云散的缓解，而渴望已久的快感、成就感也仿佛获得了淋漓尽致的释放。"你可以把水果想象成任何让你生气的人，而你就是那个手持利刃的水果终结者。"

据了解，《水果忍者》的游戏雏形设计出来之后，Halfbrick 公司觉得仅以切水果这个元素来营销略显单薄，于是加入了忍者的角色。忍者在大多数人心中是一个比较神秘的形象，特别是受到很多西方玩家的喜爱。而且，不少玩家在刚刚接触这款游戏时，都会嘀咕一句："为什么'忍者'会讨厌'水果'呢？" 便进一步增加了对这个名字神秘又古怪的游戏的兴趣。

在《水果忍者》风靡各移动互联网应用商店的同时，Halfbrick 公司发现有 30% 的下载来自中国。但不同于对美国和欧洲市场比较了解、大部分事情亲力亲为的运作模式，Halfbrick 公司对中国市场的开拓主要得益于他们与中国本土企业的合作。例如，通过与中国游戏代理公司乐逗游戏合作，Halfbrick 公司推出了带有中国特色的《水果忍者》游戏场景和道具，如融入了十二生肖、鞭炮等中国传统文化元素，让中国玩家觉得更新鲜、更亲切。据悉，中国版本自 2011 年 10 月推出后的两个月内，就实现了约 400 万次的下载量。此外，Halfbrick 公司还通过授权商业模式，与中国的乐淘网合作推出了有"水果忍者"图案的帆布鞋和公仔。通过与中国移动互联网商务合作平台长城会合作，负责 Halfbrick 公司在中国的营销推广和商务合作伙伴推荐。

资料来源：《水果忍者》瞄准中国市场 [DB/OL]. 中国 MBA 网，2011-10-18.

问题：
1. 什么因素促使移动游戏如此火暴？
2. 移动游戏相对于传统游戏有哪些特别之处？
3.《水果忍者》为什么瞄准了中国市场？

第一节 移动娱乐综述

一、移动娱乐的定义

定义：移动娱乐简言之就是传统娱乐方式在以手机和其他个人数字助理（PDA）等移动通信终端上的应用。随着 3G 时代的来临，宽带传输、手持终端、移动视频等新技术产生的能量会进一步扩展，娱乐创新的表现形式越来越丰富多彩。移动娱乐业务以移动游戏为代表，还包括移动音乐、移动视频等。

进入 21 世纪，随着数字时期的不断前行，囊括了音像、游戏、资讯、交友等在内的娱乐方法，已成为移动娱乐产业非常重要的组成部分。而随着技术和内容的不断完善，这一行业将在今后两年内进入高速发展期。据 IDC 发布的最新研究报告预测，2014 年全球移动应用软件市场销售总额将至 350 亿美元，2010~2014 年的混合年增长率大约为 60%。iPhone 的出现让我们看到了手机原来可以具有如此强大的娱乐功能。同时，也让我们跳出了手机这个传统意义上通信工具的创新仅仅局限于内存和屏幕等方面的思考模式，并由此发现了手机技术变革的巨大潜力，开始思考手机使用体验和应用软件等未来技术变革的发展走向。

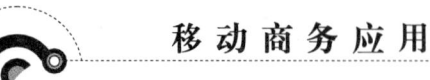

二、移动娱乐业务分类

当今移动网络的发展已经使人们移动获取信息的需求成为可能。技术的飞速发展使媒体的发展有了更多的选择，也促使传媒行业的变革到达了前所未有的深度、广度与速度。移动化只是一种手段，是媒体价值取向的一种体现形式，是传媒顺从时代与技术发展的一种必然选择。而移动网络及移动终端也不再仅仅是与消费者相连，更逐渐深入了媒体的工作及采编领域，成为媒体的生产工具。移动娱乐主要包括移动游戏、移动音乐、电子书、移动电视、移动播客等。

（一）移动游戏

定义：手机游戏，顾名思义就是在手机上进行的游戏。它是基于移动终端〔如手机、个人数字助理（PDA）或掌机〕实现在移动中进行游戏的电子游戏方式，可以分为单机游戏和联网互动游戏两大类。

目前使用最广泛的手机平台主要有：Symbian、Research in Motion、iPhone OS、Android、Microsoft Windows Mobile、Linux 等。移动游戏的发展遵循了由简单到复杂，由初级到高级的不断演进的规律。与此同时，基于庞大的移动用户基础，移动游戏在对偶然使用游戏的用户的吸纳问题上，也有着其他游戏平台产品不能比拟的优势。移动游戏既继承了便携离线游戏即开即用、操作简便和便携性的特点，又被赋予了网络游戏人人交互的特点，从而显得更具有挑战性、刺激性和真实感，一次能够迅速成为当前市场中的一大亮点。

（二）移动音乐

定义：移动音乐业务是指通过移动终端和移动通信网络提供的数字音乐服务，包括炫铃（彩铃）、振铃音下载、整曲音乐等业务。数字音乐是指在音乐的制作与传播及储存过程中使用数字化技术的音乐。数字音乐经常表现的形式为 MP3 或 WMA。

随着技术的进步，用户需求的激发，音乐手机和移动业务终将携手共进。借助匹配的音乐手机，移动音乐谋求向音乐下载等高速数据业务方向拓展；音乐手机则需借助移动业务加快对中低端市场的渗透。这使得终端厂商与运营商以及 SP、CP 的合作越来越密切。

（三）移动阅读

定义：移动阅读是指阅读电纸书，而电纸书也就是电子阅读器的简称。一般认为，电纸书特指使用 eink 显示技术，提供类似纸张阅读感受的电子阅读产品。

它是一种采用电子纸为显示屏幕的新式数字阅读器，可以阅读网上绝大部分格式的电子书，比如 PDF、CHM、TXT 等。与传统的手机、mid、umpc 等设备相比，采用电子纸技术的电纸书阅读器有辐射小、耗电低、不伤眼睛的优点，而且它的显示效果逼真，看起来和看书的效果一样。

（四）移动电视

定义：移动电视是在广播电视技术数字化背景下出现的一种安装在移动载体上（如公交车、地铁、巴士等）的新媒体，具有视听的广泛性、普遍性、时效性等优势。

它作为电视行业的一种新型媒体，从传播学的角度来看，又是一种全新的媒体形态，无论是传播的时间和空间还是传播的内容和方式，都与传统的电视媒体不同。数字移动电视是国际公认的新兴媒体，是全新概念的信息型移动户外数字电视传媒，是传统电视媒体的延伸，被称为"第五媒体"。它以数字技术为支撑，通过无线数字信号发射、地面数字接收的方式进行电视节目传播。

（五）移动播客

移动播客，也称手机播客，是融合先进3G流媒体技术、移动终端和播客技术的特点，跨越移动网和互联网两个网络平台，覆盖手机和电脑等通用个人终端的移动视频流媒体平台。移动播客利用手机载体，充分体现移动终端的随时随地和个性化特点。移动播客发布者可以使用带摄像头的手机拍摄、录制视频或声音片段，然后通过手机上传到移动播客系统发布，感兴趣的用户可以将这些作品下载或通过流媒体手机进行播放。

三、移动娱乐产业链构成

移动娱乐服务属于移动商务的一部分，在学习移动娱乐服务的产业链构成之前，我们首先要明确移动商务产业链主要由设备供应商、应用开发商、内容提供商、无线网络运营商、其他服务提供商和用户六种主体共同构成。其中设备供应商主要向运营商提供网络运营设备，向开发商提供开发设备和工具，向用户提供手持终端设备；应用开发商主要利用设备提供商提供的设备和开发工具开发具体的应用并提供给内容提供商；内容提供商主要向网络运营商提供面向应用的增值内容服务；无线网络运营商主要负责网络运营并与用户进行交互；其他内容服务商则主要提供一些认证、网关等增值服务。传统有线电子商务在互联网兴起和发展的过程中，逐步形成了以应用服务商为核心的运作模式。与有线电子商务不同，在整个移动商务产业链中，无线网络运营商处于主导地位，负责将产业链的各方进行业务集成，并推向用户。

四、移动娱乐服务创新

随着无线技术的不断发展，移动娱乐服务正在成为标准的服务并被大家所接受。运营商如果希望争取更高水平的数据应用并且销售更多的移动娱乐内容，应该在以下四个方面争取创新和改进：用户体验、价格体系、内容策略、细分客户。

（一）用户体验

在提供内容方面，Web 方式是最容易的，但实际情况是，导致通过 WAP 和 IVR 等方式提供音乐内容服务非常困难，多数情况下，消费者在经历一次糟糕的体验后就放弃了购买。例如，某运营商推出了"免费内容报"项目来推广音乐服务，并通过传单、广播和短信等方式动员了 10 万用户使用它的 WAP 门户，但最后只有不到 1%的使用者成为该运营商音乐服务内容的新用户，因为通过 WAP 门户浏览音乐曲目的体验实在是"太糟糕了"。运营商在计划通过 WAP 和 IVR 门户介入音乐服务的时候，要把浏览和购买都考虑在导航菜单里。用户希望能够随时回到主菜单或上级目录，能够通过创作者或曲名来搜索歌曲，而且一旦他们找到自己喜欢的内容就能够直接购买。

（二）价格体系

那些彻底颠覆传统价格模式的运营商们似乎比其他运营商销售了更多的产品。对于振铃音、回铃音等，某些运营商已经越过了传统的、按下载次数收费的模式，他们提供了新的方式而且已经非常成功地促进了内容销售，许多用户每个月都会购买 2~3 首甚至更多首曲目。这些方法在用户购买多条内容时方法简单、费用节省，从而大大刺激了内容销售。

（三）内容策略

主动性内容策略将能促进更高的购买率。但这要求对用户进行心理暗示，促使用户经常购买内容并且频繁查看"有新内容没"。对于移动音乐服务，包括振铃音和回铃音等，最成功的运营商是频繁更新内容目录。最好的体验表明内容目录应该每月至少更新两次。而且在更新目录的同时，运营商还应该预防内容目录表过大，要尽量将目录限制在 200~250 条的范围内。

（四）细分客户

固定的网民一般只会使用 4~5 种服务，不过每个用户所钟爱的这四五种服务都是不尽相同的。同样，移动通信运营商也应该细分客户，并经常对服务进行改进。运营商要做的便是对用户的年龄、性别、收入、生活方式等信息进行整理，并为每个细分的客户群提供相应的服务。而且，运营商还应该追踪用户使用率最高的一些服务，并据此推测哪些新的个性化服务会受到用户欢迎。

第二节　移动游戏

一、业务分类

（一）内置游戏

最早出现的移动游戏是 1997 年诺基亚推出的"贪吃蛇"。目前，几乎所有的手机终端都内置了少量简单的内置游戏。尽管此类的游戏不能满足游戏迷的要求，但是可以帮助一般的移动用户在地铁、旅行途中消磨时间，因此也有很大的市场需求。

（二）短信游戏

在内置游戏之后出现的就是短信游戏了。短信游戏也是最早的移动网络游戏。这是由于短信游戏对于移动终端的要求最低，只要能够收发短信就能够进行互动游戏了。但是由于短信游戏只是通过文字内容互动来进行的，其吸引力主要来源于游戏内容本身。例如，Legend Quest 是一款 RPG 游戏，玩家通过冒险不断提升等级，最终打败游戏中设置的坏蛋。短信游戏的不足之处在于游戏画面过于简单，缺乏视觉吸引力。

（三）WAP 游戏

根据 WAP 浏览器浏览到页面上的提示，通过各种不同的选项的方法进行游戏。与短信游戏相比，WAP 游戏最大的特点就是运用图像表现游戏的内容。毫无疑问，抛开移动游戏内容本身，丰富多彩的游戏画面会对用户产生更大的吸引力。因此，与短信游戏相比，WAP 游戏无疑更进了一步。

（四）JAVA 游戏

基于 K-java 程序语言开发的手机游戏，有较强的交互娱乐性，并支持任意下载和删除。

（五）BREW 游戏

用 BREW 程序开发的 BREW 游戏，支持 BREW 语言的手机。

二、业务特点

（一）随身性

随身性是移动游戏不可忽视的一大优势。传统电子游戏厂商任天堂的成功证明了这一点。截至 2004 年 1 月，其便携式的游戏产品 Game Boy Advance

（GBA）在全球累计销售达到2024.8万台，销量位于当前主流视频游戏机第二位。其余几款均为非便携式游戏机。这就证明了人们对游戏的需求无所不在，移动游戏的随身性恰好能满足人们的这一需求。即使目前绝大多数移动游戏的水平还达不到同期PC或视频游戏的水平，但同样能够获得移动用户的认同。

（二）离线性

离线游戏其特点是将游戏程序下载到手机后，在运行程序时不需要服务器和移动网络的支持。但这类游戏的生命周期一般较短，用户在玩了一段时间后就可能失去兴趣。游戏的创意和设计是吸引用户的重要原因，离线游戏长期吸引用户的要点在于不断创新，不断推出新的界面和新的功能。

（三）在线人机交互

这类游戏也需要下载手机端游戏程序到手机上，在玩游戏或操作时需要服务器的在线支持，但与服务器的数据交互量一般较小，而且可以适当缓存，适时交换，所以并不成为技术难点。这类游戏的用户可以提升在服务器上的积分，或在电子竞技中获得奖励。其吸引用户的地方不仅在于创意和设计，更侧重于能否获得竞争取胜的成就感以及是否有相应的奖励政策和可靠的服务。不难认同，一个用户在某在线游戏上投入了大量时间、精力和资金，得到了较高的级别或积分，如果这时有另外一个类似的游戏，尽管界面可能要好一些、功能要多一些，但用户需要重新开始，慢慢地提高级别，增加积分，这时用户一般就不舍得转移。

（四）在线人际交互

这类游戏也需要下载手机端游戏程序，但在设计时已注入人际交互功能，故通过网络和服务器可以同时和其他人玩游戏。例如，二人猜拳、三人打扑克、四个人打麻将乃至电子竞技游戏。

（五）可定位性

正是由于移动终端与移动通信网络保持者实时的联系，就使移动通信网络能够随时确定移动终端的位置。对于移动游戏运营商来说，可以充分利用用户的位置信息开发出基于位置的移动游戏产品。因为增加了位置的元素，从而增加了游戏的趣味性。例如，日本KDDI就利用其带有GPS功能的手机开通了基于位置的BREW游戏。

三、产业链的构成

目前，许多商家在移动游戏价值链中并不只充当一个角色，而是充当了许多角色，并且提供不同的产品和服务。对这一现象的积极理解是，现在市场仍然太小，以致让一个多业务的公司不能只充当一个理想的角色。另外一种可能的解释是，它们在价值链中扮演多个角色，表示该公司对该做些什么和谁是他们的顾客缺少清晰的认识。

丰富的移动游戏应用激发了消费者个性的回归，将各种各样的消费者聚合在一起，也将各种各样的服务提供商聚合在了一起，形成了移动游戏产业链庞大的长尾。如图8-1所示在这条长尾上，运营商、移动游戏制造商、服务提供商必须通力协作，一起为用户提供完美的娱乐体验，方能赚取丰厚的利润。电信运营商在产业链中扮演搭台子请人唱戏的重要角色。运营商对产业链的态度不是掌控，而是提供服务与支持。运营商应该首先确立技术规范，然后将这个规范公开给所有的服务提供商。服务提供商得到技术规范后，就很容易提供相应的服务。面对上千万的用户，只有运营商才能将这个规范建立起来。服务提供商着力打造精品内容。随着生活水平和欣赏能力的不断提高，用户对于移动娱乐品质的要求也越来越高。

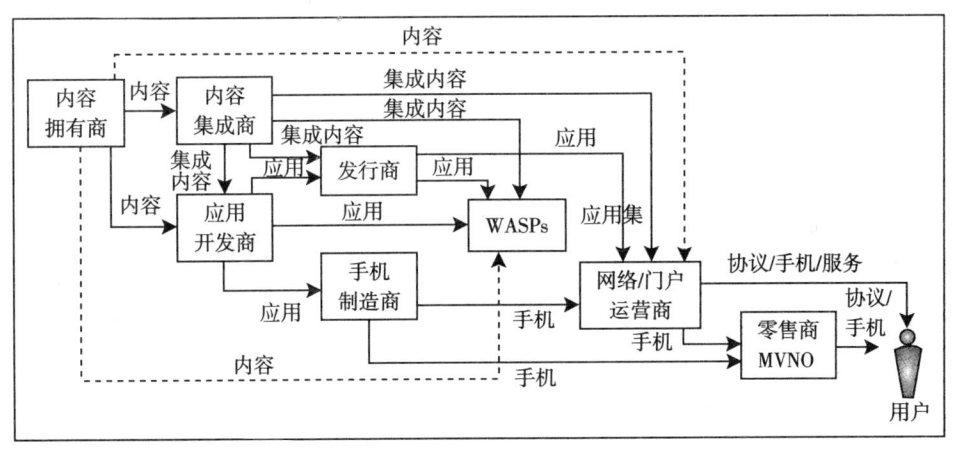

图 8-1 移动游戏产业链分工

四、发展原因

随着中国3G商务步伐的不断加快，移动娱乐业务将成为移动互联网业务增长的重要推动力量，作为手机娱乐服务重要内容的手机游戏正在加速发展。目前移动互联网市场环境改善和手机终端功能持续增强为手机游戏发展奠定了良好基础，未来手机游戏将会成为移动互联网的高速成长业务领域。用户对电子游戏网络化和游戏终端移动化的需求催生了移动游戏。

（一）技术推动

移动通信网络的数据承载能力的提高，使移动游戏成为可能。

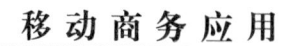

(二) 市场运作

移动通信运营商为推动数据业务的发展，增加用户对移动网络的使用，加强了与各种内容服务提供商的合作。

五、商业模式

根据商业生态系统的概念，移动游戏的设计、形成、提供与发展是在一个由政府相关部门、投资商、网络硬/软件提供商、终端硬/软件提供商、游戏开发商、特殊硬/软件提供商、艺术设计相关企业、游戏发行商、游戏运营商、移动通信网络运营商、系统集成商、周边产品开发商、游戏资讯网站、各类销售渠道（包括各级代理商和网络直销渠道）、各类媒体、游戏用户、用户团体等要素构成的商业环境中进行的。如图 8-2 所示，政府政策与媒体宣传营造产业发展的大环境，同类企业之间以竞争为主，不同类企业之间以合作为主，并且相互之间形成反馈互动等关系。图中仅标示了部分主要关系。

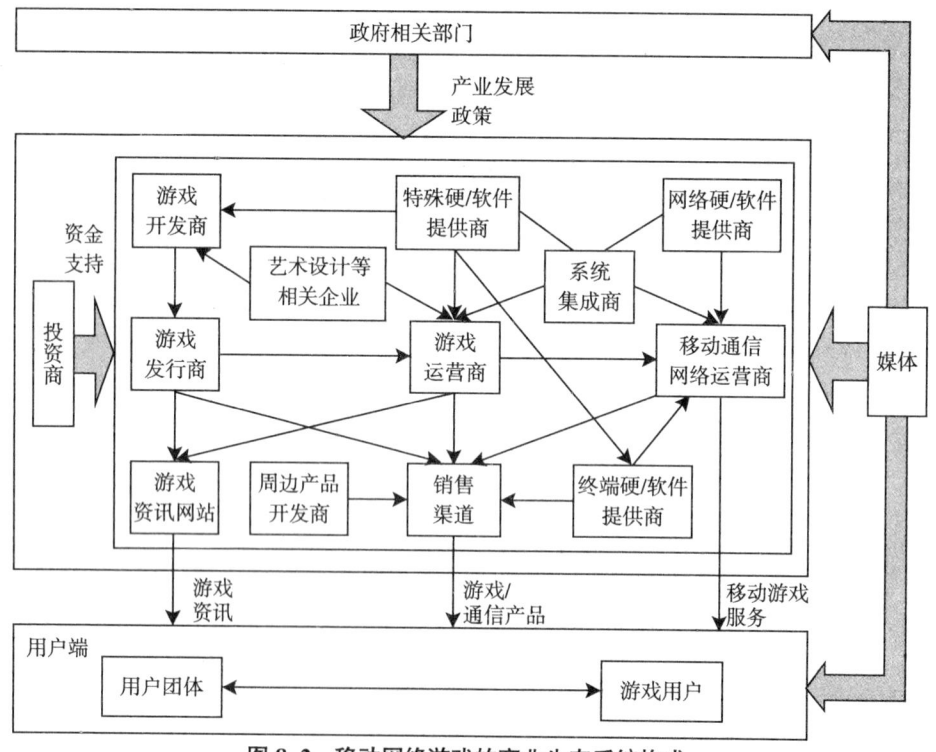

图 8-2 移动网络游戏的商业生态系统构成

在这一商业系统中，游戏开发商、游戏运营商和移动网络运营商是移动游戏业务的直接实现者。游戏开发商是游戏内容创新的源泉，是整个产业活力的来源，也是游戏产业繁荣的关键；游戏运营商可集中多种游戏，搭建支持多用户互动的平台，是提供游戏服务的主体；移动网络运营商是移动游戏服务提供的必经渠道，是实现移动游戏的网络特征的基础。

目前手机游戏的盈利模式与传统网络游戏较为相似，主要分为下载收费、购买游戏时间（点卡）、游戏内付费三种，除此之外采取内置广告的收费模式以及国外游戏代理模式也是近年来新兴的盈利模式。

（一）下载收费

下载收费是单机游戏主要的收费模式，如苹果应用商店（App store），按下载游戏的数量收费，或以逐交的形式购买充值卡，到月底的时候，运营商与手机游戏厂商分成。除此之外，手机游戏厂商也会推出部分免费试玩版游戏，用户在试玩后选择是否购买正式版。

（二）购买游戏时间（点卡）

用户购买游戏时间通常是以包月的形式，此种模式在国外的手机网游产品中比较普遍，如Gameloft的《混沌与秩序》，除此之外用户还可以购买虚拟点卡为游戏进行充值。中国移动开放手机游戏收费接口后，这种计费模式也将得到更多的采用。

（三）游戏内付费

免费模式是指游戏运营商对用户免费开放游戏，不再以点卡为收入来源，而销售虚道具的运营模式。用户免费下载客户端，免费进行游戏，但是用户如果需要享受更好的体验就要在游戏里面购买药剂、武器、增值服务、服装等虚拟物品，除此之外厂商提供的DLC内容也需要用户付费购买。

（四）内置广告

游戏内置广告（In-Game Advertising，IGA），主要出现在免费游戏上，厂商通过在游戏中内置广告向广告主收取费用或换取在对方产品中推广自己产品的广告位置。相较于PC游戏中出现的以结合游戏的场景、情节来进行广告传播的内置广告，移动游戏中出现的内置广告主要有以下三个特点：一是多利用SDK（Software Development Kit，软件开发工具包）将广告植入游戏中；二是终端多为智能手机，具备GPS定位能力，能够与用户所处位置相结合；三是能够实现更精准的投放，由于移动互联网应用特别是移动互联网游戏的特点和功能较为专一，因此针对移动互联网游戏用户群体的IGA投放较互联网游戏更为精准。

第三节 移动音乐

一、业务分类

（一）炫铃（彩铃）

该业务是 CRBT（Color Ring Back Tone）的简称，是指根据用户的喜好定制的手机个性化回铃音，如音乐、问候语、广告信息等。中国联通此业务称为"炫铃"，中国移动此业务称为"彩铃"。目前，炫铃（彩铃）包括音频炫铃（彩铃）和视频炫铃（彩铃）等类型。

（二）振铃音

振铃音是指用户通过短信和 WAP 等方式下载特殊音效（音乐、歌曲、故事情节、人物对话）等作为手机振铃的业务。目前，振铃音包括单音、和弦音和原声振铃音等类型。

（三）整曲音乐

这是指用户通过移动通信网络下载整曲音乐，通过终端的播放器播放整曲音乐文件的业务。它是对现有铃声、炫铃和 IVR 等无线音乐业务形式的扩展和补充，具备良好的与其他音乐类业务（炫铃、铃声和 IVR 等）交互操作的功能，能形成完整的音乐业务用户体验。目前，整曲音乐包括音频整曲音乐和视频整曲音乐（MV）等类型。

二、业务特点

（一）流行性

由于网络的传播速度极快，一首为用户所喜爱的歌曲可能以几何递增速度传播开来。

（二）共享性

遇到喜欢的音乐可以随时随地地与好友分享。

（三）方便性

这是用户可以根据自己的偏好下载喜欢的音乐。区别于购买 CD 后歌曲的不可选择性，也就是说，同样一张 CD，不是所有的歌曲都受同一个用户欢迎，并且可以实现随时随地地收听及下载。

（四）费用便宜

相对购买 CD 唱片而言，一般来说，下载一首单曲仅需付费 1~3 元，而购买一张 CD 所付出的费用则至少在 20~30 元。

（五）创作主体多元化

平民主动性增强，因为内容制作准入门槛低。突破了唱片界对于歌曲的主动权，使普通民众可以通过移动音乐这种形式展现自己的才华。

（六）丰富多样

由于创作主体的多元化，导致了创作内容的丰富性，越来越多类型与各种形式的歌曲开始流行并受到用户欢迎。形式方面目前常见的有彩铃/炫铃、铃音下载等，其他还有手机音乐点播、无线音乐下载、无线音乐收听等。

（七）直接面向用户

2005 年 7 月，网络歌手庞龙新专辑《你是我的玫瑰花》首先通过华友世纪的手机平台直接面向数亿用户发布，打破了以往音乐专辑首先通过 CD、卖场等渠道发布的传统营销模式。

（八）为反盗版提供保障

一方面，相比公共互联网上存在的大量非法共享音乐，移动通信方式是一个非常理想的新型音乐传播选择，它同时具备高覆盖率和安全性。另一方面，移动通信工具由私人占有，使得适当实施严密的私人控制变得简单。

三、产业链的构成

移动音乐产业链主要由音乐人、唱片公司、SP/CP、NP（电信运营商）、用户组成。该产业要健康、快速发展，需要价值链各个环节的共同努力、协调发展、利润共享，任何一方都难以独立运作。因此，作为主导地位的 NP，应利用其综合优势，整合各类资源，协调各方的利益，推动产业发展，构建繁荣、和谐的共赢价值链。NP 构建的超级平台，包括网络、营业平台，整合各方（或资源），是把音乐传送到移动用户手中的运作模式。运营商扮演的是一个超级 SP 的角色，内容由音乐人、唱片公司或 SP 来制作，从而发挥各方的优势。对于部分需要收藏制作精美的正版唱片的用户，可以网上预订并在 NP 营业厅购买。在价格设计上，由于减少了中间环节和生产过剩（卖不出去），可以比音乐专卖店更优惠。如果移动下载用户来购买唱片，还可以实行套餐优惠。SP、运营商、独立服务提供商模式职责分工及利益分配见表 8-1、表 8-2 和表 8-3。

表 8-1　SP 运营模式职责分工及利益分配

移动音乐服务产业链成员分工及利益分配模式（SP 运营模式）	
成员名称	职责分工	利益分配
内容提供商	为 SP 提供音乐内容	收取音乐内容的版权费、制作费等
SP 服务提供商	为用户提供音乐服务	SP 通过运营商代收用户下载、收听
运营商	为 SP 提供网络支持及代收费 为用户提供话费，代扣信息服务费	收取用户信息费、流量费等
用户	使用移动音乐服务	缴纳下载费及流量费等

表 8-2　运营商自营模式职责分工及利益分配

移动音乐服务产业链成员分工及利益分配模式（运营商自营模式）		
成员名称	职责分工	利益分配
内容提供商	为 SP 提供音乐内容	收取音乐内容的版权费、制作费等
运营商	为用户提供移动音乐服务	收取用户下载费、信息费、流量费等
用户	使用移动音乐服务	缴纳下载费及流量费等

表 8-3　独立服务提供商模式职责分工及利益分配

移动音乐服务产业链成员分工及利益分配模式（独立服务提供商运营模式）		
成员名称	职责分工	利益分配
内容提供商	为 SP 提供音乐内容	收取音乐内容的版权费、制作费等
SP 服务提供商	为用户提供客户端软件并提供音乐服务	通过运营商收取用户软件下载月使用费，也可以自己独立计费
运营商	为 SP 提供网络支持	收取用户信息费、流量费等
用户	使用移动音乐服务	缴纳下载费及流量费等

四、移动音乐的商业模式

早在 2009 年中国移动就将"夯实基础、提升用户质量"作为其音乐营销的核心工作思路并在此基础上形成自己的商业模式。中国移动在设计移动音乐的商业模式上以充分满足客户音乐需求为立足点，通过音乐营销让手机用户逐渐对自己的移动音乐的业务产生认同感，通过对音乐的营销突出音乐本身的号召力从而从根本上扩大中国移动的影响力。移动音乐产业链的环节包括音乐作品、唱片公司、SP、运营商、用户等。移动音乐业务的优势在于整个移动增值业务原本就建立了一个相对完善的盈利模式，从一开始就形成了付费习惯，在这一点上远远优于在线音乐业务，甚至可以说弥补了在线音乐业务的某些先天不足。因此，产业链的各方都在积极地推动移动音乐业务的发展。唱片公司和终端厂家的深度介入使移动音乐整个产业链的利益分配发生了变化,影响到了商业模式的变化。

过去移动音乐业务只是局限在单音或和弦铃声,因此往往不涉及唱片公司的演唱版权,SP 在价值链上的位置更加灵活,不受唱片公司的束缚。由于移动音乐形式的多样化,个性化回铃音、移动整曲音乐下载等业务都将涉及演唱版权,因此唱片公司在价值链上的控制力大大加强。对移动音乐产业影响最大的终端应该是苹果的 iPhone 了。苹果公司推出了 iTunes 网络音乐商店,凭借 iPhone 分享 iTunes 网络音乐商店的音乐,在很多国家获得了音乐迷的热烈欢迎。苹果公司凭借 iPhone 的推出改变了终端同移动运营商之间的关系,根据用户使用的流量来分享移动运营商的收益。在移动音乐的整个产业链中,唱片公司处于产业链的上游环节,用户处于产业链的下游环节,运营商是连接上、下游产业链环节的纽带,因此移动运营商发展移动音乐业务的策略和商业模式对整个移动音乐产业的发展起到至关重要的作用,直接影响到产业链上各个环节的发展,尤其是 SP 和唱片公司等。

根据对以上案例研究,可以归纳出移动音乐企业商业模式的研究与制定应涉及以下方面:

(一) 满足客户需求与企业盈利

一种成功的商业模式首先必须以满足客户的需要为基础,满足客户的需要与企业的盈利是相辅相成的关系。

充分满足了客户的需要、实现客户价值最大化的同时也就为企业带来了盈利,企业获得的盈利是企业可以继续运作的基础,通过运作可以达到持续满足客户需要的目的,也就为企业的持续盈利创造了可能。移动音乐企业中,无论是内容提供商、服务提供商还是移动运营商都应该把充分满足客户需要作为企业制定商业模式的原则。在移动音乐产业链中内容提供商与增值服务商是通过提供丰富的移动音乐产品来满足消费者的需求。对于移动运营商来说,充分满足客户需求不仅仅是提供移动音乐产品,更为重要的是坚持一种服务的理念,通过人性化的服务体验来满足现代消费者的需要。

(二) 积极参与产业链的整合

移动音乐企业在进行企业运作的同时,应该积极参与产业链的整合,产业链中的内容提供商可以在拥有音乐版权的优势基础上,积极与服务提供商进行产业的融合,提高自身在移动音乐制作、包装和推销等宣传方面的运作能力以增强企业在产业链中的竞争实力,提高移动音乐利润分配的额度,增加企业的盈利。

同样,作为服务提供商来说,应该在保持企业宣传优势的基础上积极与内容提供商融合，从而获得更多的音乐版权，并在此基础上与移动运营商进行对接，增加企业的盈利。移动运营商作为产业链中的核心企业，应该积极地同内容提供商、终端设备制造商进行战略合作，与移动音乐增值服务商进行融合，在打造全新移动音乐业务的同时，逐渐完成在产业链中从传统电信运营商向综合信息服务提供商的转变。

（三）紧密围绕各自核心竞争力

核心竞争力也是商业模式的组成部分，企业商业模式的制定是围绕着核心竞争力而展开的。

内容提供商的核心竞争力就是其拥有的音乐内容的版权。音乐版权也是整个移动音乐产业中盈利的核心要素，因此在移动音乐产业中内容提供商要努力通过各种渠道收购或代理热门歌曲和经典曲目，以此作为企业在移动音乐产业中盈利的基础，不断提高自身在整个产业利润分配中的地位。服务提供商的核心竞争力是其作为内容提供商和运营商之间的桥梁在音乐产业链中对音乐内容的包装、宣传和推广方面的突出优势。SP应该在企业运作时不断提高自身的营销能力使之转化为企业的核心竞争力，从而在产业链中保持竞争的优势。

在树立核心竞争力方面，移动运营商应通过建立具有竞争力的移动音乐传播平台，在平台内部通过对音乐的营销以及价格优势的体现来积累用户。庞大的用户数量将作为运营商的核心竞争力，为运营商在产品利润分配中争取更多的份领。

五、发展前景

随着我国3G牌照发放的完成，我国的3G时代已经来到，高带宽的速率给移动音乐业务的发展带来了巨大的机遇，但移动音乐业务的发展还面临着一些需要解决的问题。

（一）版权问题

知识产权是移动音乐发展最为基础的一个影响因素，是大力发展移动音乐所面临的首先要解决的问题。音乐版权是非常复杂的权利，一首歌曲往往可以涉及17种不同权利，其中与利益直接挂钩的权利就有七八种。其中，最大的也是最主要的权利是著作权，而在网络上应用最广的则是链接权。移动音乐产业链的环节包括作者、音乐作品、唱片公司、运营商、用户和SP，每个环节都涉及音乐版权的使用和分发问题。2006年7月1日，我国制定的《信息网络传播权保护条例》正式实施，这是首次国家立法对数字音乐版权进行定性，这一条例对包括SP在内的版权使用方做出了明确的权利、义务规定，也对其侵权方式有了更为清晰的界定。SP公司只有从版权方拿到授权，才可以提供相关的手机下载服务。在《信息网络传播权保护条例》出台以前，发生移动音乐版权的纠纷事件很多，很多版权诉讼也接连失利。在这种情况下，一部分 SP 开始经营原创音乐，打造属于自己的版权。如何解决用户这个环节的移动音乐版权使用和分发问题，防止用户的非法复制和传播，是影响移动音乐发展速度和状况的重要因素。用户下载音乐作品的版权解决方法主要有 DRM 技术等，但 DRM 存在标准不统一、无法兼容、专利费高等问题，以致移动音乐业务和终端上 DRM 的使用情况不好。目前，运营企业采用间接的 DRM 方法来解决这个问题，如采用不许转发、不允许从手机里复制出来等功能。

（二）资费问题

从各地区移动音乐业务的发展状况看，移动音乐业务的崛起已成必然，其中资费是影响该业务快速发展的一个重要因素。在 3G 网络上，速度快、歌曲价格低是移动音乐在 3G 业务中受欢迎的主要因素。韩国和日本在手机音乐业务上后来居上，主要原因是价格非常便宜。特别是韩国的 SKT，由于价格优惠，5 美元就可包月下载，吸引了众多用户。此外，日本的 KDDI 推出的手机音乐服务，音乐下载价格仅为手机铃声的 2 倍，与互联网上下载 MP3 的费用相当。与日、韩较为低廉的资费相比，欧洲各国的手机音乐价格要比铃声下载高 2~7 倍，同时也比互联网下载费用高，因此该业务开展情况不如日本和韩国。

（三）内容展现形式问题

随着未来音乐市场的发展，在音乐市场中出现的歌曲、歌手会越来越多。以何种形式把这些歌手以及歌曲展现给用户，让用户能够及时地获得新的音乐内容，是如何扩大市场接触面的问题。

（四）技术支持问题

未来移动音乐的发展必然走向更加完善的地步，通过移动终端获得完全音乐的方式将逐步取代传统的音乐获得方式。因此，大数据量的下载将成为未来的趋势，这就对于网络容量和下载速度以及下载连续性都提出了更高的要求，需要在技术层面提供更高的支持。

1. 音乐浏览和订购

用户可以快捷地浏览音乐信息，包括演唱者或者所有者、音乐时间长度、唱片名称等属性信息，用户可以按照专辑名称、歌手名称、音乐名称、类型等属性信息进行订购音乐。用户可以在线试听、收看移动音乐门户提供的音乐内容。

2. 音乐下载

用户通过在线音乐目录或存储在本地的播放列表/音乐文件目录选择下载整

曲音乐文件，可以进行选择闲时/定时下载，以提高网络利用效率和满足个性化需求。闲时下载指运营商网络资源处于闲时，自动将用户闲时下载队列中的音乐内容下载到用户终端上。定时下载指的是用户可以选择在某个特定时间点自动启动移动终端的音乐内容下载功能，并按照事先设定好的下载队列一次进行下载，同时用户可设定下载起始和终止时间的时间段。整曲下载系统应支持用户的定时开始下载和定时终止下载功能。

3. 音乐交互

音乐交互是指用户能够和音乐平台、音乐门户、音乐终端或者其他用户进行音乐业务交互功能，包括音乐推介、音乐赠送、铃音设置、音乐搜索、音乐点评等功能。移动音乐平台能方便、灵活地通过 SMS 广播、WAP、Push、Java Push、彩信进行交互和推介；用户可以进行整曲和 MV 推荐、赠送，通过通讯录和输入被推荐、赠送人的手机号码，通过短信、彩信、WAP Push 等方式方便、快捷地实现推荐、赠送过程。用户能够通过统一界面进行音乐点评，对音乐作品、演唱者、词/曲等方面发表用户的看法和评价。

4. 音乐播放

音乐播放包括本地音乐播放和在线音乐播放。用户能够对音乐播放进行控制，如播放方式、音量、均衡器、启动和退出方式等。在运行音乐播放时，用户能够对移动终端进行各种操作，如翻盖、合盖、解锁等。允许用户使用并发展业务，如启动浏览器浏览网站、允许用户收发和阅读电子邮件、接收彩信。

5. 音乐文件管理

对于移动音乐业务管理平台，主要是对音乐文件的上传、分发、回收、信息展现等方面进行管理。对于移动音乐终端，主要对存储的音乐文件和播放列表进行管理，包括音乐文件结构、音乐标签修改、曲目重命名、管理播放列表等操作。

6. 媒体格式

移动整曲音乐业务音频编码的流行格式，包括 AAC、AAC、Plus、AAC Plus+格式，同时支持 eAAC+和 MP3 格式，有些还支持 AAC-LC、HE-AAC、WMA、EAAC+等格式。移动整曲音乐业务视频编码的流行格式，包括 H.263、Mpeg4 等格式，有些支持 H.264 格式。移动整曲音乐业务的音乐文件格式一般为 MP3、MP4、3gp，铃音文件格式一般为 MIDI、MP3、AAC+。

移动商务应用

阅读材料

迪士尼采用新模式推广移动游戏

通过一系列收购，迪士尼在移动游戏领域实现了快速发展。最近，该公司采用了一种新的推广方式，让旗下不同移动游戏互相推广，以共同提升知名度。

目前迪士尼旗下主要有两款移动社交游戏：音乐游戏 Tap Tap Revenge 和《创：光速战记》(TRON：Legacy)。其中，Tap Tap Revenge 由迪士尼旗下的 Tapulous 开发，运行于 iPhone、iPod Touch 和 iPad，玩家可以随着音乐节奏敲击屏幕以获得积分。每个版本的 Tap Tap Revenge 都提供不同的歌曲，而且玩家可以通过付费获得更多歌曲。该游戏在 2009 年圣诞节一天就销售了 80 万份。2010 年 7 月，迪士尼收购了 Tapulous，希望借助后者开发更多基于 Tap Tap Revenge 的手机游戏应用，并为迪士尼羽翼未丰的手机游戏部门制定战略规划。消费者往往在圣诞节前大量购买 iPhone 和 iPad，于是 2010 年迪士尼赶在圣诞节前发布了 Tap Tap Revenge 4，希望使 2010 年 Tap Tap Revenge 的销量突破百万大关。《创：光速战记》是迪士尼根据同名电影推出的另一款手机游戏。现在，Tap Tap Revenge 的玩家可以通过选择《创：光速战记》的歌曲获得更多积分，《创：光速战记》则通过植入广告推广 Tap Tap Revenge 游戏。通过这种方法，《创：光速战记》得以在 4000 万份已被下载 Tapulous 游戏中进行推广。目前，迪士尼应用的下载量已经逼近 2000 万次。

这意味着 Tapulous 联合创始人巴特·迪科瑞姆（Bart Decrem）和安德鲁·莱西（Andrew Lacy）在社交游戏和手机游戏上的努力终于初见成效，迪士尼社交部门每年数亿美元亏损也有希望扭转。为了推动销售，迪科瑞姆和莱西已经说服迪士尼将《创：光速战记》的价格由 4.99 美元降至 0.99 美元。

Tapulous 两位创始人认为，只有通过交叉推广的方式才能在 20 多万款苹果应用中占得一席之地。迪科瑞姆说："如果你不是前 100，根本就不会有人知道你。要想获得知名度，在其他应用中进行推广是最好的方法。所以我们的战略就是建立这种交叉推广网络。"

2009 年手机应用的市场规模只有 100 亿美元，但知名市场研究公司 Juniper Research 预计，2015 年这一数字将达到 320 亿美元，这些收入主要来自付费应用、订阅服务和手机广告。

虽然迪士尼的网站和游戏部门年亏损额高达 2.34 亿美元，但面对五年后 320 亿美元的巨大市场规模，该公司决定继续豪赌社交游戏和手机游戏。除收购 Tapulous 外，迪士尼还斥资 5.63 亿美元收购社交游戏开发商 Playdom。如果 Playdom 表现良好，迪士尼还将额外支付 2 亿美元。

此外，迪士尼还计划为其手机应用增加更多的内容，如《汽车总动员》和为儿童打造企鹅俱乐部（Club Penguin）虚拟世界。

资料来源：钦亮.迪士尼采用新模式推广移动游戏［DB/OL］.新浪科技，2010-12-20.

第四节　其他移动娱乐服务

一、移动阅读

随着电子墨水和 3G 技术的成熟，以及产业化、商业化运作模式的成功探索，电子阅读产业迅速发展起来，先是电子图书的出售平台，之后发展成为时事新闻、信息服务、报纸杂志的全内容阅读平台，即网络自助出版、新闻信息传播、报纸杂志订阅、电子图书购买为一体的全新媒体平台。新兴媒体对传统媒体受众的分流是颠覆性的，分流都是文化层次较高，消费决策能力较强的优质受众，特别是在大中城市，这点分流特别明显。越来越多的人选择用电纸书进行阅读，电子（纸）书移动终端的用户还是集中在中高端领域，这也影响到现在电子（纸）书的内容产品必须要满足这些读者的口味与特征。

电纸书的特点主要有以下几点：

（一）节能环保

一次充电，开机状态可连续待机 15 天以上，无须天天充电。

（二）保护视力

可长时间阅读，无闪烁，字号缩放自如，不伤眼睛。

（三）强光可看

基于电子墨水技术的电子纸显示屏，可在阳光照射下不反光，使您充分体验户外阅读的乐趣。

（四）无辐射

使用安全，避免一般电子类产品辐射对身体的侵害，是您健康的阅读伴侣。

（五）全视角阅读

高清晰度，接近纸张的显示效果，阅读视角可接近 180°。

（六）超低功耗

独特的智能电源管理技术，可连续翻页 7000 次以上。

（七）大容量

1GB 存储卡可存储 5 亿字，相当于近千套《三国演义》。

二、移动电视

（一）移动电视的特点

1. 技术数字化

数字移动电视采用了当今世界上最先进的数字电视技术，电视节目经过数字编码、数字调制、无线数字信号发射、地面数字接收的方式进行电视节目的传播。

2. 即时性强

数字移动电视节目可以录播、转播、现场直播，通过无线电视发射，即时收看。数字移动电视的出现，让移动的人流可以随时随地地观看电视节目。

3. 强制性收视

传统的电视传播中，受众拥有相对主动性可以选择观看。但移动电视剥夺了观众手中的遥控器，避免了观众随时更换频道的权利，有利于培养社会大众群体性收看同一节目的自觉性，这对于某些预设好的内容来说，传播效果更佳。

4. 传统电视媒体的补充和延伸

数字移动电视是全新概念的信息型移动户外数字电视传媒，是传统电视媒体的补充和延伸，被称为"第五媒体"。受众在家里或其他固定场所可以选择收看传统电视媒体节目，出行、外出办事也可以收看移动电视节目。

（二）移动电视面临的问题

1. 限制功耗

自从 OEM 厂商开始超越简单的技术范畴，增加彩色显示、MP2 播放、视频游戏乃至数字电视等功能开始，消费者总是一方面要求最新的手机革新，另一方面却拒绝牺牲通话性能和待机时间。在大多数现有配置下，一个协调器的耗电量为 2~3W，几乎相当于手机所有其他部件的总功耗。单纯给手机增加一个调谐器就会使电池待机时间缩短一半，在手机前部安装还可能导致手机在使用时发热。

2. 外形尺寸

标准的电视协调器可能很大，一个协调器再加上解调器/解码器可能需要数个半导体芯片。将所有硬件安装在同一块电路板上，其面积可能会超出无限手机设计者所能给予的面积。虽然 CMOS 技术能够在可接受的面积限度内进行必要的集成，但在不会大幅提高系统成本的情况下做到此项又成为另一项考验。

3. 节目内容

制造人们喜欢在他们的移动电视中看到的节目，采集、包装和打造节目品牌的责任将落到系统运营商的肩上。收看移动电视的习惯很可能与我们熟悉的收看习惯大不相同。例如，黄金时间传统上是晚间，然而移动电视收视率更可能在早晚上下班高峰时达到最高。移动电视观众可能更喜欢短小的节目，不喜欢看漫长的电影或其他需要较长时间收看的节目。

三、移动播客

移动播客是互联网络和电信网络融合的产物，是播客产业跨媒介经营和增值服务发展的重要方向。播客作为新兴的网络媒介，其跨媒介经营可以水平整合同类网络媒体，如博客等。垂直可以整合异质媒体，如广播、电视和手机媒体等。斜向可以整合媒体外产业，其中包括与播客相关的媒体外产业或与播客非相关的媒体外产业。播客相关媒体外产业包括播客衍生品 CD、VCD/DVD、图书、影视和游戏开发等；播客软件、硬件的生产和销售。播客的非相关媒体外产业范围更为广阔，包括旅游、房地产等行业。其中，作为信息社会中增长最为迅速的两个行业，移动通信和网络宽带视频相结合，诞生"手机播客"或称为"移动播客"（Mobilcast），发展前景最为广阔。

（一）移动播客的特点

1. 移动便携性强

这是移动播客的最明显的优势。一般播客主要依靠电脑，有时还要添加摄像头、数码相机或专业的摄录设备。其内容制作和接收都受到设备、场地等限制，不利于移动和使用。移动播客以手机为载体，方便携带，播客的内容发布和接收都只需要直接使用手机，不受时间、地点和硬件条件的限制，可以做到随时随地发布或接受信息。

2. 购置成本低

移动播客的载体是网络手机，而手机的购置成本相对于台式或者移动电脑，其成本都要低得多。目前我国的手机按照网络划分，可分为 GPRS 手机、CDMA 手机和 3G 手机。上网手机价格降低和手机上网费用下降将是一个普遍趋势。

3. 技术门槛低

移动播客使用手机这一多功能载体，大大简化了媒体的使用难度。移动播客只需要手机这一硬件就可以完成摄录、编辑、下载、上传和播放等所有操作，不需要添加其他硬件，免去更为复杂的编辑软件、数据线安装等麻烦，在硬件设备上有了很大的简化。手机多使用多功能键，界面也更直观，便于操作和使用，这在一定程度上降低了操作难度。随着技术进步，手机媒介朝着更加多功能、人性化和易操作性方向发展，技术门槛越来越低。

（二）发展背景和基础

作为网络第四媒体和手机第五媒体融合的产物，移动播客以互联网络和移动量大产业为背景，其发展前景是建立在网络宽带和移动通信市场的高速增长和高度融合基础之上的。在互联网市场上，移动方面的运用占很大的市场，在美国达到了60%~70%的市场占有率。几亿手机用户的市场远远大于PC用户。2005年，日本手机上网用户首次超过PC上网用户。我国移动用户的绝对数量占到全球第一，但其比例还远远低于世界平均水平，将会有巨大的市场潜力，是未来全球移动通信市场增长的重要地区。可以预见，随着3G等网络手机的普及和移动上网资费的进一步下调，我国将会拥有全球最大的移动播客消费群体。

本章案例

中国移动：打造阅读新风尚

"移动改变生活！"这是大家再也熟悉不过的中国移动的广告词。在3G时代开启后，中国移动更是以前沿的科技潜移默化地改变着我们生活的方方面面。随着中国移动手机阅读业务的迅猛发展，移动阅读已经成为人们获取信息、获取知识、休闲娱乐的方式之一，传统的阅读习惯正在悄然改变。

"以前出差总是为带哪本书而烦恼，用手机阅读倒是很方便，但是手机屏幕小，眼睛看着累，且手机很容易没电，不敢多看。现在有了G3阅读器，就像随身带着微型图书馆，而且屏幕大，使用时间长，可以边听音乐，边看书，出差或者闲余时间再也不会感到无聊。"都市白领苏菲从包里拿出她的宝贝：一个全新的G3电子阅读器。对于爱书如命的苏菲来说，书是她不可或缺的伙伴，在繁忙工作的闲暇之余，来上一段文字阅读已经是她多年的习惯。

对于年轻一族而言，手机阅读无疑是他们学习、打发时间、跟随潮流的绝佳平台。

"在不远的未来，我们可以通过手机和G3阅读器阅读到任何一本书籍。"中国移动的手机阅读基地总经理戴和忠表示。

据戴和忠介绍，手机阅读目前有两种方式：一种是以手机为载体，通过WAP或者下载一个手机阅读的客户端软件进行阅读；另一种则以专用的电子书如G3阅读器为载体。

中国移动专门打造的G3阅读器比普通的书本还要小，完全可以随身携带，

移动商务应用

并内置了100本书。开机后，用户可以在"无线书城"海量的图书中搜索自己感兴趣的书籍，摘录喜欢的词句；可以在线看书，也可以将书籍内容下载到自己的阅读器上随时翻看。客户端还能兼容漫画和杂志，图片展现的效果更加丰富。阅读后还有一些感想，就马上通过手持媒体与网络（一般是WAP）互动，无论是高兴还是愤怒，都可以尽情挥洒；同时用户可以根据自身的要求将字体放大或者缩小。而且G3阅读器带有书签的记忆功能，不用为看到哪里记不住而烦恼。一人一个G3阅读器，便可读遍天下书。

手机阅读将阅读、学习内容大量密植在各种传媒之中，营造了一个真正的"任何时间、任何地点、任何内容"的环境，塑造了一个以"我"为中心的阅读空间。一本标价几十元的书，手机阅读只要一两元。如果包月，花3元钱就可以随心阅读1000本书籍。目前，中国移动的手机阅读平台上已经入库6万册图书。

毫无疑问，在3G时代到来之前，电子阅读就以其便携性、环保性、新活性等特点，超越传统阅读方式，成为人们生活中不可替代的一部分。

为了满足不同用户的需求，中国移动已经同作家出版集团、浙江出版集团、长江出版集团、中信出版社、人民邮电出版社、盛大、方正、新浪、中文在线等30多家优秀CP开展合作，精心打造手机阅读的平台。

3月中旬，由刘镇伟创作并执导的喜剧爱情电影《越光宝盒》正式在国内上映，与电影同名的小说《越光宝盒》也在中国移动手机阅读同步首发；由英国作家弗吉尼亚·布莱克本创作、周鹰编译的《吸血王子的诱惑》已在中国移动手机阅读全新首发；而由江苏文艺出版社出版的同名实体书则比中国移动首发晚一个多月……此前，中国移动手机阅读全新首发了《建国大业》等几十部小说，有的小说在推出不到一个月的时间里点击量达到上千万次，吸引了众多读者。

中国移动集团公司领导高度重视手机阅读业务，把手机阅读作为承担社会责任、传播人类文明、推动节能减排和绿色环保的重要领域。2010年春节前夕，中国移动通信集团公司总裁王建宙莅临手机阅读基地视察指导工作，并寄予了厚望。

按照中国移动的整体部署，中国移动手机阅读基地加大产业链各方的合作。积极开展内容产业链的合作，优先引入优秀内容合作伙伴，并逐步扩大产业合作范围。自筹建手机阅读基地以来，中国移动浙江公司致力于联合各方构筑全新产业链，使得出版行业的出版图书，能够通过手机阅读平台直接面向用户，缩短产业链，节省了印刷、运输、仓储等原本占传统产业链35%成本的环节。此外，未来G3阅读器还可以与教育行业相结合。

资料来源：楼方芳.中国移动：打造阅读新风尚[J].浙商，2010（9）.

问题讨论：

1. 中国移动为什么要进军移动阅读领域？
2. 手机阅读的局限性有哪些？
3. 移动阅读相对于传统阅读有什么特点？

本章小结

移动娱乐存在于生活中的许多方面，越来越多的年轻人依赖于移动娱乐服务，如地铁、公交上，或者等人时，人们会通过玩移动游戏或其他移动娱乐方式消遣时间。移动娱乐包括移动游戏、移动音乐、移动电视、移动博客等形式。本章主要介绍了每种移动娱乐方式的业务种类及特点，以及移动游戏和移动音乐这两种主要移动娱乐业务的产业链构成，以及它们的商业模式。

本章复习题

1. 简述移动娱乐的概念。
2. 移动娱乐包括哪些内容？
3. 简述移动服务的改进策略。
4. 简述移动游戏业务分类。
5. 简述移动游戏服务的特点。
6. 简述移动游戏的业务模式。
7. 简述移动音乐主要业务。
8. 简述移动音乐的特点。
9. 简述移动音乐产业链的构成及特征。
10. 目前移动音乐服务存在的问题有哪些？
11. 简述移动电视的特点及面临的问题。
12. 简述移动播客的特点及发展趋势。

第九章 移动办公与企业管理

学习目的

知识要求 通过本章的学习，掌握：

- 移动 B2E 的应用领域
- 移动 B2E 的典型性业务应用类型
- 移动 B2E 应用服务的主要特点

技能要求 通过本章的学习，能够：

- 理解移动 ERP 实施流程
- 理解移动 CRM 实施流程
- 理解移动 SCM 实施流程

学习指导

1. 本章内容包括：移动 B2E、移动 ERP、移动 CRM、移动 SCM 的概念及内容。

2. 学习方法：理解概念和实施流程，与同学讨论分析移动办公的作用，运用知识分析实际服务案例。

3. 建议学时：4 学时。

移动商务应用

引导案例

无线移动，关乎生死

瑞典国家卫生与福利部已经将无线移动通信集成到了救护车中以保证与医院和急救人员的迅速沟通，而带有基于 Symbol Palm 设备同时装备有 Spectrum24 无线局域网的救护车在瑞典的紧急救助中扮演着非常重要的角色。

目前，"IS Swede"已经有效地在两个城市（Ostergotland 和 Vastmanland）启动并安装，其中包括 51 辆救护车、七家医院和两个 SOS 报警系统。通过"IS Swede"的实施，救护车可以链接到中心医院数据库网络，实现与重要数据的通信。先进的系统将数据库管理、GPS 跟踪、广域网、无线局域网以及移动计算结合在了一起。同时，中央服务器和医院数据库网络存储有关公民的病历、灾难计划、医院设施材料以及人力资源的信息。很多团体（包括医院员工、救护服务、医疗保健官员以及瑞典中央紧急广播系统 SOS 报警）通过 Web 界面可以访问这些服务器。瑞典国家卫生与福利部高级管理官员表示，通过在应用中最恰当的位置部署无线，能够为急救人员提供可靠的、详尽的语音和数据通信。

目前，瑞典急救人员与医院间的通信速度提高了，而且护理人员不再需要像以前那样很长时间的电话沟通得到的信息。同时，通过结合使用 GPS、数据网络以及移动计算，医院的设施可以进行充分的准备，如根据伤者的伤势情况以及涉及的患者数量，在救护车到达医院之前就可以安排适当的急救人员和物质资源。此外，因为现场的重要信息是由条形码记录下来的，通信错误的风险会大大降低。这也允许护理人员根据数据库网络中个人医疗档案来实时地验证可能的药物过敏。

资料来源：每周电脑报，2006-3-13。

问题：

1. 移动办公最大的特点是什么？
2. 移动办公的发展依靠了怎样的市场背景？
3. 分析移动办公的发展前景。

第一节　移动 B2E

一、移动 B2E 的综述

（一）移动 B2E 的概念

移动 B2E（Business to Employee）应用的目标是帮助员工掌握他们日常使用的通信方式，即无论员工在什么地方使用什么设备，他们都能得到公司的数据，使他们的工作更及时高效。

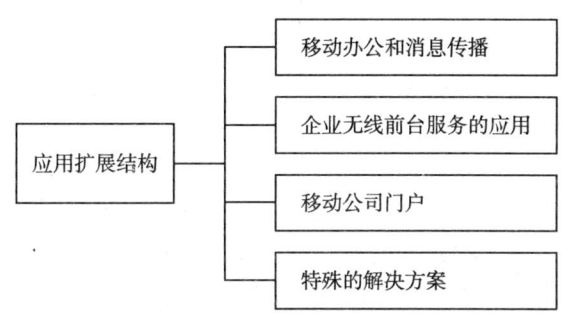

图 9-1　移动 B2E 的应用模式

应用扩展结构：
- 移动办公和消息传播
- 企业无线前台服务的应用
- 移动公司门户
- 特殊的解决方案

（二）移动 B2E 的发展背景

面对日益激烈的市场竞争，现在有越来越多的企业为了提高自己的竞争力以及改善内部工作效率，对移动雇员应用系统产生了浓厚的兴趣。这主要是有以下三个原因：

1. 成本因素

雇员的时间是企业有限和宝贵的资源，时间就是金钱。提高雇员工作效率即是提高企业的运营效率，减少企业成本。

2. 技术因素

3A 方式的移动网络进行信息交换将随着技术的快速进步变得越来越安全，同时移动设备价格会越来越便宜。

3. 信息因素

以最方便和快速的方式满足员工工作的信息需求，对于企业运作非常重要。

二、移动 B2E 的应用

（一）移动 B2E 的业务模式

移动 B2E 模式（企业与员工模式）主要用在对物流企业内部的管理和办公应用方面，目的是借助最适用的移动管理工具提升其管理水平。B2E 模式要求通过移动管理工具的推广使用，使物流企业内部员工全面普及移动终端（手机、PDA 等），从而让移动运营商在移动办公应用方面的业务得到广泛的使用基础，然后把移动增值业务深入应用到办公应用和多种业务运作和管理中，将物流企业各项经营管理与移动应用深度结合，体现移动应用在 B2E 方面强大力度。下面是一些 B2E 移动商务应用。

1. 交易处理率模式

把重点放在解决方案中的处理层面。交易处理模式要求将人力资源服务集中到一个共享的服务中枢，通过软件驱动处理，从而实现成本优势。"效率至上"的价值定位最适合该业务模式。交易处理业务模式所面临的挑战主要在于如何推动"使用率"。

2. 移动办公模式

通过建立物流企业移动办公系统，可以实现移动查询所有来自 OA 系统的待办工作、待阅文件；检索和查看门户网站上的信息、通知、邮件；接收各种工作指令和物流调度；进行工作任务完成情况反馈。

3. 物流仓储模式

针对物流企业的仓库分散和危险品储藏的业务需求，可以开发针对物流仓储的无线数据传输和无线监控报警系统来实现对仓库的有效管理。

图 9-2 为物流企业移动办公平台整体结构。

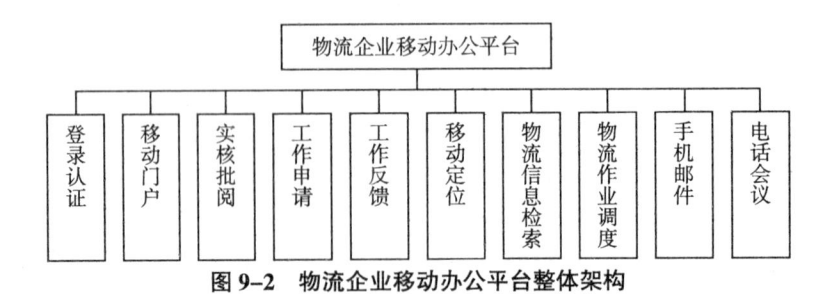

图 9-2 物流企业移动办公平台整体架构

（二）移动 B2E 的应用领域

1. 自助服务

自助服务可以使员工不受他人的干扰，在授权范围内完成各个交易事项或工作程序，获得各种表格、政策和其他内容。

2. 电子学习

电子学习训练和发展特定的技巧或专门技术，培养员工技能。电子学习使个人可以选择学习地点与时间，它也将单机课程、课程设计以及在其他工作期间见缝插针的学习方式结合在一起。

3. 沟通渠道

沟通渠道可以使企业的管理人员、员工、客户和合作伙伴以及其他每一个B2E 的参与者在点对点的基础上进行互动。员工"契约"关系管理：处理企业与其利益相关者之间，特别是企业与员工之间的正式"合同"。

4. 社区服务

社区服务可以使员工、客户、商业伙伴或校友一起发展业余活动和兴趣。

5. 知识管理

知识管理是管理和运用企业智力资产的商业程序。企业智力资产包括与员工相关的商业智能和有竞争力的商业数据。B2E 使员工接近企业的智力资产，共享智力资产的各种合作与工作流程。同时，开发支持系统也是向同事以及管理层提交意见和建议的途径。

6. 个性化的增值服务

个性化的增值服务可以使员工将他的工作场所个性化。另外，员工也得以在工作与生活之间建立某种平衡。

第二节 移动 ERP

一、移动企业资源计划（MERP）

（一）移动 ERP 的概念

MERP（Mobile Enterprise Resource Planning）定义：用户通过连接公共和专用网络使用移动手持终端连入企业的 ERP 系统，并与企业具体业务应用结合起来，采用文本、数据、语音以及其他信息形式实现移动终端与后台 ERP 系统即时的交互操作，达到以更高的效率和更便捷的途径实现企业业务管理的能力。这里所指的移动 ERP 所界定的功能标准主要包括：①以 ERP 为核心和基础，延伸了 ERP 系统的应用时间、场所和使用人员，随着移动商务和 ERP 的发展而发展。②支持固定和移动方式的工作环境。③支持动态、即时的业务管理和监控能力，提高业务绩效。④支持标准、开放的移动互联计算环境。

ERP 是针对物资资源管理（物流）、人力资源管理（人流）、财务资源管理（财流）、信息资源管理（信息流）集成一体化的企业管理软件。它将包含客户/服务架构，使用图形用户接口，应用开放系统制作。除了已有的标准功能，它还包括其他特性，如品质、过程运作管理以及调整报告等。移动 ERP 在继承 ERP 管理理念和管理模式的基础上，突出了动态和即时的业务管理能力。这种业务管理能力能解决企业关键业务流程中的延迟，从而提升企业效率，实现更高的商业价值。移动 ERP 系统模块结构见图 9-3。

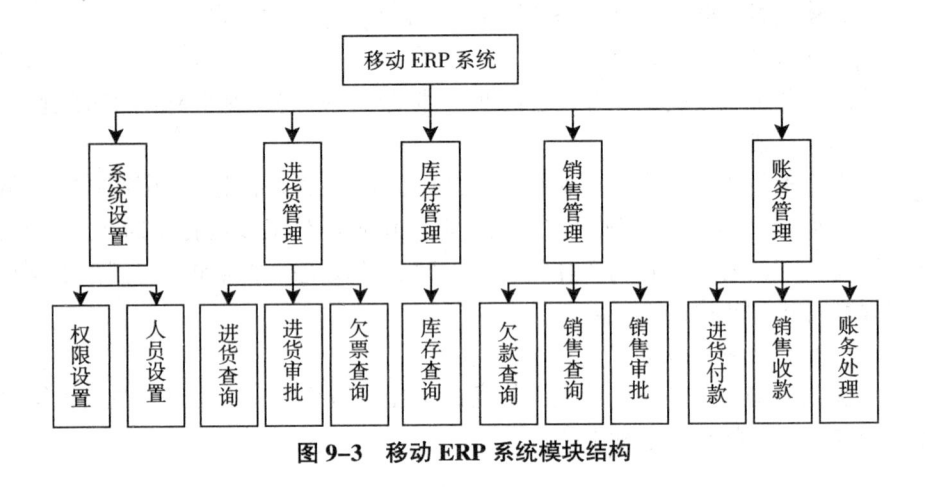

图 9-3 移动 ERP 系统模块结构

（二）移动 ERP 的特征

1. 即时管理功能

随着全球化经济背景下企业所面临的市场环境越来越多变，其即时管理的要求越来越多，而移动 ERP 的出现可以使出差在外的商务人士凭借手机等通信终端随时处理重要问题。

2. 低成本投入

国内中小企业大多资金有限，其中很多业务终端并没有配备传统 ERP 所需的电脑，而是采用经济的手机等通信终端来进行业务往来。

交易灵活性的中小企业业务模式随着市场区域变化也在不断发生改变，而移动 ERP 的出现为中小企业的业务拓展提供了更强的灵活性。

（三）移动 ERP 的问题

目前，零售、物流、金融等行业已开始在应用移动 ERP。根据企业应用移动 ERP 需要解决的问题，移动 ERP 可分为以下三类。

1. 用户的认知度不足

传统的管理软件厂商，长期与用户打交道，虽然了解用户的信息化需求，但大多数中小企业对移动 ERP 只是概念上的认知，企业用户需求通常存在着多样性和模糊性，即使对于用户需求比较明显和集中的领域，传统业务审批流程中必须严格按照流程往下走，从而使得传统企业内部沟通效率比较低，而移动 ERP 作为一种新的应用出现，虽然已逐渐得到业界广泛认可并使得传统审批获得了更好的解决方案，但支持其业务模式的操作模式、信用体系、支付体系等运作细节还有待继续研究。

2. 操作方式不够简易

目前，包括 ERP 在内等移动商务最为普遍的操作方式是通过短信来实现的，移动 ERP 可以将最新的市场数据以短信的形式发布到员工手机上，提高企业销售效率，既快捷又方便，而且成本也不高，但毕竟短信的发送存在使用效率的问题，容易造成信息传递的单向性；同时软件开发商和手机设备商提供的操作界面、操作方式和设备尚有不少缺点，对复杂、高级的 ERP 系统尚难提供充分有效的软硬件支持，制约移动 ERP 信息化进一步应用。

3. 权限管理及安全性

传统企业给客户发短信通常是漫无目的地采用群发方式，而采用移动 ERP 之后，则可以先分析用户的区域、年龄、购买动机等因素，再有针对性地发送，提高了企业的办公效率。但随着业务终端拓展到手机，这就带来了用户权限的管理以及个人信息安全性等诸多问题。

二、移动 ERP 的应用

(一) 移动 ERP 的业务类型

基于 WAP 的移动 ERP 业务类型主要有：

1. 移动采购

其业务包括采购比价、采购查询、采购数据采集和录入、采购订单等使移动作业的工作人员能够管理从价格对比到订购的整个采购流程。

2. 移动销售

其业务包括产品目录管理、销售活动和任务管理、销售机会管理、销售订单管理、销售报表（销售日/月报、销售分析和销售报表）等，为需要快速、高效执行任务的销售人员提供解决方案。

3. 移动配送

实现移动供应链管理配送物资汽车车号位置、抵达时间、货物送达票据信息等，并可与全球定位系统（Global Positioning System，GPS）/射频识别（Radio

Frequency IDentification，RFID）一起实现物流配送的在途追踪，为从事配送服务的工作人员提供配送管理的工具。

4. 移动客服

与现有客户、潜在客户保持密切沟通，并使现场服务工程师快速响应客户的需求。

（二）移动 ERP 的应用分类

结合当前以及未来一段时间移动 ERP 系统支撑技术的发展现状和趋势，总结起来，移动 ERP 系统的典型应用功能主要包括以下两个方面：

1. 基于短信的移动 ERP 业务

如基于全球移动通信系统（Global System for Mobile communication，GSM）、码分多址分组数据传输技术（code_Division Multiple Access，cDMA）的短消息服务。其主要业务类型包括：基于短信的移动查询、移动审批、移动提醒、移动通知、移动留言等。

2. 基于 WAP 网的移动 ERP 业务

这部分应用的业务过程可以描述为：移动用户通过移动设备经过移动运营商向企业移动业务平台发出 WAP 请求，移动 ERP 业务平台首先判断用户的权限，然后移动业务引擎触发功能调用中间件以及调用相应请求的后台业务逻辑处理程序，接着移动 ERP 系统将处理后的信息沿原路径加以处理、封装后会送到移动终端设备上。如基于通用分组无限业务（General Packet Radio Service，GPRS）、CDMAlX 或 3G 的无线标记语言（Wireless Markup Language，WML）、可扩展超文本标记语言（extensible Hyper Text Markup Language，XHTML）网页服务。

移动商务与 ERP 结合而产生的移动 ERP 大大提升了企业的管理水平，带来了巨大的经济效益，如让企业业务流程更通畅更合理、管理决策的速度更快更灵活、销售收入更高、库存量更少、采购更及时、工厂与设备的应用更有效、现金需求量更低、人员需求量更少、响应速度更快、发生的意外事件的处理更灵活等。总体而言，移动 ERP 为现代企业带来的转变主要包括：①管理方式的转变，企业从传统的延迟管理转向延迟管理和便捷管理并存的管理方式。②管理范畴的扩展，从注重企业内部转向企业内部、外部，以及内外部结合的管理。③业务模式的改变，从传统固定业务模式转向固定与移动模式混合的、无处不在的业务应用。

案例分析

广域网办公自动化系统实现与应用

辽宁电力广域网办公自动化系统于1998年在机关内部运行，1999年广域网办公自动化在辽宁省电办有限公司系统全面推广应用，登记使用办公自动化系统的用户达12610多人。目前，收集整理了文书档案案卷及卷内目录32000多件、科技档案条目9100多件、公文处理21800多件、公文数据积累约48G、其他有关办公自动化数据约66G、服务器处理事件日均8600次、Notes客户端应用处理事件日均132000次、广域网邮件路由事件日均950次、公文管理数据库日均访问处理3800次、文书档案数据库日均访问处理270次。

广域网办公自动化在辽宁省电力有限公司系统采用统一规划、统一开发、统一应用的方式，节约大量的建设资金。一个基层单位购买LotusNotes群件、应用软件开发、应用及维护，合计投资约56万元。36家总计需要投资2016万元。该公司实际累计投资约283万元，节约资金1733万元。广域网办公自动化系统的应用实现了广域网的公文、邮件传送，大量节约了公文邮递费用，按照一个单位每年30万元，36家合计每年节约费用1080万元，5年共节约费用5400万元。减人增效明显。以电业局为例：26个部门，精简文书、打字员13人，5年节约经费100万元，36个单位自1999年以来，取得经济效益合计1.0733亿元。

电力企业ERP是成功实现企业信息化的必要手段与平台，已经被国际先进企业信息化历程所证明。企业ERP工程涉及面广，覆盖面宽，投资大，周期长，如何结合我国企业现阶段的发展水平和市场环境，实事求是地开展企业ERP工程，是一项十分复杂的大系统工程。从2001年开始，辽宁省电力公司就着手进行调查研究工作，认真研究了国外、国内先进企业，特别是同类企业实施ERP成功经验和失败的教训，为全面实施企业ERP工程进行了大量准备工作。

资料来源：刘树吉，潘明惠，周立庆.广域网办公自动化系统实现与应用[J].办公自动化，2002（5）.

第三节 移动 CRM

CRM（Customer Relationship Management，客户关系管理）是一个很好的帮助企业决策，进行客户关系管理的工具。但是随着科学技术的不断进步，互联网、移动通信技术和其他技术的飞速发展，使得企业所处的商务环境发生了变化，因此更加强调了与客户之间达成有效与实时的互动性，即在以客户为中心的移动商务环境下，所有的企业都在绞尽脑汁地运用更为与时俱进的技术手段来经营与客户的关系。传统的 CRM 已无法满足这种需求，而将逐渐地演变成为一种基于移动技术和服务的 CRM 管理，以使得整个渠道关系同步化，因此移动 CRM 便应运而生。

一、移动客户关系管理（MCRM）

（一）移动 CRM 的概念

定义：CRM 是一种利用现代移动终端技术、移动通信技术、计算机技术等现代科技实现在移动中也能够完成通常要在办公室里才能够完成的客户关系管理任务。移动 CRM 系统具有传统 CRM 系统无法比拟的优越性。

目前移动 CRM 主要局限于两种应用解决方案：其一是离线独立应用，但它不能很好地满足信息的及时性需求；其二是基于 Web 的客户端应用，然而它的强联网需求使之不适于高时延、低带宽、间歇式的无线网络连接。移动 CRM 突破传统客户关系管理的局限，为客户提供定制的、基于现场的实时服务，满足企业开展个性化一对一营销的要求和对"随时、随地、随心意"的客户交互能力的追求。为显著提高企业营销能力，降低成本，控制营销服务过程中可能导致客户不满的各种行为，牢固掌控客户资源打开了新的门路。同时，可以极大地满足客户个性化的服务要求，使客户随时随地地收到满足自己需求的信息和服务，从而达到客户与企业的关系无缝化，客户满意度、忠诚度的最大化。

（二）移动 CRM 的特征

1. 拓宽与客户的沟通渠道

这是两个方面的拓宽过程，一方面企业可以通过短信、E-mail 等形式将产品向更多的潜在客户进行宣传，让更多的客户了解到产品的最新情况；另一方面客户根据移动平台为客户提供极富个性化的交易体验。

2. 及时反馈客户信息

过去企业往往通过暗访调查形式，用书面报告的形式搜集客户意见，这种调查形式既慢又涉及范围狭小。现在客户购买产品后或接受服务后就会拥有一张电子意见卡，他们可以随时通过移动平台将意见传输到企业服务器中，这样企业就能及时、准确地获取和搜集到相关信息。

3. 提升客户服务水平

移动客户管理系统给予移动专业人员高速无线端口来回顾客户信息并及时响应客户、潜在客户和合作伙伴的需求。不仅能在现场或在会议中获得最新的信息，而且能提高客户服务的响应和解决效率。

二、移动 CRM 的应用

(一) 移动 CRM 的成功实现

1. 技术层的关键问题

技术在客户关系管理中起着重要的支撑作用。客户关系管理和供应链管理等信息系统一样，都包含许多不确定性，因此，技术层面在 mCRM 的实施中起着至关重要的作用。然而客户不会仅仅因为新技术开发而开始使用移动电话的新功能，所以，如何引导客户发现企业的移动门户，并通过自己的移动设备登录移动门户、使用相关功能将是 mCRM 实施的关键。总体而言，企业需要启动 mCRM 的实施，首先需要构建相关的技术基础，并且解决相关技术所涉及的不确定性问题。

2. 营销层的关键问题

从 mCRM 的营销层面而言，有两大关键问题需要考虑：一是客户开发，如何吸引潜在客户开通并使用移动媒体来进行沟通是移动客户关系营销成功的关键。如何借助于移动服务的魅力让客户开始使用这项技术并从中获利，提升客户价值是营销的中心问题。企业需要首先寻找目标客户群，确定沟通和交流的目的，设计短消息内容，选择适当的时机发送这些消息并收集客户的反馈信息，进而通过对反馈信息的分析来衡量消息的效用。移动客户关系管理一旦启动，移动服务就需要渗透到营销的每个环节中去，尽可能多地利用移动的媒介和渠道开展一系列的营销活动，同时将现有的营销活动与移动服务集成，将让企业与客户双方更快、更好地适应新的沟通渠道，取得更好的效果。

二是数据处理，如何获取目标客户群体的详细数据并通过 mCRM 向这些客户发送信息是推动 mCRM 实现的核心。通常用三种方式来管理客户数据：购买数据库、租用数据库或是开发自己的数据库。企业可以通过营销活动来搜集相关的客户信息，如客户的手机号码、姓名、地址以及其他的信息，也可以采用让客户注册新的移动服务的方式，给客户提供终端的使用程序，同时将客户的手机号码等信息收入数据库。采用注册的方式通常具有较高的信息获取率并且能够较好地保证信息的真实性和有效性。在用注册手法的基础上，还可以配合使用抽奖等方式对客户进行激励。

3. 成功实施关键因素

移动服务作为一种新的媒介将其运用在 CRM 领域，将为企业带来附加增值和新的运营思路。mCRM 实施的成功因素在于：服务可达性，客户可以在任何时间任何地方通过移动服务获取所需要的服务；安全可靠性，移动安全技术可以有效地保证终端信息提供者信息的私密性；方便快捷性，移动手机等终端设备轻巧便捷，客户可以随身携带，随时享受服务。

(二) 移动 CRM 的流程管理

成功的 CRM 的项目实施应该有高层的支持，着眼于实际的业务成果和内部流程。企业往往选择同类产品中最佳的前端、后端办公软件和移动应用软件，来为特定的功能简化关键业务流程。如果这些产品在各自独立的信息库中运行，将会出现工作效率、数据质量和业务效益降低的问题。移动 CRM 的基本构成通常包括以下几个部分：对销售队伍的管理和销售机会以及销售业务的管理；对市场的设定、追踪和分析总结；对服务活动的信息支持，包括对日程的安排、服务活动的监控以及知识库；为游离于企业之外的现场服务人员利用移动设备检索服务的安排以及关于产品、客户等与服务有关的信息。

1. 企业需要考虑的问题

我的员工目前正在使用什么样的设备？

我的员工在移动时需要处理哪些事情？

移动办公的员工需要如何协作？

2. 最佳实践过程的实现

保持简单：关注能带来最大价值的几个关键流程。

减少定制即可避免高复杂性、高成本和低采用率。

使用相同 CRM 供应商提供的或基于行业标准的移动解决方案来确保互操作性、一致的用户界面/标准、供应商的责任和投资保护。

为扩大价值，与其他第三方的移动设备软件、服务提供商进行整合。

3. 影响投资回报率的因素

对客户多花 X% 的时间将获得 Y% 的销售增长。

越早地采取行动将能获得更高转换率的机会，并最终带来更高销售额。

增强企业内部部门间的及时协作，可以为客户带来更高水平的销售服务和客户关系的维系，这将为企业带来更多的销售机会和更少的客户流失。

移动 CRM 组织架构见图 9-4。

图 9-4　移动 CRM 组织架构

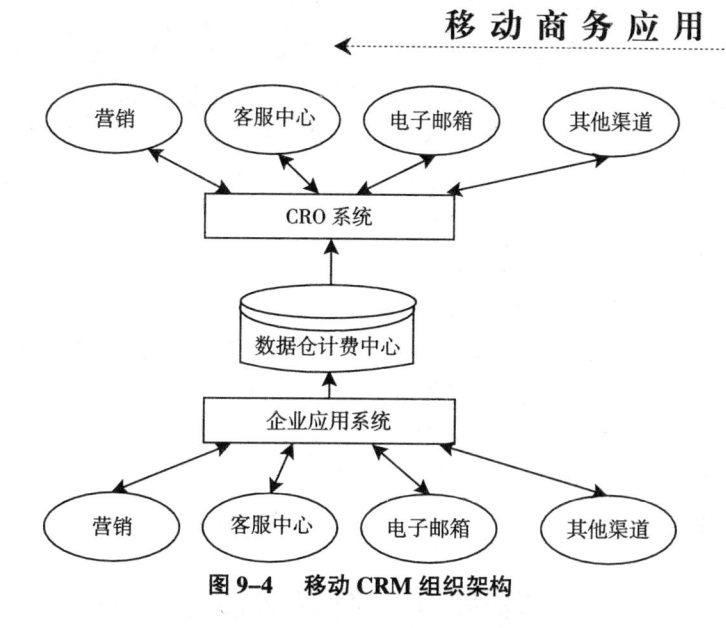

三、移动 CRM 的优势

（一）提高企业的响应速度

移动 CRM 最大的优势就在于能够使客户得到即时的服务。企业一定要让客户在产生购买欲望或者服务请求最迫切的第一时间，能够迅速找到一名最合适的员工来准确处理、负责业务。目前企业所管理的移动用户数目正在大幅度增加，因此，户外工作人员信息化成为商业活动一个很重要的问题，移动 CRM 在这方面有着它独特的价值。

（二）帮助企业优化业务流程

在移动 CRM 系统中，一方面对资源分门别类存放，另一方面可以对资源进行调配和重组。它就像魔方一样，可以根据需要千变万化地、围绕某个方面去整合资源，以满足新的经济环境以及市场和客户主导的、快节奏的、灵活多变的、多线程的市场现状。

（三）提高企业销售收入

移动 CRM 为销售人员提供实时无连接的访问能力，使销售人员对客户重要信息的访问不再受地域和时间的限制，以便更有效地管理客户关系和销售流程，便于他们目标明确、采用最合适的方法对最具价值的客户和最具成长性的客户不断创收。

（四）提高客户的满意度

客户对服务的满意度的评价受主观因素的影响很大，客户评价服务质量不仅看其技术质量，也看其功能质量（例如，服务人员是否对客户表示关心、服务的及时程度等），因此企业不仅要改善自身的服务能力和质量，而且需要在一些附加工作，如客户关怀上大做文章。提高客户对企业的满意度，优化客户关系，减少客户流失，提高他们的忠诚度，从而减少了企业获取新客户所需要的成本。

（五）提高企业工作效率

移动 CRM 强大的管理功能，使得企业海量的客户信息、业务记录、进程、销售预期、反馈信息等关键信息，在统一的业务平台上得到了规范的管理，并在此基础上与现有的业务流程相适应，能够提供多项统计数据，显著减少错误信息可能导致的不完整和不准确的数据收集。另外，还可以利用它以极低的成本进行大规模的电子促销。

第四节　移动 SCM

随着物流技术的不断发展，供应链已经成为企业关注的焦点，物流服务的发展已经不再是传统意义上单纯的货物包装、配送、仓储或者寄存等常规服务，由常规服务延伸而出的增值服务正在成为物流发展的新趋势。传统的包装、配送、仓储等业务已经不能很好地满足当前的需要，通过提供物流增值服务为物流企业创造出新的价值的移动供应链管理应运而生，而创新、超越常规、满足客户个性化需要是增值物流服务的本质特征。

一、移动供应链管理（MSCM）

（一）移动 SCM 的概念

移动供应链管理（Mobile Supply Chain Management，MSCM）是移动商务的一种，它基于供应链管理平台，利用移动通信技术、各种移动设备、计算机技术和互联网技术，对围绕提供某种共同产品或服务的相关企业的特定关键信息资源进行随时随地的管理，从而帮助实现整个渠道商业流程优化的一种新的供应链管理方式。

通过移动供应链管理者能够建立和客户的交互活动，提供服务信息的实时查询、浏览、在线货物的跟踪、联机实现配送路线的规划、物流资源调度、货物检查等。它借助信息技术，为客户提供物流信息服务，不仅可以提高企业与客户之间的沟通效率，而且可以提高双方交易的反应速度，使客户真正体会到增值服务所带来的超值感受。移动 SCM 使用移动应用设备来辅助供应链活动的实施，以最终帮助公司实现成本降低、提高供应链响应能力与竞争优势。移动 SCM 已经成为 SCM 的一种新的模式，它必将给 SCM 带来革命性的变化，使整个供应链变得更加快捷而有效。移动 SCM 系统具有传统 SCM 系统无法比拟的优越性。移动 SCM 系统使业务处理摆脱了时间和场所局限，随时随地地与公司业务平台进行沟通，有效提高 SCM 效率，推动企业效益增长。

（二）移动 SCM 的特征

1. 属于移动商务的一种

SCM 是移动商务的一种，是移动商务在 SCM 中的扩展。因此，移动 SCM 必须满足"移动"的本质，即 3A（Anyone、Anywhere、Anytime）化一定能够对商务信息资源进行随时随地的利用，从而随时随地进行一个人认为必要的 SCM 活动。3A 化的实现意味着 SCM 活动将超越许多既有的限制，而向超空间（HyPer-Space）、实时间（Real Time）的方向发展。

2. SCM 是移动 SCM 的基础

移动 SCM 不是取代 SCM 平台，而是 SCM 平台某些功能的实现方式，是部分和整体的关系。SCM 平台是移动 SCM 存在的基础，没有 SCM 平台，移动 SCM 就无从附着。移动 SCM 实际上是 SCM 平台上某些具体功能在移动商务领域的延伸。

3. 具有针对性而非广泛性

移动 SCM 要有针对性，但不需要达到全面性。在功能上，移动 SCM 不需要复制 SCM 平台的全部管理功能，但必须突出某些针对性的功能；在信息处理上，移动 SCM 要能够实现随时随地地收发、存储、处理供应链上某些环节的关键信息；在信息共享上，移动 SCM 的发展方向是能够实现跨企业的信息交互。

（三）移动 SCM 的功能

1. 移动数据采集和传输服务

通过利用信息通信终端、增值服务平台和客户端软件，如二代通信技术 GSM（数字蜂窝移动通信）、SMS（收发短息）和传真业务，还有接近三代通信技术的基于宽带技术的 CDMA（码分复址）和 GPRS（通用无线分组业务）通信网络，为企业生产和管理提供相关信息的采集、生产管理信息的下达和查询等功能。信息平台和专用终端可支持采集和传送客户签名、工作场景等图片信息。

2. 移动定位服务

过去货物运输等一般都是"暗箱操作"，只要货物一经发送，在途发生什么情况、其结果如何只有等到了目的地才能知道。移动供应链可以通过集成的

GPS、GIS 和移动 LBS 接收器，可以为客户提供定位、轨迹跟踪服务。客户就可以准确地掌握货物情况，如在途发生情况，就可以及时采取应急措施。发货、收贷双方都能及时了解和录制货物情况，在事故发生时就能及时明确事故责任方，避免不必要的法律纠纷，一方面可以节约事故处理时间，另一方面可以节约纠纷费用。

3. 短信查询（接收）服务

在移动 SCM 平台的支持下，移动信息平台可以通过短信形式与移动终端的用户实现准时信息交互，甚至可以使用 PDA 直接收发邮件。由于现在手机短信收发的实时性、实惠性及手机应用的普及性，手机将成为移动 SCM 系统客户端的主要移动设备。

4. 语音通话服务

不是任何事都可以通过简单的信息能说明白、能够解决。比如，一方因某种原因需要提前或延后发货，需要给另一方说明原因及其处理方案，就需要利用语音通话服务才能解决。专用移动通信终端可以支持为客户提供语音通话服务。现已有向客户提供语音 VPN 和短号码服务等基础语音服务和增值服务。现在互联网和无线移动网络的技术也越来越成熟、服务范围也越来越广、通信费用大幅下降，此项功能必将给用户带来极大的方便，推动移动供应链的发展。

5. 其他功能

移动供应链可实现的功能还有信息发布服务、调度服务、大客户个性化管理服务、集群电话服务和统计功能服务等。

二、移动 SCM 的应用

（一）移动 SCM 的模式分析

移动 SCM 和传统的 SCM 模式不同，传统的 SCM 模式描述了五个基本流程：计划（Plan）、采购（Source）、生产（Make）、发运（Deliver）和退货（Return）。而移动 SCM 模式并不是供应链全过程的模式，而是各个利用 SCM 局部过程的抽象模式。

移动 SCM 模式分为三个层次：第一层为用户层，代表实际使用移动 SCM 的用户，包括直接使用移动终端的用户和使用 SCM 平台的企业；第二层为网路层，是移动供应链信息流动的具体通道，包括移动终端、移动通信服务商、电信网络、集成运营商和 Intemet 网络；第三层为移动 SCM 平台，它们共同实现移动供应链的具体功能并管理着整个移动 SCM 系统。

(二) 移动 SCM 的应用分类

1. 移动设备的应用

如手机、便携式个人电脑、个人数字助理 PDA 等。手机实现和系统的 SMS 对接，实现相互有效沟通。便携式个人电脑可以和有线及无线网络连接并交换或同步信息，还能利用网络和 MSN Messenger 交换文本消息，浏览 Web 等。PDA 可以直接和供应链系统相连接，共同进行数据库的操作，配合供应链系统共同完成入库确认、入库修改、上架分配指示、拣货指导、出库确认、仓库盘点、临时销售 POS 机等功能。现在的应用中，手机的 SMS 应用较为广泛。手机的 SMS 应用多在于运输控制中，由于移动服务提供商网络的覆盖能力强，因此，在几乎所有的地方都能使用这项服务。

2. 移动技术及系统的应用

如 Mobile IP 协议、Wi-Fi、GPS/GIS 等。Mobile IP 协议是移动性网络传输的基础，国际上通过标准组织制定相应的协议保障世界范围内可相互连通。Wi-Fi 属于在办公室和家庭中使用的短距离无线技术，可以使用户通过前面的移动设备在不固定的线路共享供应链数据。GPS/GIS 可以提供 LBS（Location-Based Services，定位服务），GPS 可以实时监控车辆的位置并通过 SMS 保持对于运输货物的情况了解。GIS 可以提供基于位置的即时可视化的各种数据统计信息，并结合其他模块进行路线优化、地址选择等。

3. 移动 SCM 的流程管理

移动 SCM 将软件的应用与移动设备一体化赋予用户在任何地方的无线环境中都可以灵活操作。移动供应链软件应用同时延伸了企业内和公司间商业系统，这是通过使供应链参与者开展商业活动（例如，实行在线交易、分享和交换最新的信息、提供随叫随到的客服、管理后勤、运输和库存水平）来实现的。

从图 9-5 的 SCM 业务流程中可以看出，增值服务台在收到发货人的货物后，输入相应的货物数据，并给予编号存入供应链系统数据库，呼叫中心通过管理信息系统对整个供应链系统进行管理。当收货人或发货人通过终端设备来询问货物的情况时，呼叫中心通过货物的相应数据利用 GPS、GPRS 等定位系统对货物的实时位置进行确认，然后把信息返给收货人或发货人。在整个供应链过程中，呼叫中心通过短信等进行人员调度、车辆调度等调度管理，快件到达短信通知或短信或网上查询，并对数据进行管理、统计、检索等。具体应用主要有以下一些方面：数据传输服务、货物（快件、运单）到达通知、SMS 调度服务、短信查询服务、快件在线跟踪、大客户个性化管理服务、移动定位服务、集群电话服务、统计功能服务等。

移动商务应用

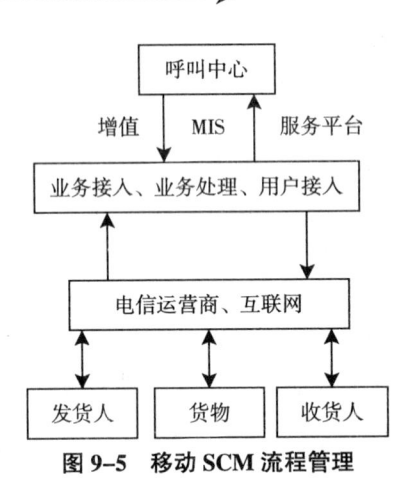

图 9-5 移动 SCM 流程管理

三、移动 SCM 的优势

供应链本身是一个动态的过程，移动供应链由于其"移动"的特性，使得供应链中的信息交换变得方便和简单，使整个供应链变得更为敏捷和快速，使供应链中的每一个企业都能随时地观察到整个供应链的情况，及时地了解自己企业的采购、生产、销售等各种情况，解决了供应链的不确定性，从很大程度上杜绝了供应链的长尾效应。同时也使得物流企业的工作更为有效，货物的运输、存储等都可以提供随时的跟踪查询服务，保证了供应链的实时性，因此极大地提高了物流企业的工作效率，同时也提高了企业的管理水平，使得企业内部资源得到了有效利用，同时也提高了客户满意度。具体来说，移动供应链有以下一些优点：

（一）提高移动性和灵活性

用户可以从工厂内外的任何地方完成分发、制造和质量事务处理。一部移动设备可以代替多台台式个人电脑。移动设备可以分配给用户，从而大大降低了用户对大体积桌面个人电脑的依赖性，而且摆脱了时间和地点的限制，使用户可以随时随地地查询跟踪自己的货物，使供应链变得更加灵活和迅捷。

1. 实时更新存货信息

移动设备使用户能够在使用地点实时输入事务处理并进行查询。事务处理的合法性验证在线进行，从而能够立即识别非法数据。实时的存货信息提高了供应链合作的质量，保证了客户订单更加准确，并优化制造和仓储作业及所需资源的调度。用户可以访问到解决异常事件所需的最新、准确的信息。

2. 避免重复数据录入

在使用地点输入事务处理还可避免重复录入数据。用户可以通过移动设备在工作时记录事务处理。填写车间事务处理表格，然后输入台式计算机的日子已经一去不复返了。

3. 减少数据录入错误

对所需数据的条形码扫描代替了手工数据录入，提高了数据的准确性并缩短了数据录入的时间。移动设备通过减少数据录入错误、降低仓储作业的中转以及提高吞吐率和缩短周期的过程自动化，提高了生产效率。

4. 提高库存的准确性

通过数据输入错误的减少和更快识别库存错误的能力，可以提高库存的准确性。库存准确性技术（如循环查点）在执行实时的信息时更加有效。提高库存准确性的优点包括通过更高订货供应率和保证按时交货来提高的客户满意度，以及通过改善供应链计划来优化生产和分发计划。

（二）活动预警和智能信息

活动预警与智能信息为有关人员提供关于供应链异常的通知。短缺消息可以用于加速将所需原材料发送到缺乏地区。例如，应用程序在接收原材料时进行检查，看一看接收到的原材料是否在机构的其他地方也需要，并给执行接收事务处理的人发送一个实时的警告。接收人可以查看关于该项目可能的物料短缺情况，并根据优先级和业务操作采取适当措施。移动 SCM 的实施，不是对原有供应链流程的再造，而是对原有流程的优化改造，是把最新的科技应用到 SCM 中来，所以移动 SCM 作为新添功能，实施起来也相对容易些。

本章案例

掘金供应链流程标准化在路上

21世纪的市场竞争将不是企业和企业之间的竞争，而是供应链和供应链之间的竞争。随着外包趋势日益明显，供应链网络的复杂性及整个网络中协调工作的必要性大大加强。

沃尔玛每年可以做到 26 次的资金周转次数，而在国内顶尖的零售巨头交出的答卷上，这个数字仅为 14 次。这意味着同样投入一元钱，沃尔玛可以做到的营业额是国内企业的 2 倍。

紧临世界之窗和锦绣中华的深圳华侨城沃尔玛购物广场里，货架入口的两端时常会被深蓝色的绳子挡住，在这个狭小的区域里，沃尔玛的员工正紧张而有序地补货。

移动商务应用

华侨城沃尔玛购物广场的层高大约有 4 米，货架的高度仅为 2 米，细心的顾客会发现 2 米高的货架上整齐地码放着几乎同货架等高的包装箱——这些被分割的零散区域就是这个营业面积超过 2000 平方米的卖场的除生鲜和食品部门之外的主要仓库。

美国供应链管理专业协会中国分会首席代表王国文博士认为，高效的资金周转和供应链管理是沃尔玛取得成功的难以复制的关键。

这就好比一个好胃口的人，吃得多不完全是因为肚子大，更是因为吃得频繁。

我们都曾置身于超市收银台前等待付款的长龙般的队伍。长时间的排队不仅消磨着消费者的耐心，也降低了卖场货物流通的效率。

为此，沃尔玛在部分商场试用了无线射频识别（RFID）技术，每件商品都配有一个可以被识别的无线发射器，里面记载着商品的价格、品类、数量等信息，顾客只要推着购物车通过收银台，所有购物车内的商品将自动登记并计算总价，这样就大大地提高了 POS 机终端的效率。

对于超市这样的零售企业来说，打造核心竞争力的关键因素，是尽可能缩短库存周转的周期。沃尔玛的管理系统，不断挑战最低安全库存，通过小批量、多频次的补货，有效降低库存量，加快了资金周转的周期。

虽然国内企业拥有跟沃尔玛类似的经营模式，也有 POS 机、条形码等技术手段，但相对低效的管理能力和流程效率造成在资金周转上与世界一流企业存在差距。

作为美国供应链管理专业协会在中国的首席代表，王国文的主要工作就是通过引入先进的供应链体系，提升国内企业的竞争力。

美国生产和质量控制协会（APQC）的研究报告表明，好的企业的总供应链管理成本，要比一般的企业总体供应链成本低 35%~50%。每 1000 美元收入，好的企业的总体物流成本仅为 2.9 美元，差的企业则达到 27.2 美元。对于库存周转问题，好的企业平均持有库存的天数是 23 天，不好的企业是 38 天。

通过不断提升物流管理，在 1985 年到 2001 年之间，美国企业平均现金周转周期缩短了 27 天，其中 17.5 天是由于库存周期的缩短。

美国物流管理协会 2005 年更名为美国供应链管理协会，重要的原因是物流一词已经不能准确涵盖该协会在降低企业运营成本方面所关注的整个流程体系。

从关注物流环节到关注整个供应链体系，"供应链管理"已经被提到了企业战略的高度，需要物流企业具有高度的计划、执行和控制能力。

这里所说的计划，是指供应链计划、供给需求计划、库存计划等能力，实际上就是管理能力；执行，是指运输、仓储、配送等方面的能力；而控制能力，就是流程的再造和提升。

在王国文的推动下，清华大学出版社最近出版了最新的《供应链管理流程标准》中文版，这套教材几乎与美国的英文版同步推出。

以波音、惠普、戴尔和微软为代表的美国企业，已经在应用和实施这套体系，作为先行者，他们的成功实践也在这套体系中得到了推广。

由于标准才刚刚引进，中国的大部分企业尚处于学习、了解阶段，而率先学习这套标准的企业，如康佳、TCL都希望借此实施供应链管理，建立核心竞争力。

2004年7月成立的速必达商务服务有限公司是TCL集团（行情论坛）投资建立的整合物流服务供应商，他们通过供应链管理建立了自己的核心竞争力。速必达的特长在于深度配送，速必达公司副总经理姜还发说：目前TCL的彩电50%的销量是在三、四级市场实现的，而对于TCL的第二品牌乐华，这个数字甚至高达70%。速必达的物流系统可以保证80%的货物在24小时内完成发货。速必达不仅在"每一个时点可以了解到每一个型号分布在哪个仓库、哪个库位"，并且，"在物流运作的每一个状态、每一个节点，都可以做到实时跟踪"。更重要的是，在IT系统的支持下通过对途经同一配送点的不同线路的物流优化，速必达可以通过整合物流网络来达到对整个供应链效率的最大限度的优化。

在教育部、国家发改委、财政部联合启动的"现代远程教育工程试点示范项目"中，甲方要求3个月内将产品送往各县级的电教馆，甚至镇、村一级的学校，共计497个送达点，这一要求将大多数参与竞标的企业拒之门外，TCL则在速必达深度配送的物流系统支持下，赢得了包括彩电74782台、DVD机74502台在内的"三个包"的全部标的。

王国文介绍，供应链管理的理想模式，是生产企业和物流企业形成长期的、稳定的供应链伙伴关系，将物流企业作为生产企业能力的一部分。从原材料采购、生产制造到成本交付到维修回收，都采用一体化的供应链管理流程，因为只有这样才能降低总体供应链管理成本、提高资产回报率。

目前，国内领先的第三方物流企业已经具备了全过程移动管理供应链的能力。这些企业从做运输开始，到运输+仓储+配送，再到分拣、包装、重组的物流价值增值服务，从成品到客户手上的配送物流，到管理原材料采购的进向物流，再扩展到生产过程的物料处理，将零部件配送到工位上。

典型的案例是一些为汽车生产企业服务的物流公司。它们的配送中心离工厂很近，能够实现短时间、多频次、少批量的配送。在配送之前，还可以

移动商务应用

将零件组装成总成，比如将仪表组装到仪表板上，再配送到汽车生产线。通过引入与汽车生产企业实时信息共享的 WMS 系统，采用条形码和 RFID 通信手段，在管理和操作的绩效指标方面，这类公司接近了国际领先的物流企业的指标。

虽然效益明显，但建立和管理高效物流 IT 系统的成本巨大，这也成为资金有限的中小物流企业发展的重要"瓶颈"之一。因此，第三方的物流信息平台成为不少企业的首选。"动力 100"就是广东移动推出的一个信息化整体解决方案，移动供应链管理系统（M-SCM）是其中用于提升供应链流程效率的一个产品。

资料来源：李炯. 掘金供应链流程标准化在路上 [N]. 第一财经日报，2007-08-13.

➤ **问题讨论：**
1. 从本案例中可以得出 M-SCM 的优势有哪些？
2. 移动 SCM 主要运用于哪些方面？
3. 分析移动 SCM 的主要特征。

本章小结

移动办公是当今高速发展的通信业与 IT 业交融的产物。它将通信业在沟通上的便捷、在用户上的规模，与 IT 业在软件应用上的成熟、在业务内容上的丰富，完美结合到了一起，使之成为继电脑无纸化办公、互联网远程化办公之后的新一代办公模式。

学习本章时，应掌握移动 ERP、移动 CRM、移动 SCM 的概念，应用类型以及各自的特点或优势。移动 SCM 的应用广泛，目前许多企业已经采用移动供应链管理，同学们可以将生活联系起来，运用本章的内容去分析案例，做到融会贯通，学以致用。移动办公与企业管理最大的特点是方便、快捷，时时跟踪办公信息，这点也是移动 ERP、移动 CRM、移动 SCM 的共同特点。

本章复习题

1. 简述移动 B2E 的概念及应用。
2. 移动 ERP 系统由哪些部分构成？
3. 移动 ERP 有哪些业务类型？

移动商务应用

4. 移动CRM的特征是什么?
5. 移动CRM的概念及应用。
6. 移动SCM具备哪些功能?
7. 移动SCM有哪些显著优势?

第十章 移动能源

学习目的

知识要求 通过本章的学习，掌握：

- 移动能源的概念
- 移动电力专网的概念与技术手段
- 移动石化专网的概念与技术手段
- 移动能源管理的商业价值

技能要求 通过本章的学习，能够：

- 理解移动能源的优劣势
- 掌握构建电力、石化专网的步骤
- 识别移动能源的商务模式
- 分析移动能源的应用案例
- 评价移动能源商务模式

学习指导

1. 本章内容包括：移动能源管理的概念与内涵、移动电力、移动抄表、石化虚拟专网的技术与构架、移动能源的商务模式、评价商务模式的分析方法。

2. 学习方法：独立思考，抓住重点；结合案例，深刻领会。

3. 建议学时：4~5学时。

移动商务应用

引导案例

中国移动陕西分公司积极助推"数字陕西"

陕西移动与中国石油陕西销售公司签订战略合作协议,将向中国石油陕西公司提供生产办公应用、行业特色应用、公众应用三方面服务,同时就渠道、VIP 客户等多层次、宽领域的深入合作达成了意向。

咸阳分公司与陕西地方电力集团公司咸阳供电分公司签订了综合信息化战略合作框架协议,以服务流程再造和资源互补为引线,大力推进电力行业综合信息化工作。在语音、信息化、文化输出和资源共享四方面合作,提供内部办公、外部营销、内部安全生产监控等综合信息化服务,并依托中国移动企业文化资源,提供绩效文化、服务文化、班组文化等文化输出。

榆林分公司与用友软件公司及陕西南梁矿业有限公司共同签署信息化发展合作协议,标志着与软件开发商合作推广 MAS 信息化的发展新模式初见成效。在 MAS 业务的前期推广中,集团单位的信息化需求与 MAS 功能之间的切入点很难把握,客户即使使用了 MAS 业务,也往往是简单地应用短信群发功能,对企业的信息化水平提升以及通过信息化对企业成员的捆绑效果均不明显。榆林分公司通过与大型的专业软件开发商合作,借助软件开发商对行业客户的深刻理解和丰富的客户资源,将 MAS 的信息化终端延伸能力与软件开发商的行业软件系统相整合,一方面使软件开发商的软件功能更加强大实用;另一方面借助软件开发商丰富的客户资源,实现客户的快速覆盖,达到了合作方的共赢。

资料来源:人民邮电网.中国移动陕西分公司积极助推"数字陕西" [DB/OL] . http://xian.qq.com/al/20110513/000030_1.htm, 2011-05-13.

➡ 问题:

1. 简述陕西移动公司移动能源管理建设的意义。
2. 移动能源管理能在哪些方面帮助企业提升工作效率?
3. 移动能源管理与现有企业结合时需要集中处理哪些问题?

第一节 移动电源

移动电源概念是随着数码产品的普及和快速增长而发展起来的,定义为方便易携带的大容量随身电源。目前数码产品功能日益多样化,使用也更加频繁，如何延长数码产品使用时间，发挥其最大功用凸显重要。移动电源，就是针对并解决这一问题的最佳方案。携带电源，就可以在移动状态中随时随地为多种数码产品提供电能（供电或充电）。

一、移动电源的概念

移动电源是在移动状态下（如旅游、开会等）不受局限地给手机数码产品供电或充电，真实地给人以踏实感，使生活和工作的品质得以提升。它也叫"外挂电池"、"外置电池"、"后备电池"等。"移动电源"这个概念是随着目前数码产品的普及和快速增长而发展起来的，其定义就是方便易携带的大容量随身电源。

随着数字技术的飞速发展，手机、MP3/MP4、数码相机、数码摄像机、PDA等移动数码产品功能日益多样化，使用更加频繁，但内置的电池容量技术一直未能有所突破，待机时间有限，大屏幕数码产品的使用时间短，交流充电器是唯一的充电方式。在这种情况下，人们在商务办公、外出旅游时经常要碰到断电的无限烦恼。

移动电源，是针对并解决这一问题的最佳方案。其定义是方便易携带的大容量随身电源。移动电源的核心由可重复充电的锂离子电池和稳压输入、输出电路板组成。国际定义为"portable energy"（移动能源）或者"power bank"（能量银行），也称"外挂电池"、"外置电池"、"后备电池"。移动电源能在移动状态下（如旅游、开会、充电器不在身边或不方便充电的情况下）发挥其功用，即在anywhere（任何地点）、anytime（任何时间）不受局限地给数码产品供电或充电，无论是商务办公还是户外旅游，让移动电源为自己的数码产品充电，真实地给人带来便捷体验，使生活和工作的品质得以提升。

二、移动电源的优点

（一）大储量移动电源

移动电源是手机、数码相机、游戏机等数码产品应急电力储备，是当前技术发展阶段下，数码产品充电、延长数码设备待机时间的最优方式。用户可以随时随地充电（例如，给手机边充电边打电话，数码相机边充电边拍照的功能），随手掌控数码产品，由此给生活带来便利。

（二）便携性

移动电源可以给使用小型电池（一次性的或可充电的）的数码设备供电，同样实现移动使用，降低使用成本。

（三）兼容性

移动电源可以配置多种设备接口，由此实现一机共用，可以适合家庭或工作小组中多人使用。用户在更换数码设备时，只要转换接头，即可继续使用，具有高兼容性，同时为多种数码设备充电。随着数码产品增多，人们往往陷入随身携带大量充电设备的困境，移动电源可以很好地解决这个问题。另外，移动电源还减少了购买内置电池部分开支费用。

（四）环保性

移动电源的原料与电子设备相比相对单一，能够有效地减少铅对人体的伤害，同时也能够降低对人体的辐射，具有用户友好性和环保性。

三、移动电源的局限

和移动电源的各种优势相比，其潜在的缺点也是影响移动电源大规模普及的重要因素。

（一）安全性有待提高

安全性是用户在选择使用时首先要考虑的问题。由于锂电池自身具有非常活跃的化学性质，一旦与空气中的氧气接触，即会发生剧烈的化学反应，甚至发生爆炸。

为保证移动电源的大储存量特性，移动电源容量一般在几千毫安时到几万毫安时，如此巨大的容量，如果发生爆炸，后果将非常严重。为了推广移动电源的使用，供应商必须加大研发力度，使用更加高效、安全的锂聚合物电池来代替原有的纯锂电池，以提高安全特性。

（二）价格缺乏竞争力

在各种第三方电池厂商的影响下，市场上出现了接近或完全超越原装电池的产品。这类价格低廉的非原装电池，使用户逐渐放弃了昂贵的原装电池、移动电源，转而购买非原装电池。在这种情况下，用户同样可以只使用一种产品，为数码产品提供1~2倍的续航时间，移动电源将不具备价格优势。

（三）行业标准尚未形成

移动电源是基于移动数码设备而衍生的新兴产品，行业尚未形成统一的技术标准。由于生产工艺不统一和电芯的因素影响，导致移动电源的输出效率参差不齐，过高或过低的输出电压会给硬件直接造成伤害。越来越多的用户因为使用劣质的移动电源或使用方法不当造成数码设备发生故障，这也使得移动电源的口碑不甚理想。

四、移动电源的目标客户群

数码设备的原装电池电量性能不理想，不能满足用户的日常生活需要，使得外接式移动电源逐渐显现出市场潜力。但是由于移动电源的自身属性，使得它的受众人群有限。

综合分析移动电源的特点，移动电源适用人群为：高频率出差的商务人士、旅游爱好者、住校学生、野外工作人员等。以上几类人群有一个共性存在，相对的一段时间内，身边不具备为数码产品充电的条件；但是随着数码产品功能的多样化，导致使用频率急速上升，使得电池容量显得更加有限。

（一）商务人士

商务人士通话量大，单个通话时间相对较长，手机电池中的电量往往不能满足需求。商务人士经常出差，配备移动电源可以避免在出差途中出现手机断电的状况。由于商务人士的业务特性，在个别情况下一通电话带来的商业利润往往是不能用几个移动电源来衡量的，因此也会降低商务人士对移动电源价格的关注。

（二）旅游爱好者

旅游爱好者在旅途中经常会遭遇手机、数码相机等数字产品断电，但无法充电的窘境。即便有机会充电，也会因为紧密的行程而匆忙启程，因此，无法满足充电需求。移动电源可以解决这样的燃眉之急。

（三）野外工作人员

能源企业人员尤其是勘探工作者长期从事野外工作，对于移动信息化具有强烈的需求。移动电源可以保障移动信息设备的电力供应。

对于移动电源有购买意向的用户，在购买时注重移动电源的安全性、高效性，产品至少同时具备过充、过放、高温差、短路等安全保护功能。因此，移动电源制造商应加大研发力度，更好地适应市场用户的需求，提供更加安全高效的产品。

移动电源由于各种因素的影响，其最合理用途应该是以应急充电为主。在实际应用中，用户无法忍受使用数码产品的同时携带过量的移动电源。面向适用人群，如果其价格控制在绝大多数用户可接受的范围内，那么其适用人群将更加广泛。

第二节 移动能源管理

作为国民经济的支柱性产业，能源行业是信息化程度较高的一个行业。同时，在 3G 移动信息化占据主导地位的时代，能源企业生产效率的高低也在一定程度上取决于该企业信息化程度。因此，未来能源行业移动信息化将会呈现出高速发展的态势。

一、移动能源管理的概念

定义：移动能源信息化是信息化软件开发商、运营商、集成商、移动终端等厂商，针对能源行业自身的办公模式和业务特点，推出的一系列基于手机、平板电脑等移动终端的，能满足能源企业移动办公应用需求的信息化产品、系统或解决方案。这些方案的最终用户可以是能源企业管理者、普通员工或者能源企业客户。

二、移动能源信息化方式

移动能源信息化涉及业务营销、原材料采购、产品服务、生产监控、产品配送、资源勘探等能源企业内的各个环节。根据目前的市场状况来看，短信推送、手机邮箱、手机客户端程序是最流行的能源移动信息化方式。

（一）短信推送

供电局等能源企业通过短信通知的形式将电费通知、预存款余额、政策通知等信息发送给能源用户。从而，用户可通过手机接收到来自能源企业的各种信息通知，了解最新政策动态，及时处理各种来往业务。

此功能针对的对象还包括能源企业员工。推送的内容包括新邮件标题以及其他各种短信息。使用这种方式可帮助员工随时随地地掌握接受到的邮件的大致信息，及时接收到来自公司内部的各种紧急通知等信息。

（二）手机邮箱

通过特殊的技术实现方式将企业邮箱内的邮件完整地推送到企业管理层和员工的手机上，其中推送的内容包括邮件正文、附件等所有内容。

（三）手机智能客户端程序

通过在系统内部进行系统架设将能源企业内的各种信息化系统（OA、ERP、GPS、GIS、邮件系统等）移植到企业管理层和员工的手机上，从而在手机上实现同 PC 机上一样的日常办公功能和业务功能。

阅读资料

数字化管理还电于民

近年来,"拉闸限电"越来越多地出现在中国老百姓的日常生活中。在民营经济发达的浙江省,电力供需矛盾尤其突出,仅 2008 年浙江省电力负荷缺口就达到 50 亿千瓦时。为解决浙江省"电荒"问题,中国移动与浙江电力公司全面合作,打造"数字电力"工程。

短信电费催缴系统实现了电费催缴的自动化作业,效率提高 17%。电力大客户现场服务系统有效控制了大企业用电,切实解决了部分用电大户窃电问题。通过移动网络传输监控信息,电力部门可以对各工业用户的负荷进行实时监测和单独到户控制,做到"停机不停线",实现"有序用电"、"还电于民"。自 2008 年以来,为了保证居民供电需要,电力部门不得不经常对企业进行限电供应。为此中国移动特别开发了电力信息服务系统,用户通过订阅移动电力信息,可实时掌握供电信息,安排生产计划。针对配网运行稳定性、用户用电质量监测等问题,中国移动还与电力公司共同推出了电力配网监测解决方案,利用 GPRS 网络实现开关站和变压器运行情况的自动化监测。

中国移动紧紧把握电力客户需求而量身定做的电力移动信息化解决方案,有效缓解了电力短缺矛盾,提升了电力部门的宏观调配和企业管理能力。作为全国的用电大省,浙江电力行业移动信息化整体解决方案已经产生了巨大的经济和社会效益,极具示范意义。

资料来源:人民邮电报.打造能效管理新标准——中国移动助推行业信息化之能源篇 [DB/OL].www.cnii.com.cn/20050508/ca304455.com,2005-05-08.

第三节 移动智能电力

电力工业是一个技术密集型、资金密集型的行业。实现国家电力工业的现代化,必须通过提升电力行业信息化应用水平、电力企业产业水平。在电力生产、经营管理和服务用户的各个领域,实施电力行业信息化发展战略,把信息技术和理念密切地与电力工业结合起来,实现信息化与工业化的融合。

移动商务应用

一、移动智能电力网的概念

定义：移动智能电网是一套完整的电网信息化架构和基础设施体系，它通过对电网信息的实时采集与电网运行调度、生产作业管理、客户需求预测等管理系统的协调统筹，在电网安全的前提下，兼顾电网可靠、经济运行，提高电力集约化管理水平，提升能源利用率。

近年来，电网企业的管理模式开始朝着集约化、精细化的方向发展，传统的电网管理模式、电网运行调度控制和生产作业管理、客户需求管理脱节，无法实现电网安全和可靠、经济的协调统一。而移动智能电网是一种新的电网管理模式，它通过各种传感器技术与信息整合技术，为企业作业层与管理层提供整合后的电网信息，促进电网生产经营的智能化。

二、移动智能电力网的实施

目前，包括电厂在内的集团大企业的IT应用系统，对安全性要求比较高，很难直接将业务流程植入需要延伸的手机当中。移动运营商通过手机定制浏览器+MAS服务器，实现普通PCIE浏览器所具有的功能，和普通PCIE一样能够直接访问电厂IT系统，实现电厂IT系统到手机的延伸，完成企业办公的移动信息化（见图10-1）。

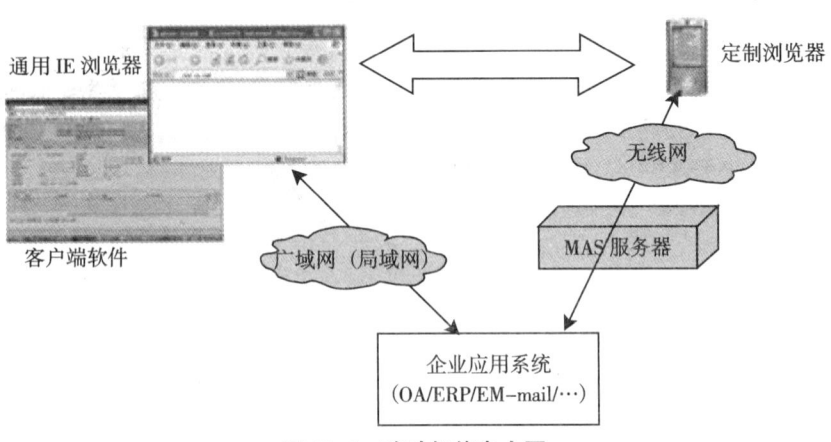

图10-1 移动智能电力网

这个思路在实际的技术实现中，相当于将用户在PC机上使用电厂内部各IT系统的应用界面，通过一定的技术手段转化为适宜手机接收并显示的格式，可称为手机终端适配。

（一）对手机系统而言

MAS 服务器系统将这些经过"适配"的界面传送到使用者的手机上，使用者可以像通过 PC 机访问 IT 系统一样，对界面进行操作，如选择、确认、填写表单、提交等。通过在手机上加载的"客户端"软件提供的功能，手机通过 MAS 系统向 IT 系统提交使用者的反馈信息，重新返回融入原有 IT 系统中。

（二）对 IT 系统而言

手机通过 MAS 对系统访问流程与操作，是与通过电脑的访问流程和操作完全相同的，原有 IT 系统不需要因为增加了对移动手机的业务支持而进行改造。或者说，原有 IT 系统完全不用了解新增的移动通信过程，通过 MAS 的访问将被视同为通过 PC 机的访问。

三、移动智能电力网的意义

（1）实现对电网与电力设备运行状态的监测与控制，企业管理信息化向移动信息化的升级和延伸。

在引入移动信息化解决方案之前，电力企业上线的信息化系统有 OA、Mail、DCS、MIS、EAM 等，仅仅局限于个人办公电脑界面操作。在移动运营商的技术支持下，电力产业实现了企业管理信息化向移动信息化的升级和延伸，使传统企业信息化管理软件与移动信息技术实现了完美结合，为企业创造了高效、安全、人性化的综合信息化支撑环境。

（2）实现电网实时信息与管理信息的有效集成，在控制系统与管理系统之间架起桥梁，为企业决策提供全面充分的有效信息与专业支撑工具，提高管理效率，降低管理成本。

信息化系统的升级和延伸充分兼顾了企业已有基础信息资源。例如，当管理人员离开公司时，仍需要通过生产营销和服务系统实时掌握工作情况、生产进度，处理各项事务。在移动信息化引入前，这是个无法解决的矛盾，制约了公司管理效能的提升，使管理成本居高不下。而今移动信息化解决方案使这个矛盾迎刃而解。移动运营商还为电力产业建立了支持智能手机的移动生产经营系统，有针对性地全面植入企业的机组（风机、磨、汽包、励磁、DCS）运行系统，生产和营销中的数据如发电量、供煤量、耗煤量、存煤量、存油量、发电天然煤耗、发电标准煤耗、入炉煤热值等可以随时掌握。

（3）实现电网本身实时信息和管理信息的充分共享，满足企业各层面对电网实时和历史信息的获取与利用，将工作人员从桌面办公中解放出来。

移动智能电网整合了电网运行、保护、计费、停电、控制等实时信息与各种管理信息，无论是生产一线人员还是管理人员，均可以快速地获取整合后的电网综合信息，这样一来，就能够使电网企业对电力系统的控制能力得到极大的提高。

移动信息化应用解决方案帮助电力公司将员工从桌面办公中解放出来，克服了办公的时空障碍，而且从发送通道（专有通道）、信息内容（内容加密）、系统后台（软硬件防火墙部署等）等多个方面确保网络和信息安全。

（4）有效避免部门间混淆和彼此影响。

每个企业都有独立的信息中心，有效避免了各集团之间信息的混淆和彼此之间影响。

四、移动抄表系统

随着我国电力工业的商业化运营与管理的逐步展开，传统的电能表已经不能满足峰、谷、平、总电量的计量、存储、传输与管理的要求，众多的新型脉冲电能表与智能电表已经源源不断地进入供、用电网络，以满足电量的科学计量与集中管理。抄表、核算和收费是供电企业营销管理的核心，也是对外经营业务的窗口，又是供电企业经营成果体现的重要手段。因此，采取多种方式和手段实现抄表核算和收费过程中的自动化、无纸化操作，有效避免各种差错，是提升抄表核收人员的工作质量和工作效率，进一步提高营销管理水平，是当前供电企业经营管理工作的重点之一。

（一）系统目标与系统设计原则

随着我国电力系统的迅速发展以及电力系统经营和管理体制的改革，电力作为商品进入了市场。目前电力系统所采取传统的抄表方式，既耗费大量的人力、物力，又无法避免手工抄写和计算带来的差错，更严重要的是对数据的处理分析也严重滞后，所以不能及时发现问题、解决问题。多年来，寻求简单可靠的自动远程抄表方式，实现抄表作业智能化、规范化、杜绝估抄、漏抄、错超现象，提高抄表质量，一直是业内重点研究的课题。

目标为数据现场自动采集，降低工作量，提高工作效率；取消现场工作的纸质记录，实现办公无纸化抄表到位得到切实保证。抄表数据通过无线网络传输，提高抄表数据流转效率。通过高科技应用，提升企业形象。

一方面，在电力企业移动办公平台的设计中坚持 4A 理念，为流动人员与企业提供及时的沟通方式，即 Any Time、Any Where、Any One、Any Channel。这样，系统将保证任何人在任何地点、任何时间都能通过通道来获取对企业各个管理系统的访问控制。

另一方面，系统将立足于企业现有管理信息系统，与企业原有营销系统紧密集成。

（二）系统主要功能

1. 数据同步

数据下载：抄表人员到现场抄表前需要下载任务等数据到移动终端，下载数据有：用户档案信息、抄表任务。

数据上传：将抄表数据上传后台管理系统，以供计费系统采用。

2. 抄表管理

（1）抄表定位。系统根据现场实际情况提供两种定位方式：①无线射频定位。此种定位方式在电能表或表箱上粘贴一块具有唯一序号的电子标签，电子标签与电表建立对应关系（如果粘贴在电表上，一个电子标签对应一块电表；如果粘贴在电表箱上，一个电子标签对应表箱中的所有电表），抄表人员在现场使用 PAD 抄表机对电子标签进行非接触扫描，自动读取电表信息以及相应的客户信息，完成现场用户定位。②手工定位。系统支持按照用户的序列号、表号、业务号、户名、户号、用户地址等手工方式进行抄表用户定位，其中表号（当地）、户名支持模糊查询定位。

（2）抄表。两种抄表录入方式：①抄表员在现场手持红外装置的 PDA，对准电表的红外接口扫描，实现电量自动采集；②对于没有红外接口的电表，提供手工录入 PDA 功能（根据电表类型显示不同的抄表窗口）。

抄表后系统自动对比，作出电量异常提醒，若有异常（如本月用电量与上月用电量有巨大差值时），系统报警。提醒抄表员是否多抄或者少抄，降低错抄概率。

抄表同时还可以根据电表类型、电表运行状态以及录入的电表指数自动计算所抄电表的当月电量。抄表同时显示用户欠费信息，以便抄表员能够及时处理。

（3）现场检查。查询定位后，进行设备状态检查，包括对电能表、集中器等设备的检查。当设备存在异常状况时，如电表出现烧坏、倒行、违章、丢失、换表、剪线、锁估、翻转等情况，在 PDA 抄表机中记录电表故障信息，并可以上传到电数据库（传单到相关部门）。

3. 抄表统计

系统能自动统计应抄、已抄、未抄、异常用户、总电量及总金额情况，是抄表员都能全面掌握抄表的情况。

4. 系统管理

提供系统初始化、人员和机构设置、权限控制等功能，包括人员管理、角色设置、岗位设置、区局设置、部门设置。

提供抄表员登录验证、密码修改等设置。

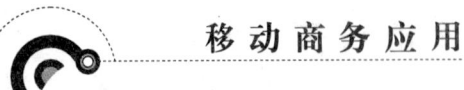

(三) 系统设备配置

1. 硬件

电能抄表系统通信网络的结构如图 10-2 所示。它主要是由供电局抄表计算机、MODEM、公用电话网、抄表器以及 RS-485 网络构成。

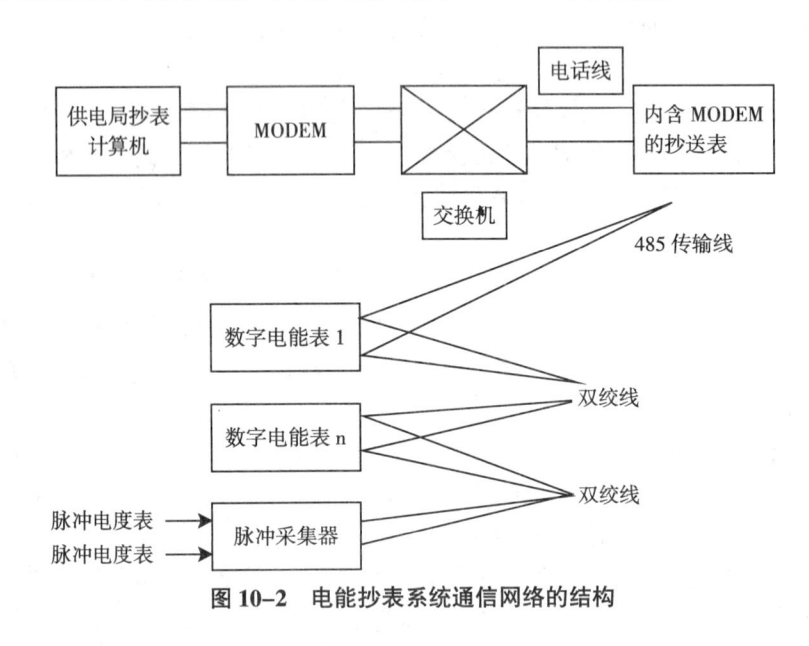

图 10-2　电能抄表系统通信网络的结构

系统中有若干个电力用户，每个用户有一台抄表器。用户的数字式电能表和脉冲采集器接到抄表器，抄表器通过内含的 MODEM 与公用电话交换网相连，供电局营业所装有抄表计算机亦通过 MODEM 与公用电话网相连，从而构成一个完整的自动电能抄表系统。

RS-485 网络中的数字式电能表分时计量电能耗量，经 485 网络将其峰、谷、平、总电量传给抄表器；脉冲式电能表的输出脉冲送入脉冲采集器计数并将其转换成对应的峰、谷、平、总量存入 E2PROM 中，定时经 485 网络传给抄送表。

2. 软件

通信软件包括抄表器与脉冲采集器之间的多机通信及抄表器与抄表计算机之间的通信。

一块抄表器接有多块脉冲采集器和数字电能表，且每个脉冲采集器和数字电能表在 485 网络中都有各自不同的地址，抄表器与脉冲采集器（数字电能表）之间的数据传送构成了一台主机与多台主机之间的多机通信系统。抄表器与脉冲采集器之间的数据传送有多种命令类型，但都可以简单地归纳为脉冲采集器（数字电能表）根据抄表器下达的命令向抄表器传送相应的数据，其通信形式为主机分布命令，从机接受的命令并执行，即从机不主动要求与主机通信。

五、移动智能电力网的前景

移动智能电力网具有良好的发展前景。目前，国外很多电网企业已经开始建设移动智能电网，国外的移动智能电网建设更多地关注于提高用户的经济效益、节约能源，如通过移动智能电表的建设，在用户与供电企业之间建立用电信息交换通道，达到对需求预测负荷的有效控制，提高经济效益。而我国的电网还处于建设期，电网建设规模日趋扩大，负荷变动剧烈，区域负荷的不平衡，移动智能电网建设重点体现在安全生产计划、可靠性管理、需求预测管理等几个方面。

根据美国能源部的统计，通过对美国电网的移动智能化改造，预计未来20年内可节省800亿美元的资金投入。而在我国，移动智能电网建设正处在起步阶段，部分省市电网企业加大对移动智能电网的投资，除建立实时数据采集体系之外，开始综合利用实时数据库技术，整合电网运行管理、客户需求预测管理，逐步构建移动智能电网体系。在移动智能电网领域内，国外厂商IBM提供平台解决方案，OSISOFT公司提供实时数据库平台解决方案；国内厂商主要有定位在电网企业的杭州新世纪信息技术股份有限公司和定位在发电集团的山东鲁能智能集团等。

电网企业要根据自己的业务目标和关键问题，制定适宜的策略。在移动智能电网规划和设计时，要自上而下，制定完整的建设思路和实施步骤；在移动智能电网的建设上，根据电网企业的实际情况，选择适宜的范围或试点，积极推动移动智能电网的实施。

第四节　移动智能石化

石化行业是国家重要的支柱性产业，产业结构复杂，信息化建设应用水平高。早期石化企业引进信息化系统，如管理信息系统（MIS）、企业资源计划系统（ERP）、企业资产管理系统（EAM）等，从此大规模的行业信息化系统建设悄然展开。随着基于PC机的传统信息化工程的推进，行业信息化建设得到进一步发展。截至目前，OA、ERP等日常办公系统和地理信息系统（GIS）、

移动商务应用

生产运行管理系统（MES）等生产级应用系统已在石化企业中得到广泛普及。然而，以 PC 机为终端的办公模式难以满足石化企业人员的移动化办公需求，石化行业移动信息化建设正在展开。

在 3G 网络和移动信息化大发展的新形势下，移动运营商结合石化企业内现有的办公系统，专门针对企业领导和员工的移动办公需求，推出了一套完整的石化行业移动应用解决方案。

一、移动智能石化网的概念

定义：移动智能石化网是一套完整的石化信息化架构和基础设施体系，它通过对石化网信息的实时采集与石化网运行调度、生产作业管理、客户需求预测等管理系统的协调统筹，在石化网安全的前提下，兼顾石化网可靠、经济运行，提高电力集约化管理水平，提升能源利用率。

二、移动智能石化网的实施

（一）市场需求

石化行业生产连续性强，这种连续性生产决定了必须在 24 小时不间断地对生产设备、产品和物料进行监控，有效地预防设备故障、生产欠料等情况的出现以及不良品的产生，快速解决已出现的故障和问题；野外勘探人员长时间在外进行勘探选址、地址测绘等工作。然而，基于 PC 机的办公模式难以满足这些人员的移动化办公需求，以下问题普遍存在：

（1）在野外进行石油勘探时，勘探人员无法第一时间进行指定地点的地理信息查询和勘测点地理数据采集。

（2）监控管理人员在外出期间，无法实时监控生产和办公场所的运行状况、配送车辆的实时状态等。

（3）生产物料采购人员在外期间，不能实时掌握物料库存数量和生产缺料情况，将采购订单信息（物料名称、数量、到货日期等）录入公司系统，第一时间反馈到生产后方。

（4）产品销售人员无法现场查询客户购买记录、输入新订单信息。

（5）领导出差或会议期间，无法随时随地处理公文审批、邮件收发等日常事务，或接收来自公司内部的各项紧急通知，第一时间进行相关信息查询（地理信息等）。

（二）方案功能

为了解决石化企业人员遇到的以上办公难题，移动运营商通过分析石化行业特点，制订了针对方案，能统一实现石化企业现有各种办公系统和生产级应用系统的整合，将系统应用移植到用户移动终端（手机、平板电脑等），从而帮助用户实现随时随地移动办公。

（1）移动监控。生产和办公场所状态、生产设备运行状态、仓库库存数量、生产线不良品、配送车辆的实时位置和配送路线。

（2）移动采集。勘测点地理位置和数据、采购订单信息、销售订单信息等。

（3）移动查询。指定地点的地理信息、生产计划、生产物料库存数量、客户采购记录、电子邮件等。

（4）移动审批。通知公告、计划、商函等各种公文。

（5）移动浏览。通知公告、新闻、通讯录、工作时间表等信息。

三、移动智能石化网的优势

（一）系统的迁移代价小

相对于原有的信息化系统，在过渡到无线应用中，石化企业用户希望不要对原有系统进行大规模的改造，不涉及底层代码的编译，如有可能，最好无须涉及相关接口应用的开发。同时，在迁移的过程中，能够保证原有系统相关策略的延续，保证用户使用界面的熟悉度。

（二）应用安全性高

石化企业信息化系统往往都是承载着企业现有业务办公系统的日常应用，其中涉及大量的业务数据流转。在无线应用过程中，将涉及"终端安全"、"传输线路安全"、"系统整合安全"三个大的安全环节，这些往往是信息化负责人比较顾及的领域。

（三）整合现有大部分应用系统

对石化企业来说，移动信息化建设是逐步规划与实施的，不同时期的信息化建设积累了大量应用系统，如何把系统应用进行统一的整合，有多少应用系统可以迁移到无线应用环境，这些都是企业信息化管理者需要考虑的内容。

（四）全终端支持

系统对于 Windows Mobile、iPhone、Symbian、Android 等操作系统的手机等移动终端都能支持。

四、移动智能石化网的问题

在信息化和工业化融合的时代，移动信息化对于石油行业的意义更加凸显，数字化、网络化、智能化的优势增强了企业的反应能力，推进跨单位间合作，它为业务的发展提供有力支撑。各个国家都积极推进石化产业的移动信息化项目。

移动商务应用

这些项目不仅要建成，还要推广至下属的各个企事业单位。而石油行业的所处应用环境，条件大多不完善，油田都处在偏远地区，有的甚至没有网络，自己开通网络又面临条件的限制。OA系统、应急平台建设、石油生产运行系统等任务都在抓紧进行。承担信息系统建设和运行维护的运营商，将面临巨大的压力。

五、移动智能石化网的前景

作为工业领域重要组成部分的石化行业，企业数量众多，行业涉及面广，产品数量庞大，经营管理复杂，是工业企业信息化建设的重中之重。对于石油石化行业来说，深化应用是近年来信息化建设的主旋律，油田的勘探、开发难度日益增大，逐渐进入一个高精尖的阶段，信息化的成熟度已成为石油石化行业的增长点和竞争力。同时，在石化行业内，生产要选择最佳工艺路线，原料采购要最大限度地降低成本，产品开发要不断提高科技含量，污染排放要实现有效控制，国内外贸易要畅通无阻，都离不开信息化手段的运用。石化行业正面临着信息化发展的重大机遇。

本章案例

企业领导者的"利器"

对于一名企业领导人来说，能否准确及时地获得生产、销售等关键环节的关键数据，进而掌握企业整体运营情况，是影响决策正确与否的重要因素。在引入"MAS综合信息化应用解决方案"之前，洛阳石化的"舵手"们主要通过阅读该企业的"生产日报"、"销售日报"等信息报表来完成以上工作。

但随着市场竞争的加剧以及企业信息化程度的提高，传统报表的一些不足之处逐渐显现：首先是报表从信息收集到处理再到打印传递，时间滞后无法避免，不利于领导者迅速作出决策；其次是如果领导出远门，就无法及时查看报表，不能实时掌握重要的信息。

随着移动能源管理信息化的深化，这样的问题得到了解决。手机里储存的数据早报，原油产量、路运情况、库存量、管道压力等数据一目了然。这些事关企业产销的重要信息，经过MAS信息平台的快速处理，可以在第二天上班之前发送到企业领导人的手机上。现在不管走到哪里，领导们一样可以对公司情况了如指掌。

应急调度："紧急集合"不再手忙脚乱

MAS系统的另一项重要功能，是在日常或应急情况下可以实现对员工的快速调动。在洛阳石化信息中心计算机站,技术人员的现场操作再次让我们大开眼界。

在电脑上打开 MAS 信息平台,在一列操作菜单中选择应急调度功能,一种类似于短信群发的界面展现在眼前。通过这一系统,公司生产调度处、人力资源处等部门就可以有选择地向全部或部分员工的手机发出工作部署、会议通知等短信指令,实时传送到达,操作简便灵活。

据介绍,这种短信应急调度系统的应用,大大提高了洛阳石化员工的工作效率,同时使企业在处理一些重大紧急情况时也显得从容不迫。一个成功案例:2009年年初,我国南方遭受大范围雨雪冰冻灾害,河南部分地区也普降大雪。面对这一紧急情况,洛阳石化连夜向全体员工发送了清积雪、保生产的指示。由于信息传递及时,员工行动迅速,企业的日常生产没有受到恶劣天气的影响。

资料来源:中国信息产业网. 中国移动:国家能源基地的信息化先锋 [DB/OL]. www.cnwnews.com/tech/cn_tx/gitx/20090513/108730.html, 2009-5-13.

问题讨论:

1. 案例中传统能源管理技术有哪些重要缺陷?
2. 结合案例分析,移动能源管理能在哪些方面提升业务效率?
3. 短信办公平台是否适用于所有企业?哪类企业最需要构建短信办公平台?

本章小结

本章学习了移动电源、移动能源管理、移动智能电网、移动抄表、移动智能石化的基本概念、优势与劣势、技术实施方案以及发展中的问题。移动能源管理是个新兴的领域,本章的学习主要帮助同学们了解该领域基本的应用知识。

本章复习题

1. 简述移动电源优点。
2. 简述移动电源的适用群体。
3. 简述移动电源发展中所面临的主要问题。
4. 移动智能电力网的实施框架主要包括什么?

移动商务应用

5. 移动抄表系统目标与系统设计原则是什么？
6. 移动抄表系统有哪些主要功能？
7. 典型的移动能源信息化方式包括哪些方面？
8. 移动石化网的主要功能包括什么？
9. 移动石化网建设的技术优势包括什么？
10. 移动能源管理相较于传统能源管理的主要优势是什么？

第十一章 移动商务应用前景

学习目的

知识要求 通过本章的学习，掌握：

- 现代服务业的概念
- 推动移动商务应用发展的因素
- 制约移动商务应用发展的因素
- 移动商务商业模式及类型
- 我国发展移动商务的问题与对策

技能要求 通过本章的学习，能够：

- 掌握移动商务与现代服务之间的关系
- 掌握对移动商务应用的方向进行分析
- 掌握移动商务应用未来的发展方向
- 掌握对移动商务应用未来市场的发展作出预测

学习指导

1. 本章内容包括：移动商务与现代服务业之间的关系、移动商务商业模式与类型、移动商务应用发展采取的战略和策略、未来移动商务应用市场发展。

2. 学习方法：独立思考，抓住重点；结合案例，把握移动商务应用未来的发展方向。

3. 建议学时：4~5学时。

移动商务应用

引导案例

移动电商将有广阔前景　产业链发展的不完善

艾媒咨询（iiMedia Research）《2012 Q1 中国移动电子商务市场季度监测报告》显示，2011 年中国移动电子商务市场交易规模为 156.7 亿元，同比增长 609.0%；预计 2012 年中国移动电子商务市场规模将达到 251.5 亿元，到 2015 年将超过 1000 亿元，达到 1046.7 亿元。移动电子商务未来的发展趋势极被看好。

随着 3G 网络的发展、智能终端的普及，各种娱乐休闲的应用已经移动互联网盛行，随之而来的移动广告和移动电子商务也出现在人们的眼前。用户不再满足于单纯的娱乐游戏，商务消费的需求慢慢地开始。

许多产品和品牌希望与客户在新次元建立起联系，于是开始试水移动电商，并加大对移动广告的投入，而各种广告平台也如雨后春笋般出现，企图抢占先机分一杯羹。但广告平台间的竞争也更加激烈。仅今年而言就有数家移动广告平台企业获得融资，包括安沃、力美、多盟、友盟等多家获得资本注入。

不过在移动设备的各种局限性，移动广告与移动电商在这个时候属于移动时代初始阶段，均没有更清晰具体的商业模式，一切都还不成熟，仍需摸索。

在过去，互联网用传统的广告是引导用户购买，但在移动互联网时代，拿起手机就可以购买了。当把智能手机和 NFC、RFID、二维码结合起来，移动领域的电子商务市场空间就突然膨胀了起来。

移动电子商务目前也正受到各传统电商企业的积极推动，并且用户的移动购物需求已显露趋势，在此庞大的市场需求下，移动电子商务市场必将不断快速发展。艾媒咨询分析师表示，对于大部分传统电子商务企业来说，以何种方式进入移动电商领域，如何玩转这个推广、销售新渠道，需要一个不断学习和反思的过程。

成熟的商业模式和创新的行业应用是移动支付产业化进程的核心驱动力，但移动支付同样面临风险控制、支付标准、用户习惯等问题，这些也会制约移动电商的发展。

从移动电商、应用商、运营商和消费者习惯看来，目前整个行业的产业链的发展还不够完善，短期内也不可能解决所有问题，移动互联网行业的浮躁现象随处可见，而这一领域里需要各优秀的企业静下心来，或许三五年之后便可安然度过这个稚嫩时期，迈向更广阔的消费时代。

资料来源：Kelvin. 移动电商将有广阔前景　产业链发展仍不完善 [DB/OL]. 艾媒网综合稿，2012-07-19.

> 问题：
> 1. 简述移动商务的发展趋势。
> 2. 简述移动商务的主要商业模式。
> 3. 讨论移动商务企业未来的主要竞争方式。

第一节　移动商务与现代服务业

一、现代服务业的概念

定义：现代服务业是指在工业化较发达阶段产生的，主要依托电子信息等高技术和现代管理理念、经营方式和组织形式而发展起来的服务部门。它有别于商贸、住宿、餐饮、仓储、交通运输等传统服务业，以金融保险业、信息传输和计算机软件业、租赁和商务服务业、科研技术服务和地质勘察业、文化体育和娱乐业、房地产业及居民社区服务业等为代表。

二、移动商务与现代服务业之间的关系

移动商务是现代服务业的一个分支。现代服务业包括了基础服务、生产和市场服务、个人消费服务、公共服务。而移动商务侧重于基础服务（包括通信服务和信息服务），将移动通信技术渗透到其他服务业中，从而形成了一种新的服务模式，给以往的服务业带来了前所未有的便捷性和高效性。

移动商务服务业是在传统商务服务业与信息技术及网络技术相互融合作用下，发展起来的具有新兴形态的产业。移动商务服务业多通过网络虚拟环境提供服务，通过构建网络虚拟场景、利用虚拟技术的娱乐性与互动性提高用户的体验度，实现引导消费，主要表现为虚拟商圈、虚拟店铺、虚拟展示内容等。

第二节　移动商务发展现状

一、移动电子商务的发展阶段

随着移动通信技术和计算机的发展，移动电子商务的发展已经经历了三代。

移动商务应用

（一）第一代移动电子商务

第一代移动商务系统是以短讯为基础的访问技术，这种技术存在着许多严重的缺陷，其中最严重的问题是实时性较差，查询请求不会立即得到回答。此外，由于短讯信息长度的限制也使得一些查询无法得到一个完整的答案。这些令用户无法忍受的严重问题也导致了一些早期使用基于短讯的移动商务系统的部门纷纷要求升级和改造现有的系统。

（二）第二代移动电子商务

第二代移动商务系统采用基于 WAP 技术的方式，手机主要通过浏览器的方式来访问 WAP 网页，以实现信息的查询，部分地解决了第一代移动访问技术的问题。第二代的移动访问技术的缺陷主要表现在 WAP 网页访问的交互能力极差，因此极大地限制了移动电子商务系统的灵活性和方便性。此外，WAP 网页访问的安全问题对于安全性要求极为严格的政务系统来说也是一个严重的问题。这些问题也使得第二代技术难以满足用户的要求。

（三）新一代移动电子商务

新一代的移动商务系统采用了基于 SOA 架构的 Web Service、智能移动终端和移动 VPN 技术相结合的第三代移动访问和处理技术，使得系统的安全性和交互能力有了极大的提高。第三代移动商务系统同时融合了 3G 移动技术、智能移动终端、VPN、数据库同步、身份认证及 Web Service 等多种移动通信、信息处理和计算机网络的最新前沿技术，以专网和无线通信技术为依托，为电子商务人员提供了一种安全、快速的现代化移动商务办公机制。

第一代移动商务技术主要是以短讯的形式进行，实时性较差，并且查询请求反馈慢；第二代移动商务技术采用 WAP 技术，手机可以通过浏览器访问 WAP 网页，部分地解决了第一代移动访问技术的问题，其缺陷主要表现在 WAP 网页访问的交互能力极差；最新的移动商务技术采用了基于 SOA 架构的 Web Service、智能移动终端和移动 VPN 技术相结合的第三代移动访问和处理技术，使得系统的安全性和交互能力有了极大的提高。因此，技术对移动电子商务的制约作用正在削弱。

二、推动移动电子商务发展的技术因素

移动电子商务同传统电子商务的主要区别就是无线网络的应用，而正是无线数据通信技术的快速发展，推动了移动电子商务的迅猛发展。从技术的角度看，推动移动电子商务发展的因素主要有以下三个。

（一）无线应用协议的推出

如何将互联网的丰富信息及先进的业务引入移动电话等无线终端设备当

中，是实现移动电子商务需要解决的第一个问题。无线应用协议（WAP）的出现，很好地解决了这个问题。无线应用协议（WAP）的出现使移动互联网有了一个通行的标准，使移动电话等无线终端设备接入互联网成为可能。

（二）无线接入技术的快速发展

早期无线接入技术如 GSM、TDMA 和 CDMA 数据传输速率很低，不适于互联网接入。而近年来得到广泛使用的通用分组无线服务（GPRS）等接入技术，大大提高了无线数据传输速率。目前，世界各国大力推广的第三代移动通信技术（3G），不仅可以克服传统无线接入方式传输速率方面的缺陷，而且还可以支持宽带多媒体数据传输，这将缩小有线和无线接入的差距，必将进一步推动移动电子商务的发展。

（三）移动终端技术的日趋成熟

移动终端技术本质上是一种结合手持硬件、无线宽带网络与移动应用软件的总称。目前市面上各种个人数码助理（PDA）、智能手机（Smart Phone）已经随处可见，各种移动智能终端设备不断推陈出新，移动终端用户也在不断攀升。这不仅给消费者使用移动终端进行电子商务提供可能，而且在数量上大大超过互联网用户的移动终端用户更是为移动电子商务提供了巨大的市场。

三、推动移动电子商务发展的市场因素

从市场结构和未来趋势来看，移动电子商务正在被越来越多的个人和企业用户所接受，普及率的逐步提升，移动电子商务应用领域不断扩展，产业链各环节之间正在加速融合为移动电子商务市场的发展提供了充足的动力。

（一）个人用户规模扩大

曾一直被视为"遥不可及"的移动互联网时代，似乎一夜之间就成为现实了。2010~2012 年美国移动电子商务规模在整个电子商务规模中的比例从 2%增长到 8%。2012 年 3 月，通过移动手机或平板电脑访问亚马逊的美国人数超过 4000 万人；eBay 为 2720 万人，Netflix 为 1340 万人，沃尔玛为 1270 万人，Target 为 690 万人。比较 2011 年 1 月和 2011 年 12 月，通过智能手机访问零售商网站的比例从 3%增长到 6%，通过 PC 机访问零售商网站的比例从 96%下降到 90%，通过平板电脑访问零售商网站的比例从 1%增长到 4%。[①]

艾媒咨询（iiMedia Research）发布了《2012Q1 中国移动应用市场季度监测报告》显示，截至 2012 年 3 月末，中国手机网民规模达到 3.72 亿人；截至 2012 年第一季度，中国智能手机用户数达到 2.52 亿人，环比增长 13.0%。与此

---

① 艾媒网. http://www.iiMedia.cn/31665.html，2012-09-19.

同时，基于移动互联网的购物行为受到了用户的认可，中国移动电子商务市场交易规模也开始稳步上升。2011年中国移动电子商务市场交易规模为156.7亿元，同比增长609.0%。预计2012年中国移动电子商务市场规模将达到251.5亿元，到2015年将超过1000亿元，达到1046.7亿元。

（二）企业应用逐步成熟

互联网行业的面向对象不同其增长形势有很大区别。面向B用户（企业用户）的服务和应用可以快速得到收益回报，但成长性有限，不会呈几何级数快速增长；而面向C用户（个人用户）的服务和应用则正好相反，虽然收益回报周期相对较长，但只要业务准确定位，产业前景十分乐观。

移动电子商务的快速发展，必须是基于成熟的企业应用。企业应用的稳定性强、消费力大，这些特点是个人用户无法与之比拟的。而移动电子商务的业务范畴中，有许多业务类型可以让企业用户在收入和提高工作效率上得到很大帮助。企业应用的快速发展，将会成为推动移动电子商务的最主要力量之一。

四、制约移动商务应用发展的因素

人们对移动商务市场发展的制约因素讨论较多的是用户对于数据安全、个人隐私、系统稳定性可靠性方面的顾虑，实际上技术的发展已经使得这些不再成为移动商务发展的决定性障碍，此时，解决方案不够丰富以及盈利模式比较模糊等问题受到市场的关注。

（一）终端硬件的制约

移动电子商务的最终实现必须依靠高科技移动终端。目前，移动终端尤其是手机在移动商务大规模应用上还存在自身硬件的一些约束，如屏幕小、存储空间较小、待机时间短等问题使用户备感不便。某些应用对手机硬件的要求比较高，中国手机用户中，非智能手机占据大多数，大部分手机难以上网。另外，无线网络的数据传输速率比较慢，手机操作程序烦琐等问题也是移动商务快速发展的一些环境性障碍。

（二）安全问题的制约

在无线电子商务方面，最重要的制约因素是安全问题。用户对IT安全性方面的要求将越来越高，进行用户身份鉴别将成为组成无线电子商务安全基础设施的一个关键部分。除此之外，目前移动电子商务中还应解决好电子支付系统、商品配送系统等安全问题。可以采取的办法是吸收传统电子商务的安全防范措施，并根据移动电子商务的特点，开发轻便高效的安全协议，如面向应用层的加密（如带电子签名）和简化的ISEC协议等。

(三) 内容与费用的制约

根据有关研究机构调查，多数移动商务用户最不满意的是内容服务，因为用户往往花了钱却找不到自己需要的真正有价值的信息。用这种先进方式获得的只是新闻、天气预报、购物信息，难以对用户产生强大的吸引力。从 WAP 网站的内容来看，其所提供的内容完全可以通过其他渠道免费得到。较高的费用也影响了移动电子商务的发展速度。根据有关研究机构调查，87%的用户关心手机上网费用，69% 的用户关心网络内容丰富程度。对于移动电子商务进行收费，依靠为用户提供有偿服务来获得稳定收入，关键是如何制定合理的价格和利益分配机制。

(四) 消费者的期望

用户想通过移动电子商务科技和使用经历中得到什么是关键。在小而轻而且易于携带的装置上提供简单的、易于使用的、引人注目的应用软件是基本要求。这些应用软件需要具有个性化、定位功能及相关的位置服务。如何满足消费者的期望是目前很多企业所困惑的问题。

第二节　移动商务发展趋势

一、移动商务的商业模式

移动商务的商业模式就是指在移动技术条件下，相关的经济实体是如何通过一定的商务活动创造、实现价值，并获得利润的。移动商务是借助于移动技术、通过移动网络向用户提供内容和服务，并从中获得利润的商务活动。而商务活动中不同的参与者、服务内容和利润来源的组合就形成了不同的商务模式。主要有通信模式、信息服务模式、广告模式、销售模式、移动工作者支持服务模式等，而且与移动商务技术发展同步，移动商务模式也在不断创新。

移动电子商务商业模型是由移动电子商务交易的参与者相互联系而形成的，根据上述参与者相互的依赖关系，可以有以下不同商业模式：

(1) 内容提供商主导型。这种商务模式的商业原型是路透社、交通新闻提供者、股票信息提供者等，这些企业通过直接联系客户来提供信息。在市场成熟期，这种商业运作模式会越来越流行，该模型中用户主要被方便有用的信息所吸引，其他参与者愿意付费给内容提供者，从而获得客户群。

(2) 移动运营商主导型。提供个性化和本地化的服务，目前市场上大部分都是运营商主导模型，所不同的是运营商在价值链中的控制能力的大小程度不同。运营商有机会引导用户的浏览经历，如果用户先登录到运营商的门户站点上，运营商就有盈利的机会。该模型中，运营商因为提供了移动网络的接入，所以能向所有人收费，运营商同时还可以提供内容集成和支付服务。

（3）服务提供商主导型。服务提供商向客户提供服务的方式有四种：直接提供、通过移动 portal、通过其他企业的 WAP 网关、通过移动运营商。它向客户提供的内容来自内容提供商。

（4）移动门户型。移动商务相比于传统的电子商务在于它的特殊商业模型，而这个模型就是移动门户模型。移动门户是根据客户的移动特性而设计的一条最佳客户沟通渠道。移动门户主要是指移动网内容和服务的接入点。门户提供的各类特种服务聚集了众多客户和签约客户，它为网上交易、通信、信息内容等服务提供了一个现实环境。移动门户可以与固定的互联网门户相提并论，比如新浪、搜狐等。

案例分析

NTT DoCoMo 移动支付业务商业模式分析

NTT DoCoMo 提供的这种 NFC 移动支付业务最大的优点就是极大地简化了使用移动支付业务操作的烦琐性，方便了用户的使用。但要成功开展移动支付业务，NTT DoCoMo 需要银行和商家的支持。为调动银行和商家的积极性，NTT DoCoMo 采取了如下策略：

一、选择在日本已有广泛基础的 FeliCaIC 技术作为移动支付技术

FeliCaIC 技术是日本索尼公司研制开发的非接触智能芯片技术。FeliCaIC 技术不仅在技术上具有先进性，而且在日本被广泛应用。截至 2005 年 10 月，已售出 1 亿枚 FeliCa 芯片。

从技术上来讲，FeliCaIC 技术适用于移动支付技术。首先，FeliCaIC 卡具有很高的安全性，适合存储安全要求很高的用户个人信息；其次，FeliCaIC 技术传输速率非常高，操作简单，用户只需在特殊的读卡器前晃动安装有 FeliCa 芯片的手机就可完成支付，极大地方便了用户使用，能够增强用户使用移动支付业务的体验。

从 FeliCaIC 芯片在日本的发展来看，在众多领域都有应用，并且已经应用于电子支付领域，在日本具有一定的基础。采用 FeliCaIC 技术一来可以省去许多安装特殊读卡器的费用，从而更容易调动商家对开展移动支付业务的积极性；二来在用户中进行宣传比较容易。

鉴于上述两个方面的原因，NTT DoCoMo 选择了 FeliCaIC 技术作为移动支付的实现技术。

二、商家选择和激励策略

如何调动商家开展移动支付业务的积极性是移动支付业务成功开展的关键因素之一。在移动支付业务发展初期使用业务的用户还不多的情况下，商家要想开展此项业务一方面要投入巨资安装特殊阅读器，需要很大的成本；另一方面用户使用不多，收益就会很少，极有可能会出现入不敷出的现象，那么商家的积极性就很难调动起来。鉴于此，NTT DoCoMo 在选择合作商家时，首先选择了已经通过 FeliCaIC 技术提供电子支付业务的商家。例如，日本 am/pm 零售连锁店早在 NTT DoCoMo 开通 FeliCa 手机钱包之前就已经采用了 Bitwallet 开发的 Edy 电子支付系统，该系统同样采用了 FeliCaIC 技术。另外，am/pm 在日本的 1000 多家连锁店主要集中在人口密集的大城市。因此，NTT DoCoMo 首批选择了 am/pm 作为合作商家之一。

为鼓励商家采纳移动支付方式，NTT DoCoMo 在业务开展初期承诺为商家承担安装特殊读卡器的费用（以每月向商家收取租金的方式收回投资），向商家收取的交易佣金也比银行低。NTT DoCoMo 之所以能够向商家收取比银行低的交易佣金，是因为 NTT DoCoMo 在整个移动支付产业链中充当着运营商和银行的"双重"角色，使交易处理环节简化，从而能够降低交易处理成本。另外，提供移动支付业务，向商家收取交易佣金不是 NTT DoCoMo 的主要收入来源，降低交易佣金比例对 NTT DoCoMo 的收入不会造成太大影响。而银行就不同了，向商家收取交易佣金是银行的主要收入来源之一，降低交易佣金比例会对银行造成非常大的影响，这也是银行收取交易佣金高的主要原因之一。

三、通过注资的方式掌控产业链

在 NTT DoCoMo 之前就有通过控股的方式保持和业务提供商紧密合作关系的先例。NTT DoCoMo 在开展移动支付业务上同样采取了此种方法。银行是移动支付业务产业链上的关键一环，银行积极性的调动对移动支付业务的开展具有很大的推动作用。但在运营商主导的产业链中，银行处于被动地位，又是在移动支付业务开展初期，能够看到的好处有限，因此，多数银行处于观望状态，开展移动支付业务的积极性不高。因此，NTT DoCoMo 先后注资三井住友信用卡公司和瑞穗金融集团的关联企业 UC card 公司。从实际的发展来看，NTT DoCoMo 的这一举措得到了不小的回报。三井住友银行和 NTT DoCoMo 联合推出的 ID 借记卡业务使得 NTT DoCoMo 的移动支付业务突破了小额支付的界限。DCMX 信用卡业务使 NTT DoCoMo 的移动支付业务渗透到消费信贷领域。

另外，NTT DoCoMo 在确保移动支付业务安全性上也采取了一些措施：

① NTT DoCoMo 规定消费额超过预存款和 DCMX 移动信用卡业务每笔消费超过 1 万日元都需要输入 4 位验证密码。②用户可以通过已注册电话或者公用电话告知 NTT DoCoMo 锁定移动支付业务，阻止其他人使用。③针对 DCMX 信用卡业务推出的定制手机中有指纹和面部识别功能，使安全性能更高一层。

图 11-1 为 NTT DoCoMo 移动支付业务产业链。

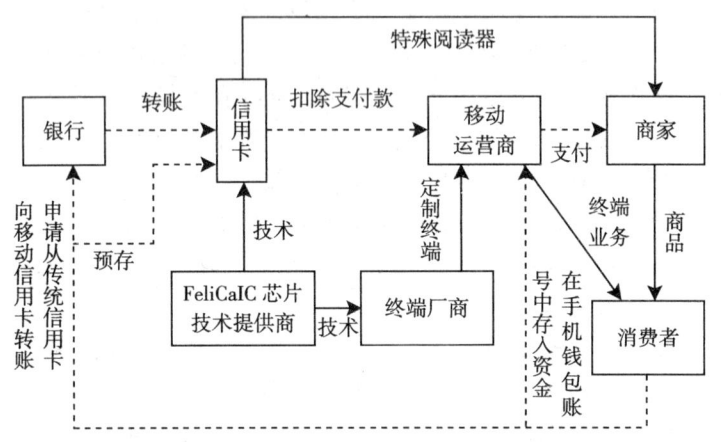

图 11-1　NTT DoCoMo 移动支付业务产业链

注：图中实线为产品流、虚线为资金流。

资料来源：门凤超. NTT DoCoMo 移动支付业务商业模式分析 [J]. 通信世界，2008 (1).

➡ 问题：

1. 简述 NTT DoCoMo 移动支付业务商业模式成功的原因。
2. 我国发展移动支付面临哪些问题？

二、移动商务的应用领域

移动商务的前景非常诱人，其中一个重要原因就是移动商务具有非常丰富的应用内容。例如，即时通信、移动电邮、移动支付、移动搜索、移动股市、移动 CRM、手机广告、移动营销等。它的优势主要体现在不受时空限制、信息的获取将更为及时、提供更好的个性化服务、网上支付更加方便快捷等方面。

（一）移动商务信息服务

移动信息服务业是一种创新产业。移动信息服务的范围非常宽广，其应用正由通信服务向企业商务活动和业务管理领域发展。主要应用有移动搜索信息服务、移动门户信息服务、多语种移动信息服务、移动商务信息定制服务和移动图书馆信息服务，等等。目前，手机搜索市场备受网络服务商重视。我国移动搜索市场近年来随着手机用户的增长，保持了高速的增长，根据中国互联网络信息中心发布《中国互联网络发展状况统计报告（2008年7月）》显示，中国网民的搜索引擎使用率为69.2%，为中国第五大网络应用。2008年上半年搜索引擎用户增长了2304万人，半年增长率达到15.5%。但总体使用率低于美国（91%）。上网接入设备主要是台式、笔记本电脑和手机，其中有87.3%的网民使用台式机上网，有30.9%的网民使用笔记本电脑和28.9%的网民使用手机。而且，上网设备在2008年上半年的变化趋势很明显，笔记本和手机的使用比例在上升。

（二）移动定位服务

移动定位服务又叫移动位置服务，是指通过无线终端如手机、PDA等利用GIS技术、空间定位技术和网络通信技术，获取目标移动终端用户的准确位置信息（经纬度坐标数据）和方向相关信息，并在手机屏幕上的电子地图上显示出来的一种增值服务。依照移动定位服务的用途，移动定位应用服务可分成安全服务、信息服务、导航服务、追踪服务、休闲娱乐与商业服务六大类型。使用者可通过手机、PDA或可携式导航机（PND）等移动装置享受到丰富的位置应用服务。随着未来技术的发展，移动定位业务将提供给用户更高的定位精度、更全面的位置信息和更便携的操作方式，移动定位业务也必将获得更广阔的应用。

（三）移动商务支持服务

移动商务支持服务是移动商务服务的一项重要内容，是直接围绕商务活动的促成提供各种便捷的、及时的、多维的支持性服务的一个过程。这个过程包括服务的扩展和延伸。移动商务支持服务的应用是围绕商务活动展开服务的，它主要的服务对象就是商务活动中的移动工作者。移动工作者是一类特殊的用户，他们具有时间、位置相关性和不确定性，在动态环境中工作，并且要应对各种不可控因素，他们工作的特殊性需要移动商务支持。移动商务对移动工作者的支持主要集中在移动办公、信息和知识的移动或远程入口以及其他的一些特殊的、无法使用固定通信设备的领域中。目前移动工作者支持在医疗、货物跟踪、售后服务等领域的应用已经获得移动成功。

（四）移动支付服务

移动支付是使用移动终端如手机、掌上电脑、笔记本电脑等现代通信工具，通过移动支付平台移动商务主体在动态中完成的一种支付行为，或对网上支付行为进行手机确认后，实现在线支付的一种新型的支付活动。移动支付既包括无线支付行为，也包括无线和有线整合支付行为。移动支付应用的领域非常广阔，目前极具前景的手机增值业务有手机金融（手机钱包）、手机游戏、手机电视等。

(五) 移动娱乐服务

目前，移动娱乐的需求可能是拉动移动商务应用普及最为可能的因素，越来越多的人会选择在移动环境中进行娱乐休闲。移动娱乐内容涵盖很广，包括图铃下载、视频点播、移动电视、星象占卜、虚拟服务、音乐下载、在线游戏等。I-Mode 的统计数据表明，娱乐是移动商务所有应用中最成功、利润最丰厚的业务，其中移动游戏就是非常受欢迎的一种。

第三节 我国移动商务发展策略

一、我国移动商务发展中的制约因素

任何新事物的发展初期都会面临一系列内部问题，我国移动商务也同样面临着诸多应用环境问题，很多方面甚至已经成为影响其发展的关键因素，如安全问题、支付问题等。通过对大量资料的分析，将我国移动商务应用环境问题归结为以下五个方面：

(一) 移动商务技术风险

移动商务技术风险主要来自以下三个方面：首先是无线通信网络安全，包括了网络和平台两方面，如垃圾短信、信号拦截等；其次是移动终端的安全，包括软件病毒的威胁、用户自身的过失等；最后是移动商务资料的失窃以及移动商务运营商管理失误。由于这些技术商的威胁，影响了我国移动商务的顺利发展。

(二) 信用体系需要完善

信用体系在某些发达国家已经建设得非常完备，但是我国信用体系尚处在初级阶段，存在大量问题需要解决。信用体系的缺失是影响移动商务发展的关键要素。

(三) 支付体系处于起步阶段

我国移动支付体系才刚刚开始建设，目前主要由移动运营商和银行两方来主导。由于缺乏国家相关法律法规的保护，大量金融认证中心的不规范管理，利润难以在商家与支付系统主导方进行合理分配等，影响了移动商务整体的发展。

(四) 移动电子商务人才匮乏

移动电子商务是现代化信息技术与商务活动的有机结合，需要大量的既掌握现代信息技术又掌握现代商贸理论与实务的复合型人才。目前，企业信息化进程日趋加快，移动电子商务必将成为企业经营信息化的又一重要手段。如果不重视人才的培养或人才培养滞后，人才短缺问题就会成为制约我国移动电子商务发展诸多问题中最根本、最紧迫的一个。

(五) 社会环境的制约

当前国内市场机制还不规范，电子商务的商业运作环境还不完善，国内企业的信用基础比较薄弱，人们的消费观念还比较保守，这也在很大程度上制约了移动电子商务的发展。加上移动电子商务涉及一系列行业经济利益的分配和重组，比如移动设备制造商、移动网络运营商和移动服务提供商等。移动电子商务的发展还需要一定的过渡时期。

二、我国移动商务发展策略

尽管移动电子商务在中国已经取得了一定的发展，但是由于现阶段移动通信运营商、银行、商户和移动电子商务服务使用者自身条件等诸多方面存在一些限制，从目前发展态势看，国内移动电子商务要取得大的发展，还要在以下方面做出改进：

(一) 注重商业模式创新

目前我国虽已形成了以运营商为主导的商业模式，但内容提供商和手机提供商的实力较弱。内容提供商也仅限于几家门户网站或运营商本身的业务开发部门，广大中小型企业还没有足够的热情参与其中，还没有形成良好的公平竞争局面。这样势必会导致一家独大的局面，一旦运营商不能够很好地引导行业发展，或者是从考虑其自身利益的角度出发引导产业内其他行业的运营方向，这都是十分不利于移动商务产业的整体发展的，同时也会阻碍产业的发展速度和发展空间。

(二) 丰富移动商务的服务内容

作为对传统电子商务的进一步扩展和功能提升，移动电子商务在内容上也应该更加丰富，诸如为用户提供多媒体、咨询、广告、购物、竞猜、新闻等业务。在人们对手机服务需求的日益提高下，服务内容也将由图铃游戏、搜索导航、手机阅读等几个方面向多元化转变。

(三) 降低用户使用成本

首先，降低终端成本。以手机为代表的终端产品不仅要加强功能设计，更要对客户市场进行细分，针对不同客户类型加强针对性业务功能的设计，制定出客户可以接受的价格。其次，降低交易服务成本。运营商与金融机构密切合作，降低用户的使用成本，根据用户需求开发高附加值业务，简化用户支付操作程序，以实现移动商务的平民化，提高产业发展速度。

（四）完善移动支付技术

加快移动金融体系的建设，发展移动银行，完善移动支付的手段，提高移动商务支付的安全便捷性。安全可靠的移动支付技术能够使用户更加放心地使用移动商务业务。

（五）加快物流配送环节

物流配送环节和移动支付技术可以说是移动商务发展的基础保障部分，快速稳定的物流环节能够保证移动商务业务的稳定流转。建立全国性物流配送中心，在各中小城市设立分支配送机构，将物流仓库转变成智能仓库；还可以采取邮局和企业共同经营等多种配送方式，充分发挥现有配送中心的潜力，提高物流配送的效果和效率。

本章案例

电子商业移动化

不久之前，京东商城相继推出了基于 iPhone、iPad 和 Android 的手机客户端，Symbian 系统客户端也在准备当中。在客户端里，京东打通了其后台数据库，让用户可以登录账号、查询账单，更能用手机完成商品查询并下单。

与其他很多手机客户端如淘宝、凡客一样，考虑到手机商品展示区域有限，京东首页主要区域只有一个搜索框，配以"疯狂抢购"的 3 条精选折扣商品。与此同时，手机上还可进行"轻松购"设置，用户只需要将京东账号在手机端绑定，就能完成一键下单，购买行为变成最简单的一个按钮。更为直接的是条形码功能，用户在现实生活中看到任意商品，用客户端拍下条形码，并在京东里自动查询、比价与下单——在客户端描述中，京东非常直接地建议用户，在去苏宁、国美等线下商店时使用这一功能。这不仅利用了手机摄像头特性，在后台还有京东所有商品的条形码库，以及条形码识别系统作为支撑。

而招商银行则在手机上展现出银行利用移动电子商务的另一种可能。与京东这种 B2C 不同，银行的核心优势是高黏度用户与支付，而因为手机的实名特性，银行能用更简单的方法解决传统互联网中复杂的支付问题。用户只需要打电话开通手机银行，就能通过手机访问招行完成支付——支付时的链接是直接用短信方式发过来的。

除了这些在手机之外拥有商品或用户的企业之外，有一些全新的势力也从应用端切入进来。无论是在 iPhone 还是 Android 手机上，有一款极为流行的名为"我查查"的应用，其核心功能非常简单，就是基于条形码找商品。和京东不同的是，"我查查"简单到不需要注册，打开应用就是拍摄界面。只要摄像头捕捉到条形码，就能自动与后台数据库对照，并呈现出这一商品的具体信息，以及在各个商城中对应的价格。

这些来自不同领域的移动电子商务应用，在短短两年间层出不穷，发展极快，而且已经有了各自相当明确的方向和盈利模型。虽然它们目前所做的应用整合，呈现方式仍较为初级，但可以预见在未来的几年里，随着手机的发展和电子商务自身体量的快速升高，这些势力将会有更多更加激动人心的产品出现。

资料来源：夏勇峰. 电子商务移动化[J]. 商业价值，2011（6）.

问题讨论：

1. 移动商务的产品开发受到了哪些因素的影响？
2. 移动商务的技术有哪些优势？

本章小结

移动商务是现代服务业的一个分支。移动商务服务业是传统商务服务业与信息技术及网络技术相互融合作用下，发展起来的具有新兴形态的产业。

移动电子商务的发展经历了三个阶段，技术对移动电子商务的制约作用正在削弱。移动电子商务发展的因素主要有以下三个：无线应用协议的推出；无线接入技术的快速发展；移动终端技术的日趋成熟。

移动电子商务商业模型是由移动电子商务交易的参与者相互联系而形成的，可以分为四种不同的商务模式：内容提供商主导型；移动运营商主导型；服务提供商主导型；移动门户主导型。

中国在移动电子商务虽然取得了一定的发展，但还受到诸多方面的限制，需要采取一些有效策略才能实现可持续发展。

本章复习题

1. 简述移动商务与现代服务的关系。
2. 哪些因素推动移动商务应用的发展？

移动商务应用

3. 哪些因素限制移动商务应用的发展?
4. 移动商务发展经历了几个阶段?
5. 移动商务有几种典型的商业模式?
6. 移动商务未来主要的应用领域有哪些?
7. 我国在电子商务发展中存在哪些"瓶颈"?
8. 简述中国的移动商务发展策略。

参考文献

[1][韩]李在奎等.电子商务典型案例——亚洲篇[M].王晔等,译.北京:机械工业出版社,2009.

[2][美]施奈德.电子商务[M].成栋,译.北京:机械工业出版社,2008.

[3][美]特班等.电子商务:管理视角[M].严建援等,译.北京:机械工业出版社,2010.

[4]Loretta Chao.从Twitter到Facebook新浪微博的社交蓝图[N].华尔街日报,2011-06-27.

[5]阿瑟·亨德森·史密斯.中国人的人性[M].姚锦榕,译.北京:中国和平出版社,2006.

[6]北京数码星辰科技有限公司.数码星辰移动物流系统解决方案[R].2011.

[7]北京亿美软通科技有限公司.移动政务平台拉动政府与百姓[R].2010.

[8]中国物通网资讯.中国移动物流网络优化过程案例分析[DB/OL].http://news.chinawutomg.com,2011-7-11.

[9]陈玉兰,张学兵.论移动信息技术在物流业中的应用[J].商业时代,2009(20).

[10]崔爱国.电子商务安全与支付[M].北京:电子工业出版社,2010.

[11]丁兴富.远程教育学[M].北京:北京师范大学出版社,2001.

[12]黄慊.移动也搜索[J].中国科技财富,2007,2(Z1).

[13]雷玲,贺兴虎.电子商务概论[M].武汉:武汉大学出版社,2008.

[14]李健民.基于价值网络的移动支付模式研究[D].中南大学博士学位论文,2011.

[15]李晓丽.移动学习支持的网络教育模式研究[D].北京邮电大学硕士

学位论文，2008.

[16] 吕延杰. 移动电子商务 [M]. 北京：电子工业出版社，2011.

[17] 宁鹏飞，刘经纬. 移动供应链管理模式及其应用 [J]. 物流科技，2007 (11).

[18] 秦成德，王汝林. 移动电子商务 [M]. 北京：人民邮电出版社，2009.

[19] 商会娟，李新春. 供应链管理发展新趋势——移动供应链管理 [J]. 管理创新，2008 (2).

[20] 深圳市成为信息技术有限公司. 移动数据终端在邮政包裹、快递业务中的应用 [R]. 2011.

[21] 宋伟东，孙贵博. 移动 GIS 与移动政务的结合 [J]. 地理信息世界，2010 (6).

[22] 孙昱，杨晨. 移动商务中的移动 CRM 探析 [J]. 现代商业，2008 (30).

[23] [美] 特伯恩等. 电子商务导论 [M]. 王健等，译. 北京：中国人民大学出版社，2011.

[24] 仝新顺，王初建，于博. 电子商务概论 [M]. 北京：清华大学出版社，2010.

[25] 王运涛. 手机报面临的问题与挑战 [J]. 中国地市报人，2011 (Z1).

[26] 徐海燕. 浅析移动博客特点及发展基础 [J]. 商场现代化，2008，2 (529).

[27] 姚国章，王星. 印度农村移动政务的发展探究 [J]. 电子政务，2010 (12).

[28] 姚国章，朱建国. 新加坡移动政务的应用与发展 [J]. 电子政务，2010 (12).

[29] 袁琦. 3G 移动音乐业务发展分析 [J]. 电信网技术，2009，2 (2).

[30] 袁文蔚，李重照，刘淑华. 发展中国家移动政务的机遇与挑战 [J]. 电子政务，2011 (6).

[31] 张雪. 电子商务基础与实训 [M]. 北京：电子工业出版社，2006.

[32] 赵峥，杜宏伟. 移动游戏市场综述 [J]. 世界电信，2004 (7).

[33] 浙江物流网. 自动识别移动设备改进物流生产力 [R]. 2011.

[34] 钟蔚. 移动视频业务的特征分析及其分类研究 [J]. 移动通信，2010 (9).

[35] 周晶志. 移动学习研究 [D]. 江西师范大学硕士学位论文，2004.

[36] 朱海静，王红梅. 浅析我国移动 ERP 的发展现状及存在的问题 [J]. 科技情报开发与经济，2010 (27).